Lkt
11567 bis

LA
MÉDITERRANÉE

OUVRAGES FRANÇAIS

DU

DOCTEUR JACQUES HENRI BENNET

1. RECHERCHES sur le TRAITEMENT de la PHTHISIE PULMONAIRE par l'HYGIÈNE, les CLIMATS, et la MÉDECINE, dans ses rapports avec les doctrines modernes. Paris : P. Asselin. 1 vol. 8vo, pp. 224, *Reproduction de l'auteur*.
2. La CORSE et la SARDAIGNE ; ÉTUDE de VOYAGE et de CLIMATOLOGIE. Paris, 1876 ; P. Asselin. 1 vol. 12mo, pp. 252, *Reproduction de l'auteur*.
3. TRAITÉ pratique de l'INFLAMMATION de l'UTÉRUS, de son COL, et de ses ANNEXES ; et des rapports de cette inflammation avec les autres affections utérines. Première édition anglaise, 1845, Londres. 1 vol. 8vo, Quatrième édition, 1862. 1 vol. in-8 de 600 pp.
   Première traduction française, par le docteur Aran, Paris, 1852.
   Seconde traduction française, par le docteur Michel Peter, professeur à la faculté de médecine de Paris. Paris, 1864 : P. Asselin.

OUVRAGES ANGLAIS

1. NUTRITION in HEALTH and DISEASE. A CONTRIBUTION to HYGIENE and to clinical MEDICINE. Just published. Third Library Edition, Revised, 8vo. pp. 260, Cheap Reprint, 12 mo. pp. 276.
2. The TREATMENT of Pulmonary CONSUMPTION by HYGIENE, CLIMATE, and MEDICINE, with an Appendix on the Sanitaria of the United States, Switzerland, and the Balearic Islands. Third edition, Enlarged, 8vo, pp. 280, nov. 1878.
3. Winter and Spring on the Shores and Islands of the MEDITERRANEAN ; or, the Genoese Rivieras, Italy, Spain, Greece, Constantinople, the Archipelago, Corsica, Sicily, Sardinia, Algeria, Tunis, Smyrna, with Biarritz and Arcachon, as Winter and Spring Climates. Fifth Edition, Post 8vo, pp. 654. Considerably Extended, with Forty Wood Engravings, Chromo-Lithographic Frontispiece, and Eight New Panoramic Maps.
4. A PRACTICAL TREATISE on INFLAMMATION of the UTERUS, its. CERVIX and its APPENDAGES ; and on its Connexion with other Uterine Diseases. Fourth Edition, 8vo, pp. 600.
   Cet ouvrage a été publié cinq fois dans les États-Unis d'Amérique.
5. A REVIEW of the present STATE of uterine PATHOLOGY (en voie de préparation. Second Edition, Revised, 8vo.

8187-79. — CORBEIL. Typ. et stér. CRÉTÉ.

TORRICELLA DI GRIMALDI   MENTONE.   GENOA ROAD
                                         From the East.

LA MÉDITERRANÉE

LA RIVIÈRE DE GÊNES ET MENTON

COMME CLIMATS D'HIVER ET DE PRINTEMPS

PAR

Jacques-Henri BENNET

BACHELIER ÈS LETTRES ET ÈS SCIENCES DE LA SORBONNE
DOCTEUR EN MÉDECINE DE LA FACULTÉ DE PARIS
EX-INTERNE DES HOPITAUX CIVILS DE PARIS
MEMBRE DU COLLÈGE ROYAL DES MÉDECINS DE LONDRES
EX-MÉDECIN DE L'HOPITAL "ROYAL FREE" A LONDRES
MEMBRE DE PLUSIEURS SOCIÉTÉS SAVANTES

PARIS

ASSELIN ET Cie, LIBRAIRES DE LA FACULTÉ DE MÉDECINE
PLACE DE L'ÉCOLE-DE-MÉDECINE

—

1880

PRÉFACE

Je suis arrivé à Menton en 1859, gravement malade, ayant abandonné la vie des grandes villes, Paris et Londres, où j'avais vécu jusqu'alors, sans avoir l'espoir ou le désir d'y jamais retourner en permanence. Grâce au repos, et au climat de la Méditerranée, j'ai pu continuer à vivre, à étudier, et même à exercer ma profession.

Par suite de nombreuses relations scientifiques et sociales à Paris, à Londres et dans les autres capitales de l'Europe, je pus attirer vivement l'attention de mes confrères du Nord sur la grande valeur climatologique des stations Méditerranéennes et surtout de celles de la Rivière de Gênes. Je pus ainsi contribuer à les faire mieux connaître, contribuer à leur prospérité.

La première édition de ce livre parut en anglais, à Londres, en 1861 (1).

(1) *Mentone and the Riviera as a winter clima'e*, London, Churchill, in-8, 1861, p. 112.

Elle fut si bien reçue en Angleterre, qu'en 1862 je dus faire paraître une seconde édition, agrandie par la narration de mes voyages climatologiques en Italie, en Corse et à Biarritz (1).

Cette édition fut traduite en allemand en 1863 (2), et fut certainement le point de départ de l'émigration allemande vers la Rivière et la Corse.

Elle fut traduite aussi en hollandais (3), et, dès ce moment, commença l'émigration hollendaise qui s'accroît tous les ans.

La troisième édition anglaise parut en 1865 (4). Elle donna le compte rendu de nombreux voyages climatologiques entrepris dans l'intention de découvrir un climat encore meilleur que celui de la Rivière. Ce climat meilleur je ne le trouvai pas et je ne l'ai pas encore trouvé. Le champ couvert étant beaucoup plus vaste, le titre fut modifié.

La quatrième édition anglaise parut en 1870 avec une nouvelle modification de titre (5), de nouveaux

(1) *Mentone, the Riviera, Corsica and Biarritz as winter climates*, London. Churchill, in-8, 1863, p. 238.
(2) *Mentone, die Riviera, Corsica, und Biarritz als Winteraufenthaftsorte*. Mainz, Drud und Berlag von Florian, Rupferberg, in-8, 1863.
(3) *Mentone. De Rivieira, Korsika en Biarritz, in hun klimaat Beschouwd en onderzocht nopens Hunne Waarde als Winterverblijfplaatsen*, voor zieker; vertaald door L. F. Praeger. Fe Zalt-Bommel, big. Joh. Noman en Zoon, 1863, in-8.
(4) *Winter in the South of Europe, or Mentone the Riviera, Corsica, Sicily and Biarritz, as winter climates*, London, in-8, p. 442.
(5) *Winter and Spring on the Shores of the Mediterranean, on the Riviera, Mentone, Italy, Corsica, Sicily, Algeria, Spain, and Biarritz as winter climates*, London, 5ᵉ édition, in-8, p.620.

voyages ayant encore agrandi mon horizon. Chaque printemps, je passais une grande partie des mois d'avril et de mai à parcourir la Méditerranée, et j'avançai aussi dans l'exploration climatologique de cette mer. Cette édition fut republiée aux États-Unis et attira fortement l'attention des médecins américains sur la Méditerranée (1) et surtout sur la Rivière de Gênes.

Enfin la cinquième édition anglaise parut à la fin de 1875 (2), avec une nouvelle modification du titre nécessitée par de nombreuses additions, fruit de cinq printemps consacrés à l'exploration des rives et des îles de la Méditerranée. Ce livre imprimé dans des caractères plus fins contient un tiers de plus que la quatrième, et plusieurs nouvelles cartes. Il couvre presque toute la Méditerranée. Sorties peu à peu du clocher de village (Menton), mes explorations se sont à la fin étendues sur presque toute la Méditerranée, et j'ai pu faire de mon ouvrage une étude généralisée de cette mer. Cette édition fut aussi republiée aux États-Unis (3). Comme ces dernières éditions, ornées de cartes

---

(1) *Winter and Spring on the Shores of the Mediterranean as Winter climates*, etc. 4th édition, Appleton, New-York. 1870.

(2) *Winter and Spring on the Shores and Islands of the Mediterranean, of the Genoeve Rivieras, Italy, Corfu, Greece, the Archipelago, Constantinople, Corsica, Sicily, Sardinia, Malta, Algeria, Tunis, Smyrna, Asia Minor, with Biarritz and Arcachon*, London, Fifth édition, in-8, p. 655.

(3) *Winter and Spring on the Shores and Islands of the Mediterranean, etc.*, New-York, Appleton, 1876, Fifth édition.

et de gravures, sont nécessairement très coûteuses et que le livre me semblait presque complet, je l'ai fait tirer à un grand nombre d'exemplaires ; autrement elle serait déjà épuisée. Depuis sa publication en 1875, j'ai continué mes voyages, et si nous arrivons à une sixième édition, j'ai de nouveaux matériaux à ajouter : les îles Baléares, etc.

L'ouvrage que je présente aujourd'hui au public français, consiste dans la reproduction des 210 premières pages du grand livre. Ce n'est pas une traduction, car on ne se traduit guère soi-même. — L'esprit en travaillant fait des incursions plus ou moins vagabondes, à droite et à gauche, scientifiques ou littéraires. — Aussi est-il plutôt une reproduction ou une sixième édition, avec additions, suppressions, développements, et emprunts aux autres parties du grand livre. J'ai voulu en faire une étude sérieuse de la Méditerranée sous le point de vue de la climatologie et de la végétation.

J'ai déjà publié en 1876 à Paris, sous le titre de « *La Corse et la Sardaigne,* » deux des chapitres de mon grand livre. J'ai toujours désiré le reproduire en entier en français, mais le temps m'a manqué.

Par ce qui précède, on voit que, depuis vingt ans, j'ai fait de mon mieux pour attirer l'attention du public médical et non médical, sur la valeur des stations sanitaires de la Méditerranée, et surtout sur celles de la Rivière de Gênes, étudiées de Menton.

Il me semble que la grande publicité que j'ai pu leur donner, a dû être pour quelque chose dans leur prospérité récente et actuelle. Du reste, tout une phalange de médecins distingués s'est jointe à moi dans ce but. Une foule d'ouvrages, de plus ou moins d'étendue, et de grande valeur, ont paru sur Menton et la Rivière de Gênes, écrits par des confrères distingués : M. Price, M. Siordet, M. Botini, M. Farina, M. Bonnet de Malesherbes, etc.

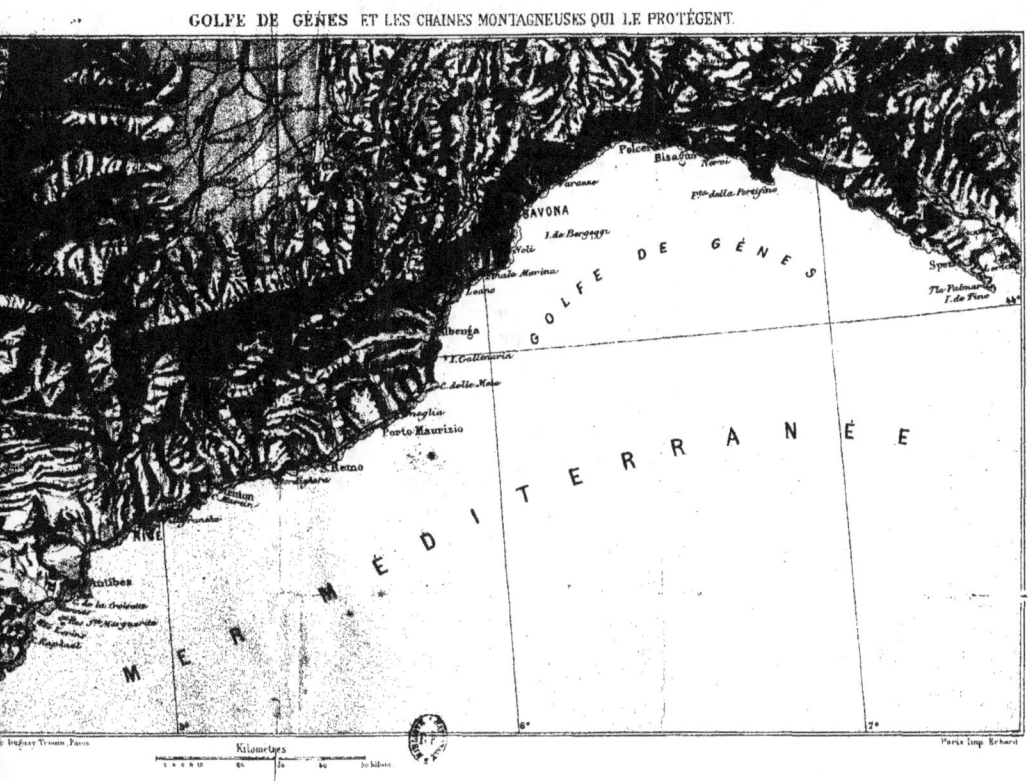

LA MÉDITERRANÉE

HIVER ET PRINTEMPS

PROLÉGOMÈNES

LE BASSIN DE LA MÉDITERRANÉE ET SON CLIMAT.

Vingt hivers passés à Menton, sur la Rivière de Gênes, de 1859 à 1879, vingt printemps employés à parcourir la Méditerranée dans tous les sens, ses îles et ses rives, septentrionales et méridionales, m'ont mis à même d'étudier à fond le climat de la Méditerranée.

Peu à peu, de mon observatoire de Menton, je suis arrivé, par l'étude et la méditation, à approfondir et à comprendre les conditions météorologiques et climatiques qui dominent dans ce grand lac méditerranéen, à en saisir et à en fixer le climat. L'étude de la végétation m'a puissamment aidé dans ce but. Je vais essayer d'en formuler, à grands traits, les lois climatologiques, étudiées surtout à Menton, mais s'appliquant à toutes les régions méditerranéennes. Chaque chapitre de ce livre, quoique consacré surtout à la description de la Rivière de Gênes, trouvera dans ces lois son explication, et en sera en même temps le développement.

On peut dire que le climat d'un endroit quelconque de la terre est le résultat de ses conditions géographiques, modifiées par la proximité de la terre ou de l'eau. Le temps qu'il fait dépend des saisons, et de la direction des vents.

Excepté sous les tropiques, dans l'hémisphère septentrional, les vents qui viennent du nord sont froids en hiver, frais en été; tandis que les vents qui viennent du sud sont tempérés en hiver, chauds en été. D'un autre côté, tant en hiver qu'en été, les vents qui viennent du nord ou du sud sont secs s'ils traversent des continents ou des montagnes élevées; humides s'ils traversent l'eau, océan, mer, lac.

Ces données sont susceptibles d'une application si générale qu'une personne possédant des notions, même élémentaires, de météorologie et de géographie physique, pourrait presque déterminer le climat d'une région quelconque de la terre sans quitter son cabinet de travail.

La Méditerranée, la grande mer intérieure de la terre, est comprise entre les 30° et 45° degrés de latitude Nord, et entre les 7° et 34° degrés de longitude Est. Sa longueur de Gibraltar à la Syrie est de 3.500 kilomètres. Sa largeur à sa partie la plus rétrécie, entre la Sicile et l'Afrique, est de 140 kilomètres; dans la partie la plus large, du fond de l'Adriatique à l'Afrique, elle est de 1,500 kilomètres.

Les rives septentrionales de la Méditerranée, de Gibraltar à Constantinople, sont bordées de montagnes, qui souvent arrivent jusqu'à la mer, la limite méridionale de l'Europe. Les rives méridionales de la Méditerranée sont en partie occupées par une chaîne de montagnes et de pays montagneux disposés en lisière étroite, s'étendant du Maroc à Tunis; et en partie par le désert de Sahara, qui couvre une grande partie de l'Afrique septentrionale. Ce désert s'étend derrière les monts Atlas au sud, et arrive jusqu'aux bords de la Méditerranée là où ces montagnes expirent, entre Tunis et la Syrie. On présume que le désert de Sahara est la région la plus chaude de la terre. Les îles de la Méditerranée sont toutes montagneuses. On peut les regarder comme les sommets de montagnes et de chaînes montagneuses sous-marines.

La Méditerranée est ainsi une région sous-tropicale par sa latitude. Physiquement c'est une dépression ou un bassin, communiquant avec l'Océan, bordé par de hautes montagnes au nord; et bordé au midi en partie par des montagnes, en partie par un désert immense, le plus grand qui existe sur la terre.

Par suite de sa position sous-tropicale, le soleil est très-ardent, très-puissant, hiver et été, dans toute la Méditerranée, quand ses rayons ne sont pas obscurcis par des nuages. Par suite de sa position géographique, au milieu des terres, environnée de continents, les temps nuageux sont peu fréquents, et la pluie n'est pas très abondante. Aussi le climat est le plus souvent radieux, brillant, l'hiver encore plus que l'été, à cause des vents du nord qui prédominent en hiver. Comme aussi l'atmosphère est ordinairement sèche, le ciel est presque toujours clair, bleu, et les rayons solaires ont plus de puissance que dans les tropiques mêmes, où l'atmosphère est ordinairement plus humide.

En hiver, quand le continent de l'Europe est couvert de neige, quand les montagnes de la Suède et de la Norvège, la mer Baltique et les mers polaires sont une masse de glace, un vent du nord, traversant la Méditerranée en quelques heures, déverse le froid sur tout le bassin méditerranéen, sur ses îles, sur ses rives méridionales, et jusque dans le désert de Sahara. En hiver il fait souvent froid à Alger, à Tunis, à Alexandrie, à Beyrout. On voit souvent même des gelées blanches au lever du soleil jusque dans les oasis du désert de Sahara, au sud des monts Atlas (Tristam, *le Sahara*).

Même au printemps, en avril et en mai, un vent froid du nord peut occasionner un temps frais et même froid dans toutes ces régions méridionales ; j'ai eu froid avec un vent du nord-ouest à Athènes le 12 mai. En 1874, pendant la première semaine du mois de mai, les nuits étaient froides, au-dessous de 14° C., et le jour le thermomètre ne montait pas au-dessus de 18 ou 19 degrés, à Tunis.

En hiver, d'un autre côté, un vent sud-ouest venant de l'équateur, ou un vent sud-est venant du désert de Sahara (sirocco), persistant pendant plusieurs jours, élève la température considérablement, non seulement dans toute l'Europe centrale, mais jusqu'à Saint-Pétersbourg.

Au printemps, en avril et mai, ces mêmes vents,

surtout le sud-est, qui vient du Sahara, apportent une chaleur intense à toutes les parties de la Méditerranée. Cette chaleur, qu'on appelle habituellement, mais à tort, une chaleur hors de saison, peut s'étendre non seulement à toutes les parties méridionales de l'Europe, mais bien au nord, jusqu'à Saint-Pétersbourg. Ces vents et ces chaleurs, toutefois, au printemps ne durent jamais plus de quelques jours, soit dans la Méditerranée, soit sur le continent d'Europe, les vents du nord reprenant bientôt leur empire. On peut poser en formule que l'Europe se trouve entre une glacière, les régions polaires, et une fournaise, le désert de Sahara.

Aussi dans nulle région de la Méditerranée, rives ou îles, ne trouve-t-on l'immunité des froids de l'hiver par suite de latitude seulement, nulle part non plus ne trouve-t-on au printemps, quelque beau qu'il soit, une parfaite immunité de vents froids, de temps froids, par suite de latitude seulement.

L'immunité de vents froids en hiver et au printemps ne peut être obtenue, même dans la Méditerranée, que par la protection de hautes montagnes, allant de l'est à l'ouest. Les masses montagneuses, les chaînes montagneuses qui vont de l'est à l'ouest, comme les Alpes et les Krapathes, interceptent les vents du nord, que ces vents viennent du nord-est ou du nord-ouest. Les chaînes montagneuses qui se dirigent du nord au sud, comme les Apennins, interceptent un de ces vents seulement, le nord-est ou le nord-ouest, selon que l'observateur se place d'un côté ou de l'autre. Ne garantissant pas des deux, la protection qu'elles donnent est partielle, imparfaite.

Le degré de protection contre les vents que donnent les masses montagneuses, qu'elles se dirigent de l'est à l'ouest, ou du nord au sud, dépend de plusieurs conditions: de l'élévation des montagnes; de leur inclinaison, car plus elles sont perpendiculaires, plus est grande la protection qu'elles offrent à leur base ; de l'épaisseur, de l'étendue de la région montagneuse, et de la proximité de l'observateur de la base de la montagne ; plus il en approche, plus est grande la protection. Ce dernier fait est démontré par les arbres fruitiers dans un verger. Ceux qui sont plantés en espalier sur un mur tourné au midi sont plus protégés d'un vent du nord, qui soufflerait par dessus le mur, que ceux qui seraient plantés à quelque distance de sa base.

Les cartes que j'ai fait faire pour cet ouvrage ont été gravées spécialement pour démontrer ces faits géographiques; j'ai voulu indiquer clairement l'élévation relative des montagnes de la région méditerranéenne décrite, et leur puissance protectrice. Ces cartes donnent une vue panoramique de la mer méditerranéenne et de sa ceinture de montagnes prise d'en haut, et sont destinées à faire comprendre la grande et importante question « de la protection contre les vents du nord. »

Malgré tous mes voyages dans la Méditerranée, malgré toutes mes recherches pour approfondir le climat des régions variées que j'ai parcourues, je n'ai pas encore découvert une localité mieux protégée contre les vents froids du nord, contre la gelée, et contre les pluies froides venant du nord, que la Rivière occidentale de Gênes. Je parle surtout de cette partie de la Rivière qui s'étend de Villefranche près Nice jusqu'à San-Remo. Je puis même aller plus loin, et dire que dans toute la Méditerranée je n'ai trouvé jusqu'à présent qu'une région où la végétation est aussi méridionale, où elle démontre la présence d'une protection aussi grande, d'une chaleur hivernale aussi prononcée. Cette région se trouve dans les environs de Malaga en Espagne, à la base des montagnes ; probablement que la côte méridionale de la Sicile est dans les mêmes conditions de climat, mais je ne l'ai pas encore visitée.

Ainsi se sont trouvées justifiées les prédilections de touriste qui me firent choisir Menton comme séjour d'hiver en 1859. Les recherches scientifiques entreprises depuis ce temps les ont en tout point confirmées. Ce fait n'a rien qui puisse surprendre si on jette les yeux sur la carte du golfe de Gênes au commencement de ce chapitre. On y voit que non seulement la région au centre de laquelle est placée Menton est protégée contre le nord, mais qu'elle est aussi très protégée contre le nord-ouest et le nord-est. De hautes et puissantes montagnes forment un hémicycle autour du golfe de Gênes comme on n'en trouve nulle part dans la Méditerranée.

Le climat essentiellement tempéré de la côte du golfe de Gênes, connue sous le nom de Riviera di Levante, et de Riviera di Ponente, ou Rivière orientale et occidentale, est beaucoup plus le résultat de la protection que donnent les montagnes, que de la latitude. Les Alpes et les Apennins forment d'immenses paravents au nord-est. Les Alpes suisses qui se terminent presque perpendiculairement dans les plaines du Piémont par les grandes élévations alpestres du mont Cenis, du mont Saint-Bernard, du mont Simplon, etc., se continuent en Savoie et en Dauphiné, jusqu'à la Méditerranée, à Toulon, Hyères, Cannes et Nice. De Nice la chaîne montagneuse qui prend le nom d'Alpes Maritimes longe la côte du golfe de Gênes, dans une direction nord-est jusqu'à Gênes, et dans une direction sud-est jusqu'à Lucques. A Gênes cette chaîne se réunit aux Apennins, ou plutôt devient les Apennins. A Lucques, abandonnant la côte, les Apennins occupent l'Italie centrale, formant une espèce d'épine dorsale, jusqu'à Reggio au sud.

Par suite de ces données géographiques l'Italie est moins protégée contre les vents que les côtes du golfe de Gênes, et les stations sanitaires sont limitées à la côte occidentale, Pise, Rome, Naples, Salerne. Les Apennins séparent l'Italie en deux sections longitudinales, depuis Gênes jusqu'au détroit de Messine, et comme ces montagnes s'élèvent à une hauteur de 1000 à 3000 mètres, elles constituent une barrière qui protège toute la côte occidentale contre les vents du nord-est, les vents qui dominent l'hiver dans les parties centrales et nord de l'Europe. Par suite, le climat de l'hiver diffère du tout au tout dans la péninsule italienne sur les deux versants est et ouest des Apennins. Sur le versant oriental, sur les rives de la mer Adriatique, dans les plaines du Piémont, dans l'Ombrie et les Marches, par suite de la prédominance des vents continentaux nord-est, l'hiver et le printemps sont tous les deux très-froids, beaucoup plus froids que sur le versant et sur la côte occidentales ou méditerranéens, où se trouvent les villes de plaisance, Florence, Pise, Rome, Naples. Non seulement la côte occidentale de l'Italie est protégée contre les vents du nord-est, qui sont les vents les plus froids de l'hiver en Europe, mais elle est ouverte aux vents chauds du sud-ouest, qui soufflent souvent en automne et au printemps, dans la Méditerranée, et apportent avec eux des courants d'air chaud de l'Océan Atlantique. En même temps cette partie de l'Italie est exposée sans défense aux vents du nord-ouest, qui en hiver et au printemps ont souvent une grande intensité et sont très-froids (mistral). La Rivière occidentale de Gênes, au contraire, est protégée contre ces vents par ses montagnes.

La protection contre les vents du nord et l'ouverture aux vents du midi donnent à toute la région entre Toulon et Pise un climat tempéré exceptionnel que la latitude seule ne donnerait pas. Dans cette vaste étendue de côtes le degré de protection varie, et selon qu'elle est plus ou moins grande le climat est plus ou moins chaud en hiver. Ainsi Villefranche, Beaulieu, Monaco, Menton, sont situées en latitude 43° 45′, tandis que Toulon est en latitude 43° 7′, Marseille en latitude 43° 17′. Mais Toulon est moins protégée par les montagnes, tandis que Marseille ne l'est presque point, la vallée du Rhône s'ouvrant au nord derrière elle. Aussi à Marseille toutes les années il y a de fortes gelées. Nous ne pouvons en être surpris quand nous réfléchissons que dans le nord et dans le centre de l'Europe la terre est souvent couverte de neige pendant plusieurs mois de l'hiver, et qu'un fort vent fait de 30 à 50 kilomètres à l'heure. La distance des montagnes de la Suisse, représentée, disons-nous, par celle qui sépare le mont Blanc de la Méditerranée, n'est pas de plus de 300 kilomètres. Là où la côte n'est pas défendue par des montagnes un grand vent du nord arriverait à la mer en quelques heures, apportant avec lui le froid, la pluie, la neige. Ce même vent traverse même en peu de temps la Méditerranée et déverse sur l'Algérie et la région septentrionale de l'Afrique la pluie et le froid, ainsi que la neige sur les montagnes.

Pendant l'hiver la région la plus protégée, la plus tempérée des côtes sud-ouest de la France et des côtes sud-est de l'Italie est, sans contredit, le littoral de Nice à Gênes. Le climat exceptionnellement chaud de cette Riviera di Ponente, ou Rivière occidentale, comme on la nomme, s'explique par la grande élévation des montagnes, et par leur proximité de la mer. Elles ne laissent guère qu'une lisière ou cornice, comme on dit en Italie, pour le rivage.

C'est là, à Menton, que j'ai surtout étudié le climat méditerranéen, comme je l'ai déjà dit ; mais des voyages entrepris au printemps pendant vingt années consécutives, dans presque toute la Méditerranée, m'ont démontré que les conditions générales, physiques, géologiques, météorologiques et botaniques que l'étude et l'observation m'ont fait connaître à Menton sont à peu près les mêmes que dans les autres parties de la Méditerranée. Il y a bien de notables différences, s'expliquant par la latitude, par la proximité de l'Afrique et de l'Asie, par la position insulaire ou continentale, mais ces différences sont de second ordre. Il y a un climat essentiellement méditerranéen, une géologie, une botanique essentiellement méditerranéennes que l'on peut étudier n'importe où dans le bassin méditerranéen, comme je les ai étudiés à Menton. Les connaissances acquises par l'observation dans une région se complètent et se renforcent, toutefois, par l'observation ailleurs.

Dans ce volume je ne compte reproduire qu'une partie de mon grand travail sur la Méditerranée, celle qui se rapporte à la Rivière de Gênes occidentale et à Menton. Mais le lecteur qui étudiera avec attention la description de ce pays charmant sera préparé soit à me suivre dans mon ouvrage anglais, dans mes voyages nombreux dans la Méditerranée et dans ses îles, soit à voyager pour son propre compte. Une fois qu'il aura approfondi le climat, la météorologie, la végétation de la Cornice, il comprendra ce qu'il verra ailleurs, quelle que soit la région de la Méditerranée vers laquelle il dirigera ses pas.

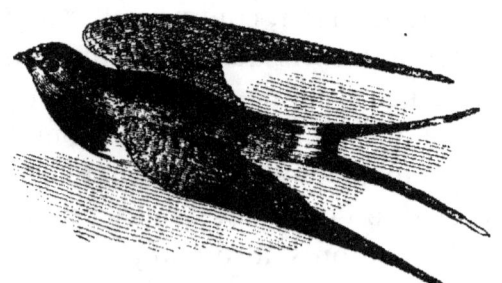

L'hirondelle en route pour le midi.

LA MÉDITERRANÉE
LA RIVIÈRE OCCIDENTALE DE GÊNES
MENTON

CHAPITRE PREMIER

MENTON. — SITUATION. — CLIMAT DÉMONTRÉ PAR LA VÉGÉTATION.

> Indi i monti ligustici e Riviera
> Che con aranci e sempre verdi mirti,
> Quasi avendo perpetua primavera
> Sparge per l'aria, bene olenti spirti

A ceux qui ont fait le voyage d'Italie dans des temps déjà anciens, avant les chemins de fer, le mot Rivière rappelle le souvenir d'heureux jours passés en voiturin, sur une côte pittoresque, dorée par les rayons d'un soleil radieux. La route, longeant la Méditerranée, cette belle et poétique mer, tantôt montant tantôt descendant un promontoire, un rocher, qui s'avance dans les flots, est toujours dominée par de hautes montagnes. De temps en temps elle traverse un village, une petite ville, dont les habitants, des pêcheurs pour la plupart, rassemblés en groupes sur le rivage, rappellent le chœur du marché de Masaniello. Quand, atteint par la maladie, je dus abandonner les devoirs laborieux de la vie active et quitter les brumes du nord, pour me réfugier au midi, ce fut une consolation de savoir que je pourrais diriger mes pas vers ces rives chéries du soleil, que je pourrais passer dans une légitime inaction l'hiver, si lugubre au nord, dans une région que ma mémoire me peignait sous des couleurs si éclatantes. Cette fois-ci non seulement les souvenirs du passé furent réalisés, mais la réalité leur ajouta de nouveaux charmes. Maintenant que le repos, et de nombreux hivers passés sur la Rivière de Gênes, ce pays favorisé de la nature, m'ont rendu à la santé et à la vie, je désire la faire connaître aux habitants du Nord, qu'une fatale nécessité oblige, comme moi, de quitter leurs occupations, leur famille, leur patrie.

Dans toute la Rivière de Gênes il n'y a pas d'endroit plus pittoresque que l'amphithéâtre au milieu duquel se trouve Menton. C'est là que je me suis fixé en 1859, c'est là que je suis resté, et c'est de là que j'ai surtout étudié la Rivière.

Menton était alors une petite ville italienne de 5,000 habitants, située en latitude 43° 26', en longitude 5° 26', à 32 kilomètres est de Nice, au pied des Alpes Maritimes. C'est la première station postale après Nice, sur la route de Gênes, et c'était autrefois la plus grande et la plus populeuse ville de la principauté de Monaco avant son annexion à la France (1860).

Le golfe de Gênes est formé entre Nice et Lucques par les Alpes Maritimes et les Apennins, dont les masses immenses descendent à la mer si précipitamment que dans beaucoup d'endroits il n'y a pas de rivage, les rochers plongeant à pic dans une mer profonde ; comme, par exemple, entre Nice et Menton. Aussi, autrefois il n'y avait pas de chemin le long de la mer entre Monaco et Nice, et le chemin de fer a dû passer par un grand nombre de tunnels. Dans ce moment on construit une route longeant le chemin de fer, que l'on taille dans la montagne, dans le rocher même en maints endroits. Dans les siècles passés la communication entre Nice et Gênes se faisait par un chemin à mulet très-pittoresque, mais très-rude et difficile. Le plus souvent ce chemin, qui datait des Romains, suivait le bord de la mer, mais souvent il le quittait pour escalader les promontoires, montagnes ou rochers, qui s'avancent dans la mer. Le chemin carrossable qui existe à présent entre Nice et Gênes fut inauguré par Napoléon, au commencement de ce siècle, comme route militaire, indispensable lors de l'annexion de l'Italie à la République française. Il le laissa inachevé, mais les divers gouvernements qui se sont succédé ont continué les travaux, et depuis longtemps déjà il est fini et livré à la circulation.

Avant les chemins de fer c'était la grande voie de communication l'hiver entre la France et l'Italie. Jusqu'à ces dernières années, toutefois, cette route était souvent dangereuse, par suite de l'absence de ponts sur la plupart des torrents et des rivières, et par suite d'éboulements fréquents. Ces accidents arrivaient surtout après les pluies torrentielles de l'automne et du printemps. Les pluies sont souvent tropicales sur la Rivière de Gênes; de grandes masses d'eau tombent sur les montagnes, descendent leurs flancs précipitamment, et comblent les torrents et les rivières, entraînant tout devant elles. Souvent, en passant ces rivières à gué, les voitures, les cavaliers, les piétons, étaient entraînés à la mer, où les malheureux voyageurs trouvaient quelquefois la mort. Des malheurs de ce genre sont arrivés depuis que j'habite le pays, à Vintimille et ailleurs. Mais maintenant presque tous les torrents et rivières ont des ponts qui permettent de passer en tout temps, de sorte qu'on n'entend plus parler chaque hiver de ces catastrophes, comme autrefois.

La route de Gênes a été tracée dans beaucoup d'endroits, comme nous l'avons dit, sur de hautes montagnes, ou sur des précipices à pic. Mais le plus souvent elle longe la mer sur un rivage tantôt rocailleux, tantôt couvert de galets ou de sable, avec la montagne à quelques mètres de distance. Dans quelques endroits toutefois où des rivières passent à la mer, l'on trouve de petites plaines entre les montagnes qui forment les vallées, comme à Andora.

En quittant Nice pour Gênes, la route commence de suite l'ascension de la Turbie, un renfort du mont Aggel (élév. 1149 m.). Le village de la Turbie est à une élévation de 500 mètres et la montagne sur le flanc de laquelle la route passe est un des promontoires qui s'avancent dans la mer sous le nom de Tête du chien. La belle ville de Nice est assise à sa base occidentale. La montée occupe deux

heures et la route arrive à sa plus grande élévation
(700 mètres) à 3 kilomètres du village. A partir
de ce point on descend le flanc oriental de la
montagne pendant une heure ou une heure et
demie pour arriver à Menton située à sa base orientale, comme Nice est située à sa base occidentale.

A mesure que le voyageur venant de Nice monte
la Turbie, un panorama magnifique de cette ville,
ainsi que des montagnes qui environnent la
plaine de Nice, se déroule à sa vue, et l'on comprend
que Nice ait été appelée « Nizza la bella ». — L'œil
se promène avec saisissement sur cette plaine magnifique environnée de montagnes, sur le monti-
cule couronné par le vieux fort qui domine la ville,
sur celle-ci, sur la vallée du Paillon qui perce la ligne
des grandes montagnes au nord-est, et sur le rivage
pittoresque de la mer, s'étendant jusqu'à la chaîne
lointaine des Esterelles. C'est une bien belle vue,
surtout dans l'après-midi, quand le soleil passant
au sud-ouest jette ses rayons lumineux sur la scène.

Aussi je conseille à tous les voyageurs qui ont le
temps, et ne sont pas trop chargés de bagages et
« d'impedimenta », d'abandonner le chemin de
fer à Nice et de se faire conduire en voiture jusqu'à
Menton ; on trouve facilement de bonnes voitures
pour cette course. Il n'y a pas de plus belle promenade en Europe, et en chemin de fer on en perd
presque toutes les beautés. On doit partir de Nice
à midi, de manière à avoir le soleil au sud-ouest
pendant toute la route. Les premières impressions
sont toujours importantes, et la route de Nice
à Menton est si admirablement pittoresque et

grandiose que les touristes, et surtout ceux qui se proposent de se fixer à Menton pour l'hiver, devraient toujours la choisir pour leur coup d'essai, pour leur entrée dans le pays. L'impression produite est si favorable qu'elle illumine tout le séjour. On sait dès le premier jour que l'on se trouve dans un des plus beaux pays du monde entier.

Le chemin de fer de Nice à Gênes facilite cette partie du voyage pour ceux qui n'ont pas le désir de faire l'ascension de la montagne, qui n'en ont pas la force, ou qui veulent voyager rapidement. Quoiqu'il traverse un grand nombre de tunnels entre Nice et Menton, il passe tout le long de son parcours, une fois sorti des tunnels, au milieu d'un paysage enchanteur, le long d'un rivage rocailleux et accidenté, à la base de baies charmantes, au pied de montagnes grandioses. Mais ce beau paysage passe trop vite, ne fait guère que miroiter devant les yeux. Pour apprécier dignement ce mélange de mer bleue, de rochers, de montagnes, tout différent de ce que l'on voit au nord, pour saisir du regard la végétation, toute différente aussi de celle du nord, il faut, à toute force, passer par la montagne en voiture, à cheval, ou à pied.

Quand on est arrivé au village de la Turbie, et que la descente commence, un panorama encore plus admirable se présente à l'œil. A nos pieds dort Monaco, comme une couronne sur son promontoire qui s'avance vers la mer, et forme le petit port. A mesure que la route descend le long des flancs de la montagne, un village bruni par le soleil, Roccabruna, se présente, se cramponnant au rocher.

Ensuite vient un tournant de la route, et un amphithéâtre de montagnes grandioses et magnifiques se présente, c'est l'amphithéâtre de Menton. De grandes montagnes, de 1000 à 1300 mètres d'élévation, se reculant devant une belle baie, forment cet amphithéâtre, dont le centre est à peu près à trois kilomètres de la mer.

Le rivage, dont le contour a environ 6 kilomètres, est divisé en deux baies inégales, l'une à l'est, l'autre à l'ouest, par un contrefort ou arc-boutant qui descend des flancs d'une des plus grandes montagnes, le Berceau. C'est sur le flanc, sur l'extrémité de cet arc-boutant (menton), qu'est construite la vieille ville.

L'espace entre la mer et les hautes montagnes qui forment l'amphithéâtre, dont l'élévation paraît encore plus grande qu'elle ne l'est, est occupé par une série de monticules, qui reposent sur les flancs des montagnes plus élevées. Elles s'inclinent doucement vers la mer, et sont sillonnées par un grand nombre de ravins et de vallées, creusés par les torrents. Les hautes montagnes, formées par un calcaire oolithique, d'un gris blanchâtre, sont le plus souvent à pic et nues. Les collines ou petites montagnes intérieures, dont l'élévation varie de 200 à 500 mètres, sont couvertes d'Oliviers, parmi lesquels on voit des vergers de Citronniers d'un vert beaucoup plus clair. Elles présentent de loin, de la mer, l'apparence de petites montagnes s'appuyant sur les grandes, arrondies et couvertes d'arbres.

Toute la baie et la ville de Menton, avec les petites montagnes en pente couvertes d'Oliviers

MENTON (VUE DE L'OUEST). (Page 19.)

qui occupent le fond de l'amphithéâtre, sont enfermées, pour ainsi dire, et protégées contre les vents du nord-ouest, nord, et nord-est, par l'amphithéâtre de hautes montagnes qui les environne. La position de la ville sera mieux comprise si l'on consulte le frontispice, pris de mon jardin de Grimaldi à l'extrémité de la baie est. Si l'on désire comprendre et apprécier dans son ensemble ce pays et la protection tout à fait exceptionnelle que lui donne l'amphithéâtre des hautes montagnes, il faut prendre un bateau et s'éloigner d'un ou deux kilomètres de la côte ; l'extrême beauté du panorama en vaut bien la peine. Vus de cette manière, tous les détails se confondent en un tout harmonieux ; les deux baies se réunissent en une et la petite ville n'occupe qu'un point du paysage, ne les séparant qu'à peine. Le caractère grandiose de la chaîne semi-circulaire des hautes montagnes, le plus souvent dorées par un soleil radieux, se révèle de plus en plus fortement. Ces grandes montagnes ont l'air de tenir l'amphithéâtre de Menton dans leurs bras, de le séparer ainsi que ses habitants du monde entier, et de les présenter aux vagues bleues de la Méditerranée, au soleil chaud du midi.

Derrière les montagnes qui forment et ferment l'amphithéâtre, et les collines et vallées de son intérieur, sont encore des montagnes qui s'élèvent, en chaînes successives, jusqu'à une hauteur de 1500 à 2000 mètres. Ces montagnes constituent la chaîne principale des Alpes Maritimes. Elles s'étendent au loin, de l'est au nord-ouest, jusqu'à ce qu'elles se réunissent aux Alpes du Dauphiné et de la Savoie. La présence de cette seconde rangée de montagnes, encore plus élevées, augmente de beaucoup la protection donnée à cette côte par la première rangée, et explique, en partie, l'immunité exceptionnelle, par rapport aux froids continentaux, dont elle jouit en hiver.

L'amphithéâtre de Menton étant, ainsi, seulement ouvert au sud-est et au sud-ouest, le mistral, comme vent de nord-ouest, n'est pas senti, ou est senti très-légèrement comme un vent défléchi de sud-ouest. Tous les vents du nord passent au-dessus des hautes montagnes pour tomber dans la mer à plusieurs kilomètres du rivage. Quand règnent ces vents du nord, il y a un calme plat le matin dans la baie de Menton, tandis qu'à quelques kilomètres de la côte la mer peut être courroucée, furieuse, blanche d'écume. On n'a qu'à monter 200 ou 300 mètres au-dessus du niveau de la mer pour observer ce phénomène. Par suite de l'ouverture de la baie de Menton au sud-est, les vents de sud-est, ceux de sud et de sud-ouest entrent directement dans la baie, et donnent lieu à des vagues longues, hautes, puissantes, qui déferlent avec fracas sur la berge. Mais ces vents du midi auxquels Menton, comme toute la côte, est exposée en plein sont rarement froids. Quand, néanmoins, des ouragans règnent sur le continent de l'Europe, du nord-ouest, ou du nord-est, le vent peut tourner autour des promontoires qui protègent la baie à l'ouest ou à l'est, et y entrer comme des vents froids de sud-ouest ou de sud-est, à la grande surprise de ceux auxquels on a dit que les vents du nord ne pouvaient entrer, d'aucune façon, dans la baie. (Voir la carte du golfe de Gênes.) Le vent de sud-est peut être froid quand les montagnes de la Corse sont couvertes de neige.

LE CLIMAT DÉMONTRÉ PAR LA VÉGÉTATION.

Par suite de la protection complète que les montagnes donnent à Menton du côté de l'ouest, du nord-ouest, du nord, et du nord-est, par suite de son exposition au sud, et de la réflexion des rayons solaires sur les flancs nus des montagnes calcaires qui forment l'amphithéâtre, le climat d'hiver est plus chaud que celui de Nice sa voisine. On peut dire même qu'il est plus chaud que celui d'aucune région du nord ou du centre de l'Italie. L'étude de la botanique et de la végétation prouve qu'il en est ainsi. Il faut arriver à la latitude de Palerme, à 5 degrés plus au sud, pour trouver une végétation aussi méridionale que celle de l'amphithéâtre de Menton, pour trouver des vergers, des forêts de Citronniers, croissant en plein air, sur les flancs des montagnes, exposés aux vents de mer, sans protection, comme les pommiers en Normandie.

LE CITRONNIER. — L'ORANGER.

Même à Palerme, qui est tournée toutefois au nord, les vergers de Citronniers sont protégés par des murs, ou les arbres sont plantés dans des ravins à l'abri des vents, comme du reste cela se pratique partout dans la Méditerranée, dans les localités les plus chaudes que j'ai visitées.

La douceur du climat d'hiver à Menton s'explique aussi, en partie, par des données géothermales (chaleur de la terre). C'est un fait avéré dans la science que dans le nord la chaleur communiquée à la terre par le soleil en été ne s'épuise, par la radiation, que quand l'hiver est très avancé. Ainsi à un mètre de la surface ce n'est qu'à la fin du mois de janvier que le sol s'est tout à fait refroidi, c'est-à-dire a perdu par la radiation la chaleur accumulée pendant l'été. Dans un pays comme Menton, entouré d'un amphithéâtre de rochers calcaires, qui s'échauffent à un degré extrême pendant les longs jours de l'été, sous les rayons d'un soleil presque tropical, illuminant un ciel sans nuage, la terre et les rochers doivent accumuler une quantité énorme de chaleur, et la radiation de cette chaleur en hiver doit être très-grande et continue.

L'importance de cet élément dans l'appréciation d'un climat quelconque doit être très-grande, et elle sera mieux comprise lorsque nous aurons rappelé qu'il faut plusieurs mois pour refroidir un thermomètre dont le tube en verre a été fermé par l'action presque momentanée du feu. Ce n'est qu'après cette longue période que le verre est retombé à sa température naturelle, et que l'on peut le graduer lorsqu'il s'agit de le faire avec une précision scientifique. Cet exemple montre avec quelle tenacité les corps solides retiennent la chaleur, et quel laps de temps doit s'écouler avant qu'ils aient perdu par la radiation la chaleur acquise.

La chaleur exceptionnelle du climat de Menton l'hiver, même pour la Rivière, est démontrée, indubitablement, sans contredit, par la présence de vergers, de forêts de beaux et grands Citronniers, qui mûrissent leur fruit toutes les années à la perfection ; ce fruit est un des principaux produits du pays. Les Citronniers couvrent les flancs des ravins et occupent les coteaux les plus chauds sur les montagnes, jusqu'à une élévation de 300 ou de 400 mètres, et cela, comme nous l'avons dit, sans aucune protection contre les vents venant de la mer. Pour la culture profitable du Citronnier il faut un arrosement constant été comme hiver, une grande chaleur l'été, et une température douce l'hiver. C'est essentiellement un arbre tropical. A Menton les Citronniers sont beaucoup plus nombreux que les Orangers, quoiqu'on y trouve de belles plantations de ces derniers. La présence, toutefois, de Citronniers et d'Orangers se développant comme des arbres de haute futaie, en plein air, ne prouve pas que nous soyons dans une région tropicale, dans laquelle le froid soit inconnu.

Quand l'air est sec, le ciel couvert de nuages qui arrêtent la radiation terrestre, l'Oranger peut supporter un froid de — 4° centigrades sans que le fruit soit gelé, et l'arbre lui-même n'est tué que par un froid de — 6° centigrades. Le fruit du Citronnier au contraire est gelé par un froid de — 3° centigrades et l'arbre ne peut pas supporter un froid de plus de — 5° centigrades. Mais si une température froide succède au dégel, ou vient après la pluie, si l'atmosphère est saturée d'humidité, ou si le ciel est clair, pur de nuages, et si la radiation terrestre la nuit se fait rapidement, tant l'arbre que le fruit peuvent souffrir, et périr à une température beaucoup moins basse que celle indiquée. Les habitants de la Rivière semblent croire qu'un ou deux degrés de gelée suffisent pour détruire le fruit de ces arbres, ou même pour tuer les arbres, mais mon observation personnelle corrobore ces données, extraites du livre de Roubandi sur le *Climat de Nice* (1811), un ouvrage très-scientifique, auquel tout le monde semble emprunter sans en parler.

Sur un côté de la baie se trouve, près du pont Saint-Louis, la région la plus chaude et la plus protégée de Menton. Le flanc de la montagne est en partie couvert de Citronniers, qui montent sur des terrasses successives à une élévation considérable au-dessus de la mer. Ils sont en fleurs et parfument l'air pendant tout l'hiver. Sur ces terrasses chaudes, protégées contre tous les vents, si ce n'est ceux du midi, exposées au soleil du matin au soir, on peut dire que l'hiver n'existe pas. Pendant toute sa durée les insectes abondent. Le lézard, vif et agile, ne s'engourdissant jamais, se joue tous les jours sur les rochers, tandis que les demoiselles (libellules) aux ailes d'azur précipitent leur course vagabonde à travers les airs en plein hiver. L'araignée tisse sa toile, trouvant une nourriture abondante, et les hirondelles venues du nord s'y arrêtent dans leur migration, s'apercevant qu'il est inutile d'aller plus loin ; on les voit, tout l'hiver, voltigeant parmi les rochers. La Campanule, la Valériane, la Violette et la jolie petite Véronique fleurissent dans ce lieu favorisé de la nature, en novembre et décembre, longtemps avant d'apparaître ailleurs.

Les citrons de Menton sont connus dans tout le nord de l'Europe et de l'Amérique, et atteignent un prix élevé pour les producteurs, de 20 à 40 francs le mille. Chaque printemps on voit arriver de grands bateaux à vapeur pour les chercher, et pour les transporter, par centaines, par milliers de caisses, à New-York et ailleurs. Le Citronnier fleurit ici pendant toute l'année, ne se reposant jamais entièrement, ce qui prouve une végétation active et incessante ; ce fait de botanique ne se voit guère que dans les pays chauds. On cueille les fruits à quatre époques différentes, les arbres portant en même temps des fleurs et des fruits de toutes grosseurs. La cueillette du printemps est celle qui a le plus de valeur, à cause de la demande d'été. L'existence de grands vergers de Citronniers âgés de vingt à trente ans, ou davantage, sans protection artificielle, et leur culture profitable pendant toute l'année prouvent l'immunité de grands froids depuis bien des années. On m'a dit, cependant, qu'il y a une trentaine d'années il y eut une nuit de grand froid, de froid exceptionnel, et que presque tous les Citronniers du pays périrent. Ce fait expliquerait l'absence de très-vieux arbres ; je n'en ai jamais vu.

Pendant les vingt hivers que j'ai passés à Menton j'ai trouvé une grande différence dans le degré, dans l'intensité du froid, d'année en année. Dans le cours de quelques hivers froids, j'ai plusieurs fois vu le thermomètre descendre au-dessous de zéro pendant plusieurs nuits consécutives, près du bord de la mer, et à l'embouchure des vallées qui remontent à la haute montagne. Dans ces cas, de minces nappes de glace se forment sur les flaques d'eau, sur la route, et sur le bord des torrents, surtout dans la baie ouest où les ravins et vallées sont plus accentués, et qui est plus exposée que la baie est aux courants qui descendent de la haute montagne. Les hautes montagnes sont alors souvent couvertes de neige jusqu'au niveau supérieur des Oliviers, qui arrivent à une élévation d'à peu près 500 mètres.

Cet état de choses occasionne toujours de grandes frayeurs aux habitants, car pour beaucoup d'entre eux la récolte des citrons a une importance majeure. Ils osent à peine se coucher, et passent la nuit à consulter le thermomètre, tremblant pour le sort de leur récolte en danger. Ces frayeurs indiquent évidemment que la neige et la gelée sont de rares et importuns visiteurs dans le pays. Quand la neige est abondante et persiste pendant plusieurs jours sur les hautes montagnes, l'apparence en est très-pittoresque. La ceinture de grandes montagnes couvertes de neige qui entoure l'amphithéâtre en hiver donne à Menton l'aspect d'une ville suisse.

Les Niçois qui viennent nous voir alors sont tout joyeux, s'apitoient sur nous et nous disent : Voyez donc votre beau climat, vous voilà environnés de neige, comme au beau milieu des Alpes ! Mais ils oublient qu'en Suisse même on peut avoir 20° centigrades de chaleur au pied d'un glacier, et que cette neige des hautes montagnes, qui refroidit à peine l'atmosphère du centre de l'amphithéâtre, se fond bien vite, souvent le lendemain, sous l'haleine chaude des vents du sud. Par ces temps exceptionnels toutefois, les nuits sont toujours fraîches ou froides, et il faut savoir s'en garer, rentrer de bonne heure, faire du feu, et bien se vêtir.

Dans des circonstances bien rares la neige peut tomber jusque sur le rivage de la mer, se fondant à mesure qu'elle tombe. En janvier 1864 il y eut une gelée d'une intensité extrême, et tout à fait insolite dans tout le midi de l'Europe, et surtout en Italie et en Espagne. A Menton il gela plusieurs nuits de suite au niveau de la mer, tant dans la baie est que dans la baie ouest, et la neige tomba partout, jusqu'au rivage. Pendant plusieurs jours la neige resta sans se fondre dans des endroits tournés au nord et garantis du soleil, quoique celui-ci fût radieux. Beaucoup de citrons et de Citronniers furent gelés tout à fait. La plupart des arbres tués, me dit-on, étaient plantés à l'entrée des vallées ou ravins remontant à la haute montagne.

Ils avaient été plantés en dépit de l'expérience des vieux du pays. Tous les vingt ou trente ans une gelée exceptionnelle survient, et tue tous les Citronniers qui ne sont pas plantés dans les lieux vraiment chauds et protégés contre les froids exceptionnels de l'hiver. La culture du Citronnier étant lucrative, les propriétaires ne tiennent pas compte de l'expérience du passé, et étendent leurs plantations; tout va bien pendant quelques années, et puis l'année fatale arrive. Les arbres imprudemment plantés succombent, et par leur mort marquent de nouveau les limites légitimes de la culture citronnière.

C'est la même chose en France et en Angleterre. De temps en temps un hiver exceptionnellement rigoureux a lieu, et tue un grand nombre d'arbres et d'arbustes importés de tous les coins de la terre, et qu'on croyait bien acclimatés. Il faut un demi-siècle pour prouver qu'un arbre ou arbuste puisse s'adapter à un climat nouveau pour lui, puisse vivre indéfiniment sous de nouvelles conditions de froid, de chaleur, d'humidité ou de sécheresse. Ainsi avec nous au nord, le Chêne, l'Orme, le Châtaignier, le Peuplier sont ou des indigènes, ou des arbres vraiment acclimatés, mais il n'est pas aussi facile qu'on le croirait d'augmenter le nombre de ces arbres. Ainsi pendant l'hiver sévère au nord de 1860-61 beaucoup d'arbres que l'on croyait acclimatés succombèrent.

Il n'y a aucune région de la Rivière de Gênes où les Citronniers viennent aussi bien qu'à Menton. A Cannes on n'en voit presque pas, et l'on n'en entend presque pas parler. A Nice ils ne viennent qu'exceptionnellement, et dans des endroits tout à fait protégés. A San-Remo même, quoique les Citronniers soient cultivés comme à Menton comme produit, et qu'on y trouve de grands vergers, de grandes plantations, on ne les voit pas escalader les flancs de la montagne comme dans la baie est de Menton. Il faut arriver jusqu'en Sicile, à 5 degrés de latitude plus au sud, pour les trouver vivants et se développant avec autant de vigueur et avec une santé aussi exubérante.

Même en Sicile on les cultive surtout derrière des murs, dans des ravins, à l'abri des vents, même des vents du midi.

L'Oranger ne fleurit habituellement qu'une fois dans l'année, et ne porte qu'une récolte de fruits. C'est un arbre plus rustique, comme ce fait de botanique l'indique, et il peut supporter, comme nous l'avons vu, une température plus rigoureuse, plusieurs degrés de froid, sans souffrir. Comme le fruit, toutefois, mûrit en automne et en hiver, il n'acquiert guère de la saveur que dans les pays où l'hiver est doux. L'Oranger ne supporte pas le vent aussi bien que le Citronnier, aussi les belles plantations que l'on voit à Menton, comme au cap Martin et dans la vallée de Carei, sont toutes situées à la base des montagnes, et protégées même contre le vent marin du sud par des murs ou par les sinuosités des vallées où elles se trouvent. Dans mes nombreux voyages dans la Méditerranée j'ai partout observé le même fait.

Les Orangers sont toujours plantés de manière à être protégés contre le vent. Dans les environs de Valence en Espagne il y a des vergers immenses qui fournissent des oranges à tout le nord de l'Europe, mais ces vergers sont entourés d'une ceinture épaisse d'Oliviers et de Caroubiers; à Majorque (îles Baléares) dont les oranges sont renommées dans toute la Méditerranée, il n'y a d'Orangers que dans un seul endroit, la vallée de Soler, une espèce d'entonnoir ou coupe de volcan éteint, protégé contre tous les vents. A Minorque on ne les trouve qu'au fond d'une fente géologique, longue de 2 kilomètres, large de 200 mètres, où les vents ne peuvent pénétrer. Il en est de même en Sardaigne, à Corfou, à Malte, en Algérie, partout en un mot.

Les oranges de Menton mûrissent bien au mois d'avril, mais elles ne valent pas celles qui viennent des Açores (Saint-Michel), ou des îles Baléares, ou de Malte ; je crois que cette infériorité vient moins du climat que de ce que l'on cultive des variétés inférieures. Il y a, dans des jardins particuliers de Menton et de Monaco, des arbres plantés dans des conditions climatiques identiques, qui produisent des fruits tout aussi bons que ceux de quelque partie de l'Europe que ce soit. On a le tort de cueillir ces oranges avant qu'elles ne soient mûres en février et mars ; mais même ainsi cueillies prématurément elles mûrissent si on les conserve quelque temps. Beaucoup de ces arbres sont tout à fait négligés, ni taillés, ni fumés, ni arrosés. Est-il étonnant que le fruit soit inférieur?

On m'a dit que pour obtenir de l'orange tout ce qu'elle peut donner de saveur, il faut la laisser sur l'arbre tout l'été. Pendant les chaleurs celles qui ne tombent pas deviennent insipides, puis en automne, après les premières pluies, elles se remplissent de jus et sont excellentes. On ne le fait pas cependant, d'abord parce que beaucoup de fruits tombent d'eux-mêmes, et ensuite parce qu'il est difficile de les défendre pendant l'été contre les maraudeurs, enfants et autres.

Il y a beaucoup de variétés de l'Oranger et du Citronnier. M. Orphanidès, professeur de botanique à Athènes, me montra dans son jardin particulier deux cents espèces d'*Aurantia*, et me dit que l'on en connaissait trois cents. Quelques-unes de ces espèces de l'Oranger, celles par exemple cultivées à Majorque, à Malte et aux îles Açores, mûrissent plus tôt, et sont plus douces que les autres. Mais la plupart de celles-ci ont la peau fine, ce qui les rend peu propres au transport. Celles de Valence et du Portugal ayant la peau plus épaisse, quoique moins bonnes, conviennent mieux au commerce par cette raison même.

Les oranges que l'on exporte de Menton sont cueillies en janvier et en février, lorsqu'elles sont à peine colorées, autrement elles ne supporteraient pas le voyage, et elles mûrissent en route. Celles que l'on vend à Menton sont cueillies dans les mêmes conditions, car c'est l'habitude du pays. Il n'y a guère qu'un moyen d'avoir de bonnes oranges, c'est d'acheter la récolte d'un ou de plusieurs arbres, et de les laisser sur l'arbre jusqu'en avril, les cueillant au fur et à mesure de la consommation.

La récolte d'un verger à oranges est le plus souvent achetée en bloc sur les arbres, par un spéculateur de Paris, pour une somme donnée. L'acheteur lui-même fait récolter et emballer les fruits. Les citrons sont vendus à tant le mille, selon le cours, à des marchands de citrons de Menton, qui les emballent dans des caisses et les exportent. Au mois de février et de mars, la ville et la campagne s'animent sous l'influence des opérations que nécessitent ces récoltes. Des bandes de jeunes femmes et de jeunes filles descendent tous les jours de la montagne avec de grands paniers de citrons ou d'oranges sur la tête. Elles portent un poids de 60 kilos ou plus, avec une aisance parfaite. Le plus souvent elles vont pieds

La fille aux citrons.

nus, ce qui leur permet de se cramponner mieux aux sentiers rocailleux qu'elles parcourent; elles font un effet très-pittoresque. Ce ne sont que les jeunes femmes les plus fortes et les plus saines, qui peuvent accepter ce dur métier. Elles font un trajet de plusieurs kilomètres, aller et retour

UN VIEIL OLIVIER (CHEZ SAINT-MARTIN). (Page 33.)

de la montagne à la ville, plusieurs fois par jour, pour à peu près trente sous.

L'Oranger, comme arbre, est toujours beau, toujours gracieux avec son beau feuillage vert, et ses belles branches courbes ou droites. Mais quand il est chargé à profusion de ses pommes dorées, il charme tous les yeux, et rappelle au spectateur le jardin des Hespérides des temps mythologiques. Par suite de la régularité de sa croissance, et de l'abondance et de la couleur dorée de son fruit, l'Oranger est beaucoup plus pittoresque que le Citronnier. Le fruit de ce dernier est vert ou d'un jaune pâle, et l'arbre lui-même n'est pas gracieux, le port étant irrégulier, qu'il soit jeune ou vieux. Les vergers de Citronniers, lorsqu'on les voit de loin sur la montagne au milieu des Oliviers, tranchent par leur verdure éclatante avec le sombre feuillage de ces derniers.

L'OLIVIER

L'Olivier est le vrai « seigneur et maître » de l'amphithéâtre de Menton, dont il couvre les flancs et les collines jusqu'à une élévation d'à peu près 600 mètres. Dans le midi de la France, en Provence, l'Olivier, quoique fertile, est un arbre rabougri et misérable. Il est petit, un vrai nain, taillé sans pitié, et a l'air d'un Saule coupé à rase, et couvert de poussière. Aussitôt que le voyageur a passé les monts Esterelles et arrive à Cannes, il se trouve dans un autre climat, plus protégé contre les froids de l'hiver, plus adapté à la nature de l'Olivier. On lui permet de se développer comme un arbre de haute futaie, et il prend un port majestueux, une dignité qui surprennent ceux qui ont seulement vu les Oliviers rabougris de la belle Provence.

L'Olivier ne périt que sous l'influence d'un froid de 8° centigrades au-dessous de zéro, de sorte que sur la Rivière, et même à partir des Esterelles, les froids les plus exceptionnels ne le tuent pas, comme il arrive avec les Citronniers et les Orangers. Cependant les fruits et les jeunes pousses sont gelés par un froid de — 4° ou de — 5° centigrades. Comme, toutefois, il n'arrive pas de froid une fois dans un siècle qui puisse tuer l'arbre, il continue à se développer indéfiniment, et arrive à sa longévité normale, comme les arbres indigènes au Nord, les Bouleaux, les Hêtres, les Pins, les Chênes. Comme eux il résiste au froid exceptionnel d'années comme celle de 1860-61, et reparaît au printemps sain, fort, vigoureux, lorsque des légions d'étrangers, que l'on croyait acclimatés, ont succombé.

On peut dire que la longévité de l'Olivier dans un climat tout à fait favorable à sa nature, comme celui de Menton, est indéfinie. On trouve aujourd'hui au cap Martin, à Monaco et ailleurs dans le pays, des Oliviers qu'on présume être contemporains de l'empire romain. C'est un arbre qui croît lentement, et forme des charretées de racines, qui remplissent et recouvrent le terrain qu'il occupe. Quand après plusieurs siècles le tronc se pourrit, l'écorce reste vivante. A mesure que le tronc se pourrit de plus en plus, il se fend en deux, trois ou plusieurs sections ; l'écorce se tord de manière à revêtir chacune de ces sections, et se réunit du côté opposé. Alors au lieu d'un vieil arbre nous avons, en apparence, deux, trois, quatre, qui ont l'air d'être séparés, mais qui en réalité viennent tous de la même racine, l'ancienne. Quand ces nouveaux arbres, à la longue, meurent, la vieille souche donne naissance à de nouveaux rejetons, et de la sorte la vie de l'arbre est indéfiniment prolongée. Les forêts d'Oliviers présentent, par suite de cette cause, un grand intérêt, difficile à analyser. C'est l'impression que produit la vue d'une antiquité, d'une vétusté extrême et bizarre dans le règne végétal. Toutes ces phases de croissance, de ruine fantasque, de résurrection végétale, peuvent se voir et s'étudier dans l'espace de quelques mètres. Les troncs à moitié morts, fendus, tordus, courbés, et en même temps le centre, le point de départ d'une végétation jeune et vigoureuse, offrent un champ curieux à l'étude, à la méditation. Combien il y a de questions sociales qu'on peut comparer à la vie de ces vieux Oliviers qui ne veulent pas mourir, et trouvent toujours moyen de renaître sous une forme ou une autre !

L'Olivier arrivé à sa croissance naturelle, sain, vigoureux, est un très bel arbre. Souvent il est aussi grand qu'un beau Chêne, mais il a moins de branches et le feuillage est plus clairsemé. Dans la variété de l'Olivier cultivée sur la Rivière de Gênes, l'extrémité terminale des branches tombe, de manière à lui donner un peu le port d'un Saule pleureur. Ce caractère cependant est beaucoup moins marqué que dans ce dernier arbre, par suite du peu de développement du feuillage et du fait que c'est seulement l'extrémité de la branche, non toute la branche, qui tombe. Pour quelques personnes, qui ont la tristesse dans l'âme, qui regrettent une affection brisée, cet arbre, à feuillage sombre et gris, se penchant vers la terre, a quelque chose de sombre qui attriste le paysage. Mais ce ne sont que ceux qui ont la douleur dans le cœur, douleur qui se reflète sur la nature, qui voient l'Olivier sous ce point de vue.

Pour ceux que le chagrin n'empêche pas d'apprécier les beautés de la nature, le frémissement du feuillage mobile, d'un vert sombre, de l'Olivier sous les caresses du vent, le miroitement du soleil dardant ses rayons à travers ses branches, offrent un genre de beauté toute spéciale au Midi, qui charme. C'est surtout lorsqu'on voit une forêt d'Oliviers d'en haut (route de Nice) que ces effets sont remarquables.

J'avais déjà vu l'Olivier dans toute sa gloire dans l'Italie méridionale, mais ce ne fut qu'après avoir passé un hiver à Menton, sous l'ombre d'une montagne boisée d'Oliviers, que je pus apprécier le charme, la beauté de cet arbre. De fait l'Olivier, comme nos Sapins, est beaucoup plus beau en automne et en hiver qu'en été. A cette époque de l'année, la plupart des feuilles sont déjà vieilles, ont été brunies par les chaleurs de l'été et par au moins une année d'existence, de sorte que 'arbre en son entier a l'air flétri. Quant aux Sapins et aux conifères en général, le pollen abondant des fleurs mâles leur donne au printemps une couleur jaunâtre, qui les dépare à mes yeux. Au printemps les nouvelles feuilles se forment, en été et en automne les vieilles tombent en grande partie, et quand l'hiver arrive, l'arbre à feuilles dites persistantes est dans toute sa beauté. Il s'est dépouillé de ses vêtements usés, flétris, et se trouve de nouveau paré de toutes les grâces de la jeunesse.

Par suite, au lieu du feuillage jauni, couleur de poussière, que le voyageur voit en été, celui qui émigre au Midi en hiver voit un feuillage sombre, il est vrai, mais frais, vert, beau à contempler, soit de près, soit de loin. La rareté du feuillage de l'Olivier est aussi en hiver un avantage. Il laisse les rayons du soleil filtrer jusqu'à terre, les brisant sans les obscurcir ni les éteindre, de sorte qu'une promenade ou une station à l'ombre d'une forêt d'Oliviers est agréable, sous le soleil le plus ardent de l'hiver. J'ai moi-même passé bien des après-midi à Menton, en décembre et en janvier, assis avec un livre, à l'ombre d'un vieil Olivier.

La prépondérance de ces forêts d'Oliviers à Menton donne à l'amphithéâtre et à la Rivière en général un caractère *biblical*, si je puis m'exprimer ainsi. L'Olivier, qui est indigène dans l'Asie-Mineure et dans la Palestine, est l'arbre principal de la terre sainte, et se trouve constamment mentionné dans l'Écriture. Sa présence à Menton, comme le fait principal de la végétation, donne un caractère oriental à la scène, nous reporte au mont des Olives, à Jérusalem, aux lieux où se sont passés les événements de l'Écriture. Nous sentons que nous sommes bien plus près de ces lieux que dans nos pays du Nord, et nous comprenons ce que veut dire : se promener à l'ombre des Oliviers, s'asseoir à l'ombre de son Figuier.

Les branches de l'Olivier ne sont pas nombreuses. Elles viennent du tronc à quelques centimètres de la terre, ou plutôt le tronc s'y divise en deux ou trois branches. Ces dernières s'étendent, à angle aigu, à une assez grande distance de l'arbre. Leur feuillage étant en grande partie terminal, comme celui de la plupart des arbres à feuilles persistantes, et le bois étant peu ou point élastique, ces branches ne sont pas aptes à supporter un grand poids. Aussi quand, dans l'année 1864-65, hiver exceptionnellement rigoureux, la neige tomba abondamment, son poids agissant comme un levier à l'extrémité des longues branches, un très-grand nombre cédèrent et se brisèrent, ce qui occasionna une grande perte dans le pays. Cet accident ne s'est jamais reproduit pendant les vingt années que j'ai habité la Rivière.

Dans les pays du Nord, où la neige tombe en grande abondance tous les hivers, les Pins, les Sapins, les conifères en général ont des branches en étages successifs, qui ne s'écartent guère du tronc. Ces branches, au lieu de monter en droite ligne, ou à angle aigu, se penchent naturellement, de manière à s'incliner sous le poids de la neige et à s'en débarrasser. Le bois de ces arbres est rempli aussi de résine ; par conséquent il est très élastique et se plie facilement, sans se rompre, quand il s'agit de laisser tomber la neige. Le pauvre Olivier, au contraire, non préparé par la nature pour ce fardeau inaccoutumé, résiste et se brise.

L'Olivier fleurit en avril et en mai et porte des fruits tous les ans. Mais une année de grande abondance est presque toujours suivie d'une ou même de deux années de stérilité ! Il demande à être fumé avec soin tous les deux ou trois ans, si l'on veut qu'il produise. Dans ce but on se sert surtout de vieilles loques de laine, habitées, je le crains, que l'on importe de l'Italie en grande quantité. Une fosse ou tranchée est creusée à quelque distance du tronc, un ou deux mètres, profonde de quatre-vingts centimètres et large d'à peu près un mètre. Dans cette tranchée on met les loques que l'on sature de fumier liquide, et puis on la remplit de terre, étouffant ainsi tout ce qui a vie. Quoique ce fumage soit tout à fait routinier, il est en accord avec la chimie agricole. La laine contient de l'azote en grande quantité, de sorte qu'elle devient un fumier azoté précieux.

L'olive mûrit en automne ; elle noircit et commence à tomber d'elle-même en décembre et en janvier. Si alors on débarrasse l'arbre de son fruit, en le battant avec des gaules, l'huile n'est pas très abondante, mais elle est de très bonne qualité. Si on laisse les olives deux ou trois mois plus longtemps, jusqu'à ce qu'elles tombent presque toutes d'elles-mêmes, l'huile est plus abondante, mais n'est pas aussi bonne. Les olives de la Rivière sont plus petites que celles que nous mangeons, qui nous viennent de la Provence et de l'Espagne. Ces dernières appartiennent à une autre espèce d'Olivier.

Ramasser les olives sous les arbres est une occupation pour les vieilles femmes, les malades et les jeunes filles. Elles gagnent à peu près vingt sous par jour, et leur travail contraste d'une manière frappante avec celui des jeunes femmes vigoureuses, florissantes de santé, qui rapportent les citrons et les oranges de la montagne. Beaucoup d'entre elles, sans doute, commencent comme ces dernières, jeunes, fortes, rieuses, pour finir en ramassant des olives, une fois que la jeunesse et la force sont passées. Ces pauvres ramasseuses d'olives, à peine vêtues de minces robes de coton, gagnent souvent des rhumatismes à se pencher toute la journée sur la terre humide, après les pluies d'hiver. Tel est trop souvent le contraste entre la jeunesse et la vieillesse dans les classes laborieuses de tous les pays. C'est pour elles surtout qu'est vrai un mot que m'a dit, à la fin de ses jours, un célèbre ami, le professeur Velpeau, à Paris : « Mon ami, j'ai fait, depuis que je vous ai vu, une grande découverte, j'ai découvert que la vieillesse est une très-vilaine chose, une très-vilaine chose. » On peut rapprocher de cette phrase si triste, échappée peut-être à la souffrance, un mot d'Auber alors âgé de plus de quatre-vingts ans ; il mourut à quatre-vingt-quatre. On se plaignait devant lui de la vieillesse. « Vous avez raison, dit-il, ce que vous dites est très-juste, mais encore faut-il avouer que vieillir, c'est le seul moyen qu'on ait découvert jusqu'ici *de vivre*. »

Une fois que les olives ont été cueillies, on les

transporte au moulin où elles sont écrasées sous la meule, après quoi l'huile est extraite. Les moulins sont toujours des bâtiments pittoresques, situés dans des ravins, afin de pouvoir utiliser l'eau des torrents. Les propriétaires de ces moulins ont le monopole des torrents pendant l'hiver, par prescription immémoriale. Dans quelques-uns des moulins, toujours curieux à visiter, on ne se sert que de la puissance de l'eau ; dans d'autres on ajoute la force d'un cheval. Les olives sont écrasées par des cylindres en pierre et la pulpe est mise dans des paniers cylindriques, que l'on sature d'eau chaude et que l'on soumet à une grande pression. L'eau exprimée entraîne avec elle l'huile qui coule dans des réservoirs, où on l'écume. Cette eau mère, une fois qu'elle a servi, se repose dans de grands réservoirs extérieurs, où elle laisse un marc abondant, qui est employé au chauffage. En dernier lieu, on la lâche dans le torrent, dont l'eau en hiver en est souvent colorée. Jusqu'à présent on n'a pas employé la vapeur.

L'huile d'olive est souvent conservée dans de grands vases, de forme antique et élégante, assez grands pour contenir un homme. En regardant par la porte d'un magasin et en voyant ces grands vases rangés contre le mur, je me rappelle toujours l'histoire de Hadji-Baba et des quarante voleurs, dans les Contes Arabes. Ce sont évidemment dans des vases de ce genre que les voleurs se cachèrent la nuit, et dans lesquels ils furent exterminés avec tant d'adresse et d'audace par Morgiâna.

Les racines et le bois d'olivier constituent le combustible principal de Menton. Dans les cuisines on se sert surtout de charbon de bois, comme en France. Les habitants du pays font rarement du feu, si ce n'est pour les besoins culinaires. Ils ont recours à peu près uniquement à des vêtements chauds de laine, même dans les journées froides, lorsque les sommets des montagnes sont blancs de neige et reflètent le soleil, comme les montagnes couronnées de neige de la Suisse.

Les étrangers eux-mêmes venus du Nord, accoutumés à de grands feux de charbon de terre, ou au chauffage des poêles pendant une grande partie de l'année, allument rarement du feu dans une chambre au midi, exposée au soleil, si ce n'est le soir ; même le soir, c'est plutôt pour tisonner, pour faire du feu un compagnon, que par nécessité. Les jours exceptionnels de froid et de pluie glacée, les paniers de bois d'Olivier disparaissent rapidement. Ces petits feux de bois remplissent leur but, et nous chauffent en cas de besoin, tandis que dans les pays froids du Nord ils seraient presque inutiles.

En descendant du nord, nous sommes à la fin arrivés à une région assez abritée, assez près du soleil pour que sa chaleur seule suffise à la vie humaine, sans autre secours que celui des vêtements. Nous n'avons plus besoin des forêts épaisses du Nord. Nous ne sentons plus la nécessité d'avoir recours aux vastes réservoirs de charbon que la terre recèle dans son sein, produits enfouis de la végétation puissante des temps passés, rayons du soleil fossiles, pour ainsi dire, consolidés dans des époques géologiques bien loin de nous.

Une autre preuve de la chaleur exceptionnelle du climat d'hiver à Menton est la présence de grandes Euphorbes ligneuses (*Euphorbia dendroïdes*) et de grands Caroubiers. Ces Euphorbes, qui sont nombreuses, deviennent des arbustes à bois ligneux, aussi grands que des Rhododendrons. A Nice, je ne les ai trouvées aussi florissantes que dans un local, la partie sud-est du vieux château. En Italie, il faut descendre jusqu'à la Sicile pour les trouver aussi grandes et aussi belles. Dans le sud de la Sardaigne, j'en ai vu, dans les forêts, de quatre ou cinq mètres de haut, de véritables arbres. Ce sont de singulières plantes, venant dans les endroits les plus arides, sur des amas de pierres, dans des crevasses de rocher, et cela avec une vigueur, un luxe de végétation qui étonne. Sans feuilles en été, pendant les chaleurs, leur croissance commence avec les pluies d'automne, quand leurs branches nombreuses se couvrent d'une masse de feuilles terminales, d'un vert tendre. Alors se montrent une foule de fleurs, petites, d'un vert jaunâtre, qui sont à leur apogée au milieu de l'hiver.

La famille des Euphorbiacées est nombreuse, comptant plus de cinq cents espèces. A Menton on trouve plusieurs autres espèces plus petites dont la floraison se succède pendant l'hiver; quelques-unes ne fleurissent qu'au printemps. L'existence d'une végétation aussi florissante, dans les endroits les plus secs, les plus arides, d'un feuillage aussi dense, sous un soleil brûlant, est due à la présence d'une espèce de caoutchouc dans leurs sucs blancs et âcres. Ces sucs gommeux diminuent, arrêtent l'évaporation qui aurait lieu par les feuilles dans de telles conditions si elles n'étaient garanties d'une manière spéciale ; l'évaporation dessécherait bien vite la plante dans les conditions ordinaires. Ces Euphorbes sont venimeuses pour l'homme, et il faut prévenir les enfants de ne pas cueillir les branches et de ne pas porter ensuite les doigts aux yeux. On pourrait, de cette façon, se donner une inflammation oculaire. J'ai lu quelque part que le lait de chèvres qui avaient mangé des Euphorbes à Malte donna lieu à des symptômes d'empoisonnement.

L'élégante Cinéraire maritime, à feuillage blanc, argenté, vient abondamment dans les mêmes localités. Elle croît dans des crevasses de rochers exposés au soleil, dans le voisinage de la mer, où elle devient souvent tout à fait un arbuste. Cette jolie plante a été introduite au nord dans les serres froides et dans les jardins, en été, comme bordure, à cause de son feuillage, depuis que le goût des plantes à feuillage s'est tellement répandu, et l'on est content de la retrouver dans son pays natal.

Le Caroubier (*Ceratonia siliqua*) est une des gloires de ce pays, ainsi que des régions les plus chaudes, les plus sèches et les plus arides de la Méditerranée. C'est un bel arbre, à feuilles vertes, touffues, haut de taille comme un chêne, vigoureux et gracieux. Il vient, tel que je l'ai décrit, sur les rochers, sur les flancs de la montagne, au milieu des pierres, dans des endroits brûlés par le soleil, où il y a à peine une parcelle de terre, où son existence est une merveille, un problème, un sujet de surprise, d'admiration pour celui qui le voit. Le Caroubier peut être regardé comme un emblème de la végétation des arbres à feuilles persistantes, une vraie démonstration botanique. Un tel arbre ne peut vivre que très-imparfaitement par ses racines, car elles semblent, souvent, ne servir qu'à l'attacher au rocher sur lequel il croît, en pénétrant dans les crevasses et en se cramponnant aux inégalités du sol. Il doit vivre en grande partie au moyen de ses feuilles, comme le font du reste presque tous les arbres à feuilles persistantes. Le Caroubier est de la famille des Légumineuses et produit des fèves en gousses très-nourrissantes pour les chevaux et les bestiaux en général. On dit que le produit d'un arbre, une année avec l'autre, vaut à peu près vingt francs. On exporte en Angleterre beaucoup de ces fèves de la Méditerranée. J'ai trouvé le Caroubier en abondance sur toute la côte orientale de l'Espagne, aride, brûlée par le soleil, de Barcelone à Malaga. Je l'ai trouvé aussi dans l'île Majorque (îles Baléares), et on le voit aussi, fréquemment, dans les endroits les plus chauds de la Syrie et de la Palestine. Dans les régions rocailleuses, chaudes et arides du bassin de la Méditerranée, souvent on ne trouve guère que des Oliviers, des Caroubiers et des Opuntia ou figues de Barbarie.

L'existence du Caroubier dans de tels lieux explique pourquoi les arbres et les arbustes sont principalement à feuilles persistantes dans les pays et les endroits rocailleux et arides, où il y a peu de terre, et où le peu qu'il y a, principalement formé par la pulvérisation des rochers, contient une minime portion d'humus, de terre végétale. Le sol, peu abondant et maigre, ne peut nourrir des plantes qui n'auraient des feuilles que pendant quelques mois de l'année, aussi la nature y supplée en leur donnant des millions de poumons en forme de feuilles, qui pompent leur nourriture, le carbone, de l'atmosphère, pendant toute l'année.

Dans les climats du Nord, dans de hautes latitudes ce sont les Conifères, les Sapins, les Bruyères, les Houx, qui demandent à l'air la nourriture que leur refuse un sol maigre et sablonneux. Dans des latitudes plus méridionales, telles que Menton, c'est l'Oranger, le Citronnier, l'Olivier, et dans les montagnes les conifères, comme au nord, qui vivent de cette manière. Voilà pourquoi la végétation de l'amphithéâtre de Menton, qui n'est qu'un flanc de montagne rocailleux, est presque entièrement de ce caractère, aucune autre espèce de végétaux ne s'y développerait avec vigueur. Le peu d'arbres à feuilles caduques que l'on y voit, Chênes, Saules, Platanes, ne croissent qu'au bord des ravins à leur approche de la mer, dans des endroits où les torrents ont amené et déposé de la terre végétale. Les eaux tombées sur la montagne s'infiltrant dans ces terrains, y déposent la terre qu'elles tiennent en suspension et les rendent propres à cette espèce de plantes et d'arbres.

On peut nommer avec le Caroubier le *Pistacia Lentiscus*, et le *Pistacia Chio* ou *Terebenthinus* comme des arbustes qui témoignent d'un climat sec et chaud et d'une région rocailleuse et aride. Tous les deux appartiennent à la famille des Térébinthacées dont la plupart des espèces ne se rencontrent que sous les tropiques.

Le Lentisque est un arbuste toujours vert, qui vient dans les mêmes régions que le Caroubier et fleurit pendant l'hiver. Il est très-abondant entre Nice et Ventimille, on peut ajouter sur toute la Rivière de Gênes. Je l'ai trouvé en grande abondance en Corse, où il constitue une partie des makis, c'est-à-dire des broussailles qui forment la forêt ; je l'ai aussi trouvé en profusion dans la Sardaigne, sur la côte orientale de l'Espagne, et en Afrique sur les ramifications du mont Atlas. On dit que c'est aussi un des principaux caractères botaniques de la Syrie et de la Palestine.

Le *Pistacia terebenthinus* ou *Chio* ne se trouve à Menton que dans les endroits de la montagne les plus chauds, les plus exposés au soleil, comme mes rochers nus à Grimaldi. C'est un arbuste, un petit arbre, à tige ligneuse, comme le Lentisque. Il est remarquable comme le dernier arbuste que l'on trouve dans le désert de Sahara, en descendant le versant méridional des monts Atlas. Il produit une gomme usitée en médecine et dont on fait à Chio, son chef-lieu en quelque sorte, une pâte dont l'île fournit les habitantes du harem du Grand Turc et dont elles sont très friandes.

Au-dessus de la région de l'Olivier, à une élévation d'à peu près 700 mètres, on ne trouve plus que des conifères, à part les arbres fruitiers, Poiriers, Pommiers et Cerisiers qu'on y cultive, aussi bien que la Vigne et les céréales. Les Cyprès semblent venir parfaitement à partir du niveau de la mer, dans les terrains calcaires. Je nommerai comme les plus communs : les Cyprès pyramidal, horizontal, lambertiana et macrocarpa, qui se plaisent partout; on peut les planter sans crainte. Les Genévriers (*Juniperus*) viennent aussi très-bien sans culture. Il y en a plusieurs espèces indigènes sur les montagnes de Menton. Quand le terrain est sablonneux, comme à la Madonne et au-dessous de Sainte-Agnès, les conifères commencent au bord de la mer, pour couvrir, en remontant, les flancs de la montagne. On les voit, clairsemés, sur les montagnes les plus élevées, les plus escarpées, partout où ils peuvent se cramponner aux rochers. Derrière l'amphithéâtre de Menton les mêmes conditions se reproduisent dans le fouillis de montagnes qui le séparent des Alpes Maritimes supérieures dites de Tende. Les régions inférieures sont occupées par des Oliviers et la culture en terrasse. Les élévations, surtout sur le versant nord, sont revêtues de Pins. Du rivage les arbres qui se trouvent dans l'hémicycle de Menton paraissent petits, rabougris ; mais c'est seulement par suite de la grande élévation des montagnes, car, quand on en approche, on trouve que ce sont des arbres d'un assez grand développement.

Les Conifères qui recouvrent les collines basses, sablonneuses et qui revêtent les hautes montagnes calcaires (oolithiques), sont surtout le Pin maritime et le Pin d'Alep (*Pinus Alepensis*), les Conifères les plus répandus, les plus universels sur les côtes et les îles de la Méditerranée. Ils n'atteignent pas une grande hauteur, mais sont sains et florissants. Les Pins « maritimes et d'Alep » se trouvent partout dans la Méditerranée et paraissent se plaire autant sur un sol calcaire que sur un sol sablonneux ou schistique, contrairement à la plupart des Conifères. Quoique le bois soit trop mou pour avoir une grande valeur comme bois de construction, on l'emploie beaucoup pour toute sorte d'usages, faute de mieux.

Au printemps, les forêts de Pins souffrent beaucoup des ravages d'une chenille bien connue dans le Midi, le *Bombyx processionis*. Ces chenilles viennent à la vie dans de grands sacs cotonneux suspendus aux arbres. Quand elles naissent, elles quittent le nid et dévorent toutes les feuilles de l'arbre natal, puis elles en descendent pour en attaquer un autre, voyageant sur une seule ligne, en procession. Ces processions, que l'on rencontre souvent au printemps dans la forêt, sont très-curieuses ; rien ne semble arrêter la course des chenilles. Elles grimpent par-dessus tout ce qu'elles trouvent sur leur chemin. Il ne faut les toucher qu'avec précaution, car leur contact donne lieu à une inflammation de la peau. J'ai vu un érysipèle assez grave de la tête et de la figure survenir chez un jeune garçon qui, pour les conserver, avait mis les chenilles dans sa casquette et la casquette sur sa tête !

Il y a un endroit, dans le jardin de la villa Madonne, où se voient de beaux spécimens du Pin parasol (*Pinus pinea*), le Conifère classique de l'Italie. Il y en a un que l'on admire surtout. C'est un arbre énorme, avec un beau tronc, très-élevé, surmonté par une masse de feuillage, d'un vert intense, en forme d'un immense parasol. Il y a quelque chose qui rappelle l'Italie dans l'apparence de ce bel arbre, avec sa grande voûte de feuillage s'étendant au loin. En Italie ces arbres sont si souvent un des éléments principaux du paysage, qu'ils s'associent dans l'esprit du voyageur, d'une manière indélébile, avec les monuments et les ruines dont la mémoire garde le souvenir. Quand on est assis sous l'ombre de ces arbres, la mer bleue à ses pieds, le ciel clair et radieux au-dessus, le pourtour net et précis des hautes montagnes à droite et à gauche, il est impossible de ne pas se sentir bien près de l'Italie. On ne voit que quelques exemples de ce beau Pin à Menton. A Cannes, au pied de l'Esterel, il y en a une forêt. Je présume qu'un sol sablonneux ou schistique est presque indispensable à leur bien-être, comme pour la plupart des Conifères. Les Pins parasols de Menton sont au pied d'une colline sablonneuse (Madonne), dans un terrain sablonneux. Au cap Martin, tout à côté, formé d'un rocher calcaire au niveau de la mer, on n'en trouve pas ; mais d'autre part, ce cap est couvert de Pins d'Alep, comme les hautes montagnes calcaires.

Le Chêne-liège (*Quercus suber*) se trouve par-ci par-là sur la Rivière de Gênes, mais il n'est pas universel comme sur les monts schistiques de l'Esterel où on le cultive comme produit, donnant les glands aux pourceaux, et exportant le liège.

La rareté des arbres à feuillage caduque donne un aspect riant, un air d'été à tout le pays, à ses montagnes, à ses collines, à ses ravins, à ses vallées, même en plein hiver. Cet effet est d'autant plus

prononcé que le plus souvent le soleil dore le
paysage ; je n'ai jamais vu, même en Italie ou en
Espagne, une verdure aussi universelle au milieu
de l'hiver. La baie si célèbre de Naples, comme on
la voit en entrant par mer, offre au voyageur un
aspect presque aussi hivernal en décembre que la
France ou l'Angleterre. L'île d'Ischia et la terre
ferme présentent de nombreux Figuiers à branches
nues et des Vignes se traînant comme de vieilles
cordes sur des treillages, sur des arbres nus. La
vue présente la tristesse de l'hiver ; tandis que
celle de la belle verdure qui remplit le bas-fond de
l'amphithéâtre de Menton réjouit l'âme. Chez nous,
au nord, nous voyons bien la verdure en hiver dans
nos forêts de Sapins, de Conifères, mais alors le
ciel est presque toujours sombre, caché par des
masses de nuages grisâtres et plombés, et le soleil est
obscurci. A Menton au contraire, le soleil est presque
toujours radieux, et le plus souvent, même en plein
hiver, il jette sur le paysage une lumière plus éclatante que celle qui illumine nos forêts en juillet.
Au premier abord, la verdure paraît un peu sombre, étant principalement formée par les bois
d'Oliviers, car les Citronniers et les Orangers se
cachent le plus souvent dans les vallées, mais peu
à peu l'œil s'accoutume à cette teinte. Dans la
baie est, comme nous l'avons vu, il y a toute une
forêt de Citronniers, d'un vert clair, qui s'élèvent
sur le flanc de la montagne jusqu'à une hauteur de
500 mètres.

Les arbres à feuilles décidues, qu'on trouve dans
l'enceinte, sont surtout les Saules, les Platanes, les

Figuiers. Les Saules croissent le long des grands torrents quand ils s'approchent de la mer. Les Platanes sont plantés en avenues, à cause de l'ombre et de la fraîcheur qu'ils donnent en été. L'avenue principale de Platanes est sur la route de Nice et se continue dans la ville. Une autre avenue orne la route qui mène à la gare du chemin de fer, et longe le torrent du Carei, à sa descente de la montagne. Ces avenues sont les principales promenades des Mentonnais en été. Il y a quelques Châtaigniers et quelques Chênes par-ci par-là dans les ravins.

Le Platane oriental a été cultivé de temps immémorial dans l'Asie Mineure et dans la Grèce, et depuis le temps des Romains en Italie, à cause de son ombre, car le bois n'a pas de valeur. Dans les temps anciens on le traitait avec beaucoup de révérence et de respect. Il n'y a pas d'arbre dans ces climats qui puisse lui être comparé pour la grandeur et pour la densité du feuillage en été. Dans le midi de l'Europe et dans l'Orient il est vigoureux et rustique, atteint un très-grand développement et se porte bien dans l'intérieur des villes. Cette faculté est en partie due, peut-être, à ce que chaque année il perd une partie de son écorce. De cette manière il se dépouille, en quelque sorte, chaque printemps de ses vêtements, salis par l'atmosphère des villes, et fait peau neuve. La résistance vitale du Platane aux influences pernicieuses des villes est bien démontrée à Toulon. Le bosquet touffu, à feuillage vert et sain, qui ombrage si bien la place de cette ville, est composé entièrement de Platanes. Comme cet arbre supporte la mutilation aussi bien qu'un houx au nord, au printemps on coupe impitoyablement les sommets dans les villes du Midi, afin que les nouvelles pousses puissent former la voûte de feuillage voulue. Sans doute beaucoup de mes lecteurs ont été réveillés à la pointe du jour à Toulon par le chant bruyant, sinon harmonieux, des innombrables oiseaux qui habitent les arbres et saluent ainsi l'aurore. Un chant semblable s'entend tous les soirs en automne, et en hiver même jusqu'à la chute des feuilles, sur la place du marché à Menton. La grande place de Barcelone en Espagne est ombragée aussi par des Platanes florissants, comme celle de Toulon.

Les feuilles des Platanes ne tombent que quand les nuits deviennent froides, vers la fin de décembre. Les capsules en balle qui contiennent les graines restent suspendues aux branches terminales pendant tout l'hiver. Elles sont plus grandes que celles du Platane américain ou occidental que l'on cultive en France et en Angleterre. Ce Platane supporte également très-bien l'atmosphère des villes, aussi le choisit-on souvent pour les plantations. La taille se fait au commencement de mars, et les fleurs et les feuilles apparaissent en avril, les fleurs devançant les feuilles. Le Platane d'Orient, quoique venant bien en Italie et dans le midi de la France, ne semble pas y atteindre son entier développement. Il y a un Platane dans le golfe de Lépante en Grèce dont le tronc a un peu plus de quatorze mètres de circonférence, et un autre sur le Bosphore, dont le tronc mesure quarante-deux mètres à sa base. De Candolle pense que cet arbre doit être âgé de deux mille ans et que ce doit être un des plus vieux arbres du monde.

Les Figuiers abondent comme partout en Italie et cela au milieu de terrains très-arides, grâce à l'intelligence, on pourrait dire, de leurs racines qui vont bien loin chercher leur nourriture partout où elles peuvent trouver de la terre. En abattant un Figuier à l'extrémité d'une terrasse, j'ai trouvé une racine grosse comme le bras, qui avait envahi toute la terrasse sur une étendue de trente mètres. « Ce sont des voleurs, » me disait un vieux jardinier. Heureusement pour ceux qui aiment le pittoresque les Figuiers ne sont pas très-communs à Menton. Ils perdent leurs feuilles de bonne heure, en novembre, ne les reprennent qu'en avril, et leurs branches lourdes, disgracieuses, tachent le paysage. Je les ai tous abattus dans mon jardin. Le fruit est excellent ; on en fait deux récoltes chaque été.

Par suite de l'absence de gelées, qui n'ont lieu que par exception dans des endroits très-exposés aux bords des torrents, beaucoup de plantes qui au nord, en France, se flétrissent jusqu'à terre, la première nuit de gelée, gardent leurs feuilles et restent fleuries pendant tout l'hiver. Tels sont les Géraniums, l'Héliotrope, la Verveine, la Capucine, les Salvia, et les Roses en général. Les Roses hybrides donnent peu de fleurs, quoique conservant leurs feuilles ; mais les Roses de Chine et plusieurs espèces de Roses-thé continuent à fleurir tout l'hiver. La Capucine (*Tropæolum*), annuelle au nord, devient vivace, à tige ligneuse, comme dans le Pérou, son pays natal. Il en est de même du Cobéa

(*Cobea scandens*) du Mexique, qui a aussi une tige ligneuse et fleurit tout l'hiver. Il y a encore bien des plantes appartenant, surtout à la flore de l'hémisphère austral, qui fleurissent en plein air l'hiver ; mais, comme je me propose de consacrer un chapitre à l'horticulture, je me bornerai maintenant à parler des plantes sauvages les plus répandues, qui témoignent d'un climat tempéré l'hiver.

Au milieu, ou à la fin de décembre, on voit apparaître des Violettes odorantes dans les endroits les plus chauds. A la fin de janvier elles se trouvent partout dans les endroits frais, sortent de tous les murs, tapissent le bord de tous les sentiers, la marge de tous les torrents où pénètre le soleil. Le narcisse (*N. niveus*) et beaucoup d'autres fleurs printanières apparaissent en janvier ou en février : Anémones variées, Jacinthes, Tulipes, Gladioles, Primevères, Hépatiques. Toutes ces fleurs se trouvent à l'état sauvage, mais seulement dans des régions spéciales connues des femmes qui conduisent les ânes, et qui guident les étrangers dans leurs promenades à la montagne.

On trouve presque partout une espèce de Réséda, mais elle n'a pas d'odeur comme celle que nous cultivons dans nos jardins (*Reseda odorata*) qui vient naturellement sur le rivage méridional ou africain de la Méditerranée. Le Câprier (*Capparis spinosa*), indigène dans le sud de l'Europe, produit de bons fruits. Perdant ses feuilles en hiver, il n'ajoute pas à la beauté du paysage. C'est un arbuste à branches pendantes que l'on cultive surtout sur les terrasses, au sommet des murs, le long desquels il pend. Le faux Poivrier (*Schinus mulli*) est cultivé dans les jardins à cause de son feuillage. Il reste en feuilles tout l'hiver, est un bel et grand arbre, avec des branches légèrement déclives à leur extrémité et des grappes de petites baies rouges, ressemblant à celles du poivre. Les feuilles sont légèrement aromatiques, et ont le goût du poivre ; c'est un arbre natif du Mexique, qui est acclimaté et cultivé dans toutes les régions chaudes et arides de la Méditerranée, en Espagne, Tunisie, Sardaigne, Malte. Il est capable de supporter, sans souffrir, une grande sécheresse durant plusieurs mois, comme du reste toutes les plantes du Mexique, qui sont exposées à ces périodes de chaleur sèche chez elles. L'Eucalyptus de l'Australie vient parfaitement bien, et, s'il trouve de la terre et de l'humidité, il croît avec une rapidité étonnante ; nous avons des arbres de 20 à 25 mètres, venus en très-peu d'années. Ces conditions se rencontrent à Menton au bord des torrents, dans des ravins et près de la mer, où le sol est humecté par les eaux qui descendent de la montagne. Je l'ai essayé sans succès sur mes rochers à Grimaldi, il n'y a ni assez de terre ni assez d'humidité.

Les plantes grasses réussissent très-bien et partout. Dans quelques régions, les Agaves aloès ont passé à l'état sauvage. Presque toutes les Mésembryanthémées viennent bien. L'absence de gelées en hiver, la chaleur et la sécheresse de l'été, les fortes pluies de l'automne et du printemps semblent assimiler le climat de Menton à celui de l'Afrique méridionale, leur pays natal; c'est une famille nombreuse, puisqu'il y en a plus de 400 espèces connues. Celle que l'on voit surtout à Menton et dans l'Italie méridionale, à Naples et ailleurs, jettant de longues branches traînantes à terre, recouvrant les talus et les murs, a une floraison très-abondante et très-belle, jaune ou rouge-ponceau, au mois d'avril.

Le Figuier de Barbarie (*Opuntia vulgaris*), le plus commun des Cactacées dans le bassin méditerranéen, vient aussi bien dans ce climat que dans les montagnes rocailleuses du Mexique, son pays natal. On peut s'en convaincre en voyant les individus vigoureux et sains croissant dans diverses localités, et dans mon jardin à Grimaldi. C'est aussi une plante cultivée dans toutes les régions chaudes de la Méditerranée. Il produit en abondance un fruit ovale légèrement acide, que nous trouvons insipide, mais qui est très estimé par les habitants de ces pays. Dans l'île Majorque chaque habitation, à la campagne, a un verger d'Opuntia, évidemment cultivé en vue des fruits. Dans les grandes chaleurs, en l'absence d'autres fruits, celui-ci, qui vient comme les mûres des haies au nord, est sans doute agréable.

L'Agave, et surtout l'*Agave americana* ou *Mexicana*, à tort appelée aloès dans la langue vulgaire, vient parfaitement bien ici et dans toute la Méditerranée. L'Agave appartient à la famille des Amaryllidées, tandis que les vrais Aloès, qui ont à peu près le même port, appartiennent à la famille des Liliacées, sous-ordre Aloïnées. Ils sont natifs des régions sèches du cap de Bonne-Espérance et de l'Afrique méridionale. A Menton on voit peu de belles Agaves; on ne semble pas les apprécier comme à Nice, où elles se trouvent dans tous les jardins. A vrai dire, les Mentonnais semblent attacher peu de valeur au jardinage et ne cultivent guère les fleurs que pour en extraire des parfums ou pour orner les villas louées aux étrangers.

Dans le midi de l'Europe, la plupart même des personnes riches semblent regarder l'horticulture comme une perte de temps, de peine et d'argent. On n'aime guère à faire des frais de culture que pour ce qui est destiné à la table ou au marché. Bien différents des habitants du Nord, passionnés pour les fleurs, ceux qui habitent le Midi, Italie, Espagne, France, semblent les dédaigner, si ce n'est les jeunes filles qui les cherchent pour en parer leurs cheveux afin de se faire belles. Où voyons-nous les chaumières des paysans couvertes de Roses, de Clématite, de Chèvrefeuille, de Jasmin, comme en Normandie, en Angleterre ; où voyons-nous leurs petits jardins remplis de fleurs se succédant de mois en mois? Une raison peut-être de cette indifférence apparente, c'est que pendant les grandes et longues chaleurs de l'été il faut constamment arroser les fleurs, ce qui coûte temps et argent. Mais cette raison ne s'applique pas aux Agaves, aux Aloès, aux Cactées, qui se réjouissent du climat sec et chaud de Menton, et qui, une fois plantées, ne demandent pas de soins. Que peut-il y avoir de plus beau en réalité que ces Agaves colossales que l'on voit dans les environs de Nice, des géants végétaux, parfois aussi grands qu'une petite maison? N'y a-t-il pas aussi un plaisir extrême à voir la grande tige à fleur de l'Agave, après que la mère a passé une longue vie de calme et de repos, s'élancer fiévreusement, en peu de semaines, jusqu'à une hauteur de cinq ou huit mètres, comme un tronc de palmier? n'est-ce pas pénible de voir cet enfant exigeant et rapace épuiser tellement sa mère, par sa croissance rapide, qu'elle se flétrit et meurt après la floraison? On a compté jusqu'à 4,000 fleurs sur une tige! chaque hiver on voit à Nice, à Monaco, à Menton, de ces terribles enfants s'élever du sein de leur infortunée mère, l'épuiser et la tuer. Mon jardin à Grimaldi convient parfaitement aux plantes grasses et l'on peut y voir de beaux exemples d'Agaves, d'Aloès et de Cactées.

La famille des Liliacées, à laquelle appartient l'Aloès vrai, quelque étrange que cela puisse paraître à un observateur qui n'est pas botaniste, a un autre représentant à Menton, qui couvre en février les terrasses de fleurs blanches et charmantes. C'est l'*Allium Neapolitanum*, une espèce d'Ail, mais beaucoup plus belle que celle de nos campagnes. Il y a aussi une autre Liliacée, l'Asperge sauvage, qui se rapproche beaucoup de celle du Nord; elle est très-abondante sur quelques rochers brûlés par le soleil, les miens par exemple.

Le Laurier-rose (*Nerium Oleander*) devient un arbre en plein air dans ce climat. Autrefois il y avait de beaux bosquets d'arbustes et de petits arbres de cette espèce, tant dans la baie est que dans la baie ouest, sur les routes près de la mer. On les a détruits en améliorant les routes, sans les replanter, ce qui est dommage. Les Lauriers-roses nous donnaient, à nous gens du Nord, où nous ne les voyons guère que dans des caisses, l'idée d'un climat tropical. Plus à l'est, le long de la Rivière, on le trouve à l'état sauvage, ainsi que dans l'Italie méridionale, la Sicile et la Sardaigne. Il y a un village appellé Campo-Rosso, un peu au-dessus de Dolce-Acqua, à l'est de Ventimille, ainsi appelé à cause de la couleur rouge que la floraison des Lauriers-roses donne à la vallée en été. Le Laurier-rose tapisse les rives de presque toutes les rivières et torrents des monts Atlas en Algérie. Je les ai trouvés en pleine floraison à la fin d'avril ; les belles fleurs rouges donnaient un cachet charmant aux ravins dont ils tapissaient les bords, et m'expliquaient le nom de notre village de la Rivière. Le suc de ces plantes a des qualités délétères, et empoisonne, à ce que l'on dit, les animaux qui mangent feuilles, branches ou fleurs. Le Laurier-rose fleurissant l'été et l'automne, cela explique un peu qu'on le néglige dans un pays où tous les efforts décoratifs se concentrent sur l'hiver.

Le Tamarisque (*Tamarix Gallica*), dans le Nord arbuste ou buisson cultivé au bord de la mer, devient un arbre de sept à huit mètres de haut, avec un tronc assez volumineux, dans les régions chaudes du bassin de la Méditerranée, qui du reste est son pays natal. Comme dans le Nord, il perd ses feuilles l'hiver, pour les reprendre au printemps ; il aime à être près de la mer, les pieds dans le sable ou dans les galets mouillés par l'eau de mer, exposé aux émanations salines, tandis qu'il languit dans l'intérieur des terres. Les cendres de cette plante contiennent beaucoup de sels de soude, ce qui explique sa partialité pour le voisinage de la mer. Il y a des plantes cosmopolites comme l'homme, qui vivent bien partout, dans tous les climats, tandis que d'autres ne viennent guère que dans des conditions spéciales de sol, de climat, d'acclimatation ; sans elles, ces plantes languissent et meurent. Dans les déserts de l'Afrique septentrionale il y a une espèce de Tamarisque oriental, qui se plaisant dans les endroits les plus arides, est une des dernières plantes à survivre. Probablement dans les régions où il vit les sables du désert sont imprégnés de sel. La plupart des schotts ou marais que l'on trouve au pied des monts Atlas, au sud, sont salés, comme tous les lacs et mers qui n'ont pas d'issue dans l'Océan (mers Caspienne, d'Aral, Morte).

Comme exemple de plante cosmopolite nous pouvons mentionner la Mûre (*Rubus fruticosus*), l'amie de notre enfance, que nous sommes contents de revoir vivant à Menton comme chez elle, dans les endroits les plus chauds, les plus rocailleux, les plus arides, les plus sauvages. Au bord de la mer, ou à 1,000 mètres d'élévation, la Mûre vient aussi vigoureusement, aussi joyeusement que sur les bords d'une route fraîche et humide en Bretagne, en Normandie, en Angleterre, en Irlande. A Menton, toutefois, elle garde ses feuilles tout l'hiver, comme les plantes à feuilles persistantes; ne perdant son vieux feuillage qu'après en avoir recouvré un autre, jeune et neuf. En vérité c'est une plante singulière, s'adaptant à presque tous les climats, à toutes les conditions de froid ou de chaleur, à toutes les localités de plaine ou de montagne, se portant également bien au bord de la mer ou dans l'intérieur des continents. On dit qu'elle existe, belle et vigoureuse, dans le nord de l'Asie, sur les monts Himalaya, aux tropiques, dans l'Amérique du Nord ; et que partout c'est la même plante, avec des différences si peu marquées qu'elles ne constituent tout au plus que des variétés.

Quant à moi, j'ai trouvé la Mûre partout où j'ai été, depuis le nord de l'Écosse jusqu'au sommet du mont Atlas, à 1,600 mètres au-dessus de la mer, où je dominais le grand désert de Sahara. Je l'ai trouvée en Corse, en Sardaigne, en Grèce, dans l'Asie Mineure, sur les ruines du temple d'Éphèse. Je dois toutefois avouer que je fus un peu surpris quand je vis cette plante, qui forme une partie importante des haies qui divisent les routes, les sentiers, les champs dans la pluvieuse Angleterre, croissant à Menton avec un luxe sauvage et volontaire, remplissant les lits secs des torrents, montant sur les arbres à une hauteur de dix mètres ou plus, et étouffant, étranglant les passages entre les terrasses de Citronniers sur la montagne ; et cela dans des régions où souvent il ne pleut pas, pendant six ou huit mois de l'année, sous l'haleine ardente, brûlante du soleil méditerranéen. Cette plante, certainement, doit avoir une mission à remplir, et peut-être cette mission est de donner un fruit doux et agréable aux enfant des pauvres. Les jours où ils vont cueillir des mûres sont vraiment des jours de fête pour eux, car il y a bien peu de fruits auxquels les pauvres peuvent prétendre dans le Nord. Le plus souvent ils sont obligés de vendre le peu qu'ils peuvent cultiver dans leurs petits jardins à la campagne, pour subvenir à des besoins pressants. La vue de la Mûre est toujours agréable au voyageur, car elle lui rappelle le pays natal, ainsi que maintes courses vagabondes du jeune âge, les vacances et les congés passés dans la forêt, dans les prés, sur le bord des ruisseaux, lors de la première jeunesse.

Au printemps, une plante familière se montre sur le bord des routes, à la base des murs, c'est le *Verbascum*, avec ses grandes feuilles cotonneuses. En même temps, au commencement d'avril, se voit l'*Antirrhinum*, ou la gueule-de-lion de nos jardins, indigène dans le pays et appartenant, comme le *Verbascum*, à la famille des Scrofulariées. Déjà depuis quelque temps se voit partout un grand Chardon à feuilles argentées (*Carduus leucographus*), indigène en Italie, comme aussi le joli *Ornithogallum montanum*, le *Cistus* ou Rose des roches, le Genêt à épines (*Cytisus spinosus*), la *Coronilla*, la Fumeterre (*Fumaria leucantha*), l'*Arum arisarum*, la Pariétaire (*Anthemis pyrethrum*) et beaucoup d'autres fleurs qui transforment les ravins et les terrains en vrais jardins. Je ne dois pas omettre de mentionner les Orchidées terrestres, dont on trouve beaucoup d'espèces, telles que l'Orchis mouche, l'Orchis araignée, l'Orchis abeille, l'*Orchis lutea*, l'*Orchis longa brachia*.

La végétation varie naturellement selon la nature du sol. Quelques-unes des collines basses sont formées de terrains sablonneux, ce qui donne à la flore le caractère spécial de ces formations géologiques. Les arbres sont des Conifères, les arbustes, des Arbousiers, des Myrtes, des Junipers, des Genêts, des Lavandes, des Bruyères. A Noël notre Bruyère ordinaire (*Calluna vulgaris*) est en fleur. Une autre, très-belle (*Erica arborea*), fleurit à la fin de février et en mars. Cette Bruyère a une tige droite, de deux mètres d'élévation, et ses épis de fleurs blanches sont très-beau à voir.

La plus grande de ces collines sablonneuses, ou contreforts sablonneux, est celle qui se trouve entre les vallées de Cabrole et de Gorlio, et qu'on appelle Santa-Lucia à la partie supérieure, la Madone à sa partie inférieure. La végétation, telle que je l'ai décrite, est celle des montagnes granitiques, schistiques de la Corse et de la Sardaigne, ainsi que des mêmes formations géologiques des monts Atlas en Afrique. Quelques heures passées dans ces régions et employées à en examiner le sol et la flore donnent une idée vraie et frappante de quelques-unes des régions les plus charmantes de ces pays. C'est un petit coin de l'Afrique encaissé dans l'amphithéâtre de Menton, et cette identité de végétation semble démontrer l'identité de formation, quand les Alpes Maritimes, les Apennins et les monts Atlas constituaient un seul système de montagnes.

Une espèce de Salsepareille (*Smilax aspera*), à feuilles très-angulaires tachetées, à petites épines et à grappes de baies rouges est très-commune, sur les montagnes. Notre vieil ami le Lierre se trouve partout dans les vallées, et sur les rives des torrents, quand le terrain est calcaire. Les Fougères sont nombreuses partout où il y a de l'ombre, leur présence étant favorisée par les murs en pierres sèches qui soutiennent les terrains sur les flancs des montagnes. Ces murs sont formés par la superposition de grosses pierres, et la terre s'infiltrant peu à peu entre elles forme un lit humide et frais admirablement adapté à leur bien-être. Toutes les vieilles terrasses sont revêtues de *Ceterach officinalis*, d'*Asplenium trichomanes*, d'*Asplenium adiantum nigrum*, qui avec le *Capillus Veneris* ou Capillaire sont les Fougères les plus communes. Cette dernière, autrefois, se rencontrait partout où il y a de l'eau courante ou stagnante. Elle livrait à l'air ses frondes délicates, sur le bord de tous les torrents, ruisseaux et cours d'eau, tapissant aussi les murs des réservoirs ombragés. Quand je suis arrivé à Menton, on voyait cette charmante Fougère, dis-je, partout, comme l'herbe des champs.

Mais les visiteurs se sont mis à l'enlever, racines et frondes, pour orner leurs chambres, pour faire de vains essais de culture, et elle commence à devenir rare, à moins de monter à la grande montagne. Bientôt il n'y en aura plus dans le pays, excepté dans des endroits inaccessibles. C'est la barbarie de l'admiration. Les botanistes connaissent si bien cette barbarie qu'ils ne livrent plus au public l'habitat d'une plante nouvellement trouvée, autrement elle serait extirpée en peu de temps. C'est curieux que le commun des hommes ne puisse admirer sans que le désir de posséder en détruisant ne lui survienne.

Le *Pteris aquilina* existe en abondance, mais c'est une Fougère d'été, comme chez nous, et ses frondes apparaissent seulement quand les visiteurs se préparent à partir, à s'envoler vers le nord. Le *Scolopendrium*, le *Polypodium vulgare*, la *Ruta muraria*, l'*Asplenium Petrarchæ*, l'*Asplenium fontanum*, la *Grammitis leptophylla*, le *Cheilanthes odorus*, sont moins communs, quoiqu'on les trouve facilement, si l'on sait où les chercher. En tout j'ai trouvé douze espèces différentes de Fougères, dans un rayon de quelques kilomètres et à une minime élévation, la plupart desquelles existent en France et en Angleterre. Dans les hautes montagnes il y en a d'autres espèces, mais je ne pus les y suivre. Quelques-unes de ces Fougères vivent et prospèrent dans des climats bien différents. Ainsi l'été qui suivit mon premier hiver à Menton je trouvai l'*Asplenium trichomanes* sur un vieux mur dans le jardin de Versailles, plus tard je le trouvai sur une ruine dans une île du Loch Awe, un des lacs les plus sauvages de l'Écosse, bien au nord, dans un pays où, disent les indigènes, il pleut dix mois de l'année et il neige les deux autres mois.

Pour une histoire complète de la flore de la Rivière de Gênes, je réfère mes lecteurs à la flore des Alpes maritimes de feu M. Ardoino, dont une nouvelle édition vient de paraître. Je dois aussi mentionner un ouvrage intéressant et savant en anglais, d'un de mes bons amis d'autrefois, feu M. Moggridge, intitulé : *Contributions à la Flore d'hiver de*

Menton et de la Rivière de Marseille à Gênes. C'est un modèle de recherche scientifique et un exemple frappant de la manière dont les loisirs d'un malade peuvent être employés agréablement pour lui-même, utilement pour les autres.

Presque toute la végétation cultivée de l'amphithéâtre de Menton, Citronniers, Oliviers, Orangers, excepté ce qui se trouve sur l'étroite lisière du bord de la mer, vient sur des terrasses superposées l'une à l'autre, et creusées dans le flanc de la montagne. Ces terrasses, qui montent à une grande élévation, jusqu'à 700 ou 800 mètres, sont le résultat de bien des siècles de travail. Les montagnes s'élèvent trop rapidement de la mer pour que même l'Olivier puisse venir à moins que le sol ne soit rassemblé et soutenu. Une terrasse est une marche d'escalier sur le côté de la montagne. Les pierres que l'on enlève à la montagne forment le mur, tandis que le sol derrière le mur est formé des petites pierres ramassées, de la terre trouvée et de terre rapportée de n'importe où. Ces terrasses coûtent beaucoup à construire, autant, m'a-t-on dit, qu'une maison, tandis que le produit n'est que dans l'avenir.

Celui qui les construit donne travail et capital pour le bénéfice de ses enfants plutôt que pour le sien. Une fois la terrasse faite, si le propriétaire plante des Citronniers ou des Orangers, il faut qu'il creuse et construise un grand réservoir, et qu'il puisse le remplir d'eau afin de pouvoir arroser ses arbres pendant les mois de sécheresse de l'été. S'il plante des Oliviers, ils viennent si lentement que vingt années s'écoulent avant qu'il n'en obtienne un produit, et celui-ci, même après ce laps de temps, est insignifiant. Les pierres dont se compose en grande partie le sol nouveau doivent tomber en poussière sous l'influence de l'humidité de l'air et du temps, pour former le sol. Si, en attendant le développement des jeunes arbres, il plante des légumes sur ces terrasses nouvelles, il faut ajouter du fumier pour qu'elles puissent produire, le peu de terre qu'il y a étant naturellement trop maigre.

Les montagnes, toutefois, sont scarifiées par ces terrasses qui s'élèvent en gradins successifs et dont l'ensemble constitue la richesse agricole du pays. Elles sont la démonstration en pierre du travail, de l'industrie des générations passées, — un monument silencieux mais éloquent des vertus domestiques des précurseurs de la race d'aujourd'hui. — On a construit beaucoup de nouvelles terrasses depuis quelques années, sans doute par suite de la prospérité que la présence des étrangers a causée. Mais en les construisant on a eu surtout en vue la culture de la Vigne, de sorte qu'on n'a pas planté d'arbres. D'un autre côté on a abattu beaucoup d'Oliviers pour les vendre comme bois à brûler, et on les a remplacés par des Vignes. Ce changement de culture n'est pas à l'avantage du pittoresque, car les terrasses plantées de Vignes sont infiniment moins agréables à l'œil que les vieilles forêts d'Oliviers. — Si ce mouvement se continue, la beauté pittoresque de l'amphithéâtre de Menton subira une rude atteinte.

On a aussi construit beaucoup de réservoirs nouveaux, et leur construction est très-coûteuse, comme je le sais à mes dépens. Les murs et les fondements doivent être très-épais, en maçonnerie faite avec du ciment hydraulique, et l'intérieur doit être cimenté à plusieurs reprises, car la pression de l'eau dans un grand réservoir est énorme. Toutes les sources du pays sont divisées en été entre les propriétaires, par heure, chaque semaine. Ainsi on a une, deux ou plusieurs heures par semaine, avec lesquelles on remplit ces réservoirs. Pour les usages agricoles la terre sans eau a peu ou point de valeur. Ceux qui ne possèdent pas « des heures d'eau » et qui ont à faire valoir des cultures nécessitant l'eau, font de grands réservoirs qu'ils remplissent avec les pluies du printemps. Comme cette eau doit servir tout l'été, cela nécessite de très-grands réservoirs. On calcule les frais de construction à peu près à 20 francs le mètre. Ainsi, un réservoir contenant 50 mètres cubes d'eau coûtera jusqu'à 1,000 francs et ainsi de suite. Il peut y avoir des difficultés de terrain et de construction qui augmentent ces prix. J'ai été obligé de construire plusieurs grands réservoirs de ce genre pour mon jardin de Grimaldi, n'ayant pas pu acheter une quantité suffisante d'eau, même en offrant 1000 fr. l'heure.

Grimaldi est un village perché sur le flanc de la montagne, à une élévation de 250 mètres au-dessus de la mer, et doit son existence à une source intarissable qui sort de terre dans la vallée de Saint-Louis. Sans eau, la terre de Grimaldi n'a presque pas de valeur ; aussi l'existence de ce village et de mon jardin est liée à celle de la source. En hiver, cette source, et du reste toutes celles du pays, appartiennent, par prescription immémoriale, à deux moulins à huile qui se trouvent sur son parcours, avant qu'elle ne tombe dans la mer. Ces détails font apprécier la nature des cultures agricoles de ce pays. Ce sont des coutumes qui descendent des très-vieux temps et qui se sont perpétuées jusqu'à nos jours.

CHAPITRE II

GÉOLOGIE

LA PÉRIODE CRÉTACÉE OU SECONDAIRE. — LA PÉRIODE NUMMULITIQUE OU TROPICALE. — LES PÉRIODES GLACIALE ET A CONGLOMÉRATS. — LES CAVERNES A OSSEMENTS. — L'HOMME PRÉHISTORIQUE.

Le caractère géologique de l'amphithéâtre de Menton est très-intéressant, et l'on peut y étudier beaucoup de phénomènes géologiques dans une petite étendue de terrain. Les hautes montagnes qui forment l'amphithéâtre sont formées de rochers crétacés inférieurs, composés de calcaire à grains fins et remplis d'organismes presque microscopiques (crétacé oolithique). Aux deux extrémités est et ouest de la baie de Menton, cette formation s'avance dans la mer. A l'est, la grande route de Gênes est taillée dans le flanc de la montagne et monte à une assez grande élévation, traversant, à 50 mètres au-dessus de la mer par un beau pont à une arche, la gorge très-pittoresque de Saint-Louis qui forme la frontière de la France et de l'Italie.

A quelque distance à l'est et à l'ouest de ce point, on observe des couches crétacées moyennes et supérieures, qui remplacent les sables verts, la craie et les marles que l'on observe sur les côtes de la Manche. Selon mon ami regretté, H.-D. Rogers, professeur de géologie de l'Université de Glascow, ces formations se composent des couches suivantes : 1° argiles bleues laminées, avec des couches intercalées de grès micacé, quelquefois abondantes en couches de ce sable vert si caractéristique des terrains crétacés moyens; 2° un grès grossier épais en couches quelquefois conglomérées, intercalé dans sa partie supérieure avec des couches d'argile comme celles du groupe qui se trouve au-dessous.

Au-dessus de ces formations secondaires, le système tertiaire commence par un calcaire nummulitique fortement développé, rempli de nummulites. Dans certaines localités, en s'avançant vers Vintimille, on trouve, au-dessus du rocher nummulitique, des couches argileuses, elles-mêmes surmontées par un conglomérat grossier. Ces deux dernières formations appartiennent toutes les deux à la période pliocène.

On observe ces couches des deux côtés du pont Saint-Louis dans le même ordre, à l'est vers la ville de Vintimille, à l'ouest vers Roccabrune, à la base de la montée de la Turbie. Des deux côtés on voit les argiles pliocènes et les conglomérats. Ainsi, les collines ou monts qui occupent le milieu de l'amphithéâtre de Menton représentent, de l'est à l'ouest, diverses couches entre le calcaire crétacé inférieur et le conglomérat pliocénique. Ces couches sont aussi reproduites dans le même ordre en allant à l'est, des rochers Saint-Louis jusqu'à Vintimille. En s'approchant de cette dernière ville, les argiles

TABLEAU GÉOLOGIQUE DES COUCHES ENTRE MONACO ET BORDIGHERA

NOM DES GROUPES.	ASPECTS DES COUCHES.	DESCRIPTION DES COUCHES.	ÉPAISSEUR.	CONDITIONS PHYSIQUES ET LEUR VALEUR EN GÉOLOGIE.
POUDINGUE PLIOCÈNE.		Un poudingue très grossier, en couches massives de pierres de toute grandeur, d'un à deux mètres d'épaisseur, à Ruque-brune et Vintimille.	Apparemment de 200 à 150 m.	Ce mélange hétérogène de fragments arrondis, transportés de loin, quelques-uns des Alpes-Maritimes supérieures, indique une période de fortes convulsions de la croûte terrestre dans cette région.
ARGILES PLIOCÈNES.		Des couches d'argiles, d'un bleu blanchâtre avec beaucoup de fossiles pliocènes, tous de type marin près de Vintimille.	Probablement de 150 m.	Ces couches indiquent une longue période de repos dans la mer, probablement celle qui eut lieu après que les volcans miocènes de la France centrale devinrent tranquilles.
Pas de miocène ou éocène supérieur.		Absence également de formations miocènes et de éocènes supérieures.	Miocène en Suisse, 800 m.	L'absence de ces formations le long de cette partie de la région méditerranéenne indique l'existence d'un terrain sec, élevé au-dessus de la mer, quand la plaine miocène de la Suisse était sous eau.
Éocène moyen, en Angleterre épaisseur 500 mètres.		Le calcaire bleu, fossilifère, se cassant facilement, rempli de nummulites fossiles d'au moins quatre espèces. C'est une roche qui se travaille facilement et très usitée dans la bâtisse; au-dessus du port St-Louis.	de 100 à 150 m.	Le calcaire épais, fossilifère, massif, tant dans l'uniformité de sa texture, dans l'abondance des restes organiques et dans l'absence presque complète de sables ou d'argile déposés par l'eau, qu'il a été déposé pendant une très longue période de repos, ne suivant pas les couches crétacées supérieures puisque les couches éocènes supérieures et miocènes manquent, il indique une nouvelle submersion de cette région sous la mer, une longue période prolongée de calme pendant laquelle le fond de la mer abondait en vie animale.
Pas d'éocène inférieur, épaisseur en Angleterre 150 mètres.		Absence complète de couches appartenant à cette série.	En Angleterre 250 m.	L'absence de cette série prouve que le fond de mer crétacé était à sec jusqu'à ce que la mer nummulite ou le terrain éocène l'eût recouvert.
CRÉTACÉ SUPÉRIEUR. (Équivalent des craies blanches en Angleterre.)		Une succession de couches de pierres sablonneuses, d'un gris jaunâtre, lâchement cimentées, quelques-unes polies et angulaires, de caractère minéral très varié. Entre les rochers de St-Louis et Vintimille et dans l'intérieur de l'amphithéâtre de Menton.	Probablement de 700 à 1000 m.	Ce groupe sablonneux, dans lequel on n'a découvert jusqu'ici aucun reste organique, est d'un âge géologique douteux; mais comme il semble être au-dessus des argiles crétacés, en lignes parallèles qui s'y confondent, nous ne pouvons nous tromper de beaucoup si nous le regardons comme un terrain crétacé supérieur. Les pierres été l'avant-coureur des grandes convulsions de la croûte terrestre qui indiquent une interruption ou long repos des périodes précédentes. Il semble avoir marquèrent la cessation de l'âge mésozoïc, et l'arrivée de l'âge canozoic, avec une géographie physique de la terre presque entièrement changée.
CRÉTACÉ MOYEN.		Un groupe d'argiles grises et bleues renfermant des lamelles fines de grès micacé, contenant plus ou moins de couches crétacées, contenant aussi des couches crétacées argileuses, avec des nodules de silex de caractère vraiment crétacé.	Probablement de 600 m.	Ces dépôts contiennent des fossiles, et leur composition indique une longue période d'action sédimentaire tranquille. Le fond de l'océan crétacé a dû recevoir pendant cette période une argile très fine, des sables micacés, du grès vert, des granules verts, le tout venu de très loin.
CRÉTACÉ INFÉRIEUR.		Un calcaire compacte, d'un rose pâle, quelquefois si rempli de petits organismes globulaires que le roc ressemble à un oolithe très dur. Ce calcaire constitue la semelle...	Probablement de 300 m.	Ces formations étant remplies de fossiles très petits d'animaux d'origine marine, et étant très peu laminées, furent évidemment formées au fond d'une mer profonde pendant une période de repos très prolongée des couches de la croûte terrestre au-dessous...

CANOZOIC OU TERTIAIRE. — MESOZOIC OU SECONDAIRE SUPÉRIEUR.

tertiaires et congloméritiques sont également bien développées.

L'âge et la position géologique de ces couches pliocènes sont indiqués par les fossiles qu'elles contiennent. On trouve dans la proximité de Vintimille beaucoup de fossiles dans les argiles qui sont au-dessous des couches congloméritiques fossiles qui caractérisent la dernière période pliocénique. Le tableau que je donne ici, dressé pour cet ouvrage par le professeur Rogers, offre un résumé exact de ces données géologiques. Il est fondé sur des recherches faites pendant un hiver passé à Menton.

Le conglomérat est extrêmement bien développé à l'entrée de l'amphithéâtre de Menton à l'ouest, sur la route de Nice, près du village de Roccabrune, ainsi qu'à l'est, à deux lieues de là, près de Vintimille. Ces couches de conglomérat constituent un des faits les plus intéressants de la géologie de ce pays. Le dépôt est composé de grandes pierres, la plupart calcinées, arrondies par la friction et par l'eau, emprisonnées dans un poudingue calcaire, et il présente une épaisseur d'à peu près 200 mètres. Il doit avoir été formé dans une période de grande convulsion cosmique, quand les eaux de la Méditerranée furent, probablement, jetées avec une violence terrible contre les masses montagneuses que forment les Alpes maritimes en arrière. On trouve aussi dans ce poudingue des pierres porphyritiques et granitiques venues de formations qui ne se rencontrent qu'à une distance considérable du rivage de la Méditerranée.

Le village de Roccabrune est construit sur ce poudingue, qui monte beaucoup plus haut sur les côtes de la montagne le long de la route de Nice. La tradition raconte que Roccabrune fut construite autrefois à 100 mètres au-dessus, sur la montagne, mais qu'une portion de celle-ci glissa tout à coup, et le village descendit avec le poudingue qui lui servait de fondement jusqu'à sa position actuelle. On peut mettre en doute, raisonnablement, la véracité de cette tradition sur la localisation primitive de ce « village brun ».

Les formations géologiques diverses que l'on voit dans l'amphithéâtre rétréci de Menton nous rappellent, « en paroles de pierre », quelques-unes des phases les plus intéressantes par lesquelles notre globe a passé pendant les époques géologiques récentes. Il faut, toutefois, comprendre le mot récent comme s'appliquant à des époques séparées de nous par des siècles sans nombre, et seulement récentes par comparaison avec les périodes de temps inscrutables qui ont dû s'écouler pendant la formation des terrains primitifs et secondaires.

Les rochers calcaires crétacés qui forment la base de l'amphithéâtre de Menton, et les couches enclavées dans cet amphithâtre, qui se rattachent à l'ère crétacée supérieure (celle de la craie), représentent ainsi les formations supérieures ou les plus récentes de la période secondaire de la géologie.

La formation nummulitique n'est pas la plus ancienne de la période tertiaire, dite éocène, mais occupe dans la géologie une position médiane. A Menton, les premières formations éocéniques, les

GÉOLOGIE. — PÉRIODE NUMMULITIQUE. 75

plus anciennes, ne sont pas représentées, manquent, ainsi que les plus récentes, ainsi que toutes les couches de la période dite miocène. Toutes sont absentes jusqu'aux argiles pliocéniques qui se trouvent au-dessous du poudingue. Du moins telle est la conclusion à laquelle est arrivé le professeur Rogers après une analyse très-soignée des terrains, et après maintes excursions que nous avons faites ensemble dans le but d'approfondir ce problème géologique très-difficile. Je m'estime très-heureux d'avoir eu le concours et l'aide précieux d'un géologue si distingué et si apprécié de tous ceux qui l'ont connu. Il pense, comme nous l'avons vu, que les argiles et les grès qui se voient tant à l'ouest qu'à l'est des rochers calcaires de Saint-Louis appartiennent aux formations crétacées secondaires supérieures, et non à la période tertiaire comme on le suppose généralement.

Il y a un fait géologique très-intéressant qui a

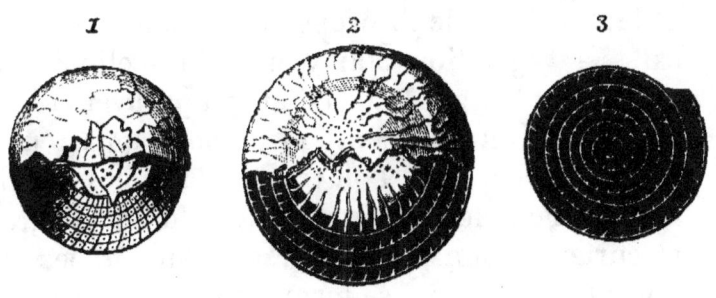

Nummulites.

1-2. Nummulites lævigata ; — 3. Section montrant les cellules.

rapport au calcaire nummulitique. Il appartient indubitablement aux formations médianes de la période éocène et fut formé au-dessous de la mer. Quoique les nummulites, ou coquilles en forme de monnaie, qu'il contient, soient les coquilles de testacés marins, cette formation se trouve très-développée sur les régions les plus élevées et les plus centrales des Alpes, des Carpathes, des Pyrénées et des Himalayas. Ce fait seul suffit à prouver que ces immenses chaînes montagneuses sont de formation comparativement récente. Malgré leur énorme volume et leur grande élévation, elles ne pouvaient exister au moment où le calcaire nummulitique se formait sous la mer. A cette époque déjà les îles Britanniques s'élevaient au-dessus de l'Océan et étaient peuplées par divers quadrupèdes. Ces montagnes se sont nécessairement élevées au-dessus de la mer à une époque postérieure sous l'influence de convulsions terribles du globe.

Pendant la période de l'histoire de la terre dans laquelle le calcaire nummulitique se formait sous mer, et pendant la période miocénique qui lui succéda, le climat de l'Europe était chaud, sous-tropical. La végétation était à peu près celle des pays tropicaux d'aujourd'hui, comme le prouvent les couches de lignite ou charbon de bois appartenant à cette période, que l'on trouve dans ces couches. Les animaux de l'époque tertiaire furent les grands et curieux animaux précurseurs des races d'aujourd'hui. On peut se former une idée de ces animaux par les reproductions qui se trouvent dans les ouvrages de géologie, et dans quelques musées. Ils furent remarquables par leur volume et leur développement, qui indiquent des conditions favorables à la vie animale, l'abondance de la nourriture et un climat propice aussi à la vie.

La mer et les rivières étaient alors peuplées d'une vie grandiose et exubérante, de grands Requins, de Raies monstrueuses, de Tortues, de Dauphins. Les nummulites, ou coquilles en forme de monnaie, que nous trouvons en grande quantité dans les carrières au-dessus du pont de Saint-Louis, vivaient en profusion dans les mers chaudes. Ils étaient tellement abondants dans les océans de ce temps, que des milliers de kilomètres de calcaire, avec une profondeur de plusieurs centaines de mètres, presque entièrement composés de coquilles nummulitiques, se rencontrent dans quelques régions du nouveau monde.

Plus tard, après la période pliocène, un sombre nuage couvrit la terre. Par suite de causes encore inconnues, mystérieuses, la température de la terre s'abaissa, et la période glaciale survint. Une partie de l'Europe et de l'Asie s'enfonça sous la mer à mesure que le climat se refroidissait. Des glaciers s'établirent sur les montagnes d'une grande partie de ce qui restait au-dessus des eaux de l'Europe d'aujourd'hui, ainsi que sur d'autres régions maintenant submergées, jusqu'au parallèle 36° de latitude (Agassiz). La végétation tropicale céda la place à une flore du Nord. Les animaux tropicaux moururent ou émigrèrent à des régions plus méridionales et furent remplacés par de nouvelles formes de vie, mieux conformées pour résister à un climat boréal.

Le monde matériel marcha comme auparavant,

sous l'influence des mêmes lois. La pluie, la gelée, l'air désintégrèrent les rochers, dont le détritus fut enlevé, entraîné par les ruisseaux et par les rivières, jusqu'à la mer. Ces fragments, grands et petits, furent arrondis, polis, tant par l'action des eaux qui les avaient enlevés aux hauteurs que par l'action de la mer dans laquelle ils avaient été jetés. Il en est de même, de notre temps, des galets qui se trouvent sur les rivages. D'immenses masses de glaciers qui arrivaient à la mer, par les vallées, s'y projetant, se rompaient pendant les courts étés. Couvertes de rochers, de pierres, de sable, qu'elles apportaient des montagnes et des ravins où elles s'étaient formées et qu'elles avaient traversés, ces masses de glace flottaient sur la mer; puis, entraînées par les courants et les vents, elles commençaient une longue et pénible navigation.

Des milliers de glaciers flottants, formés dans les régions arctiques, sortent tous les ans des mers polaires, comme autrefois. Quand ils se fondent, leur cargaison de sable, de pierres, de rochers, tombe au fond de l'Océan, aujourd'hui comme dans les temps géologiques anciens, pour reparaître peut-être dans un lointain avenir, par suite de soulèvements nouveaux, comme blocs erratiques.

Après un laps de temps incalculable, un nouveau changement survint à la surface de notre globe. La chaleur du soleil arriva jusqu'à nous encore une fois, et tout changea. Les régions submergées de l'Europe, de l'Asie, de l'Amérique du Nord, commencèrent encore une fois à s'élever au-dessus de la mer, comme aussi, sans doute, s'élevèrent des terres qui pour la première fois apparaissaient au-dessus des eaux. Cet exhaussement semble avoir été graduel comme l'amélioration de climat qui l'accompagna. C'est ainsi que peu à peu la terre gagna sa forme actuelle.

Le poudingue observé à Roccabrune et à Vintimille s'étend sur une surface immense depuis l'Esterel jusqu'à San Remo, et sur les versants sud des Alpes maritimes. Dans quelques régions il atteint un grand développement. Ainsi, on le trouve le long du Var et de la Nervie, comme aussi sur une grande partie de la rive droite de la Roya, dans la vallée de ce nom. Sur la rive gauche il forme, en grande partie, l'élévation montagneuse qui sépare la Roya de la vallée de la Nervie. Au-dessus de Bordighera, à la « Testa dei Alpe », selon le docteur Niepce de Nice, il atteint une élévation de plus de 1,600 mètres.

Le docteur Niepce a publié dans la *Revue de Nice*, 1874, une série de mémoires très-intéressants sur les formations tertiaires et les poudingues du département des Alpes-Maritimes. Les résultats auxquels il est arrivé semblent confirmer les recherches et les vues du professeur Rogers. Ils me paraissent s'accorder si parfaitement avec les faits tels qu'on les observe, que je ne puis faire mieux, il me semble, que d'en donner une courte analyse.

Les poudingues furent formés sous la mer, et sur le rivage, par l'écrasement des rochers et par le choc de grandes masses d'eau projetées contre le rivage rocailleux. La fin de la période tertiaire est caractérisée par des convulsions fréquentes et terribles qui expliquent la formation de la masse immense des poudingues.

Dans cette région, le système montagneux des Apennins et le système montagneux des Alpes se rencontrent, pour ainsi dire, et les tremblements de terre, les éruptions volcaniques et les exhaussements, sur une très-grande échelle, ont dû se succéder rapidement à cette époque de l'histoire du globe. Sous l'influence de la terrible lutte entre les eaux et les rochers qui accompagna ces convulsions, les rochers durent être écrasés, moulus en quelque sorte, et il a dû se former une immense quantité de galets, comme nous les voyons aujourd'hui se former, à Dieppe, à Calais, à Douvres. Formés ainsi sous eau, avant, pendant et après la période glaciale, les poudingues furent élevés jusqu'à leur hauteur présente par suite d'un exhaussement qui survint à la fin de l'époque pliocène. Plus tard ils furent cimentés par des infiltrations calcaires.

Quelques géologues ont soutenu que ces poudingues sont les deltas de rivières locales existantes ou défuntes. Le Dr Niepce le nie et donne des preuves qui me semblent convaincantes de la justesse de son opinion. La Siagne, le Var, la Roya et la Nervie doivent être nés depuis la formation et l'exhaussement des poudingues. Des fissures se formèrent dans les poudingues pendant le cours de tremblements de terre, d'éruptions volcaniques, d'exhaussements, et c'est ainsi que se sont constitués les lits de ces rivières. On trouve partout dans ce pays des traces d'action volcanique violente. Telle est la présence de rochers volcaniques à

Beaulieu, à Antibes, à Cannes, à l'Esterel, indépendamment des soulèvements, des tortillements, des convulsions que l'on voit partout.

C'est avec grand plaisir que je trouve corroborées par les recherches et par l'expérience du D' Niepce les vues que j'ai exprimées dans d'autres éditions de cet ouvrage, sur la présence de traces d'action glaciale dans les Alpes maritimes. Ainsi il affirme que sur les deux rives tant de la Roya que du Var, surtout à Colomas dans la vallée du Var, il a trouvé des érosions glaciales très marquées sur le poudingue même. Ce fait est un des arguments sur lesquels il fonde l'opinion que la formation du poudingue, et des crevasses qu'il présente, qui ont constitué les lits des rivières, fut antérieure à la période glaciale.

En admettant qu'il en soit ainsi, les lits de ces rivières, surtout celui de la Roya, donnent un bon exemple de la manière dont l'action glaciale entame, creuse une vallée, et transforme une fissure ou une crevasse en un grand et profond vallon, s'élargissant jusqu'à la mer. La vallée de la Roya a tous les caractères d'une vallée creusée par un glacier, selon les écrivains les plus récents. Elle est profonde, et devient de plus en plus large à mesure qu'elle s'avance vers la mer. Il semble infiniment plus probable que cette vallée fut excavée, creusée par l'action d'un glacier formé par des masses immenses de glace, descendant comme une rivière, peu à peu à la mer, brisant, écrasant les rochers et les montagnes sur sa route, que par l'usure de la petite rivière qui en occupe le centre. Les glaciers d'autrefois descendaient, comme nous l'avons vu jusqu'au 36° degré de latitude, et cette vallée est seulement située à 43°. J'ai trouvé la preuve évidente de l'action glaciale dans la partie la plus méridionale de la Corse, entre Sartène et Bonifacio : moraines, grès, blocs et pierres erratiques.

Il est bon de noter que les soulèvements des montagnes, et même des collines, le long de cette côte, ont tous eu lieu par suite de mouvements dans une direction du sud-est au nord-ouest, et *vice versa;* c'est-à-dire le long d'une ligne partant du centre volcanique de l'Etna, passant par le Stromboli et le Vésuve, par les volcans éteints de l'Auvergne et arrivant au volcan actif de l'Hécla en Islande. Les sommets rocheux, la crête des vagues pierreuses, sont tous à angle droit avec cette direction. L'action volcanique se fait encore sentir tout le long de ce tracé. Tous les ans il y a de petits tremblements de terre dans les îles Britanniques, qui sont à cheval sur la ligne.

Quoiqu'il n'y ait pas de rochers ignés dans l'amphithéâtre de Menton, on les trouve dans son voisinage, comme nous l'avons vu à Beaulieu, à Villefranche, à Antibes, et dans la partie supérieure de la vallée de la Roya. Dans beaucoup d'endroits toute stratification a été détruite dans les rochers calcaires sous leur influence ; dans d'autres le calcaire a été cristallisé par points, transformé en marbre. Dans quelques régions, comme au cap Martin, les rochers calcaires sont parsemés de trous, de cavités, évidemment formés par l'action de la vapeur sur une roche tendre. Tous ces faits sont la démonstration des convulsions terribles auxquelles cette partie de l'Europe fut soumise, dans les anciens temps de l'histoire de la terre, et surtout pendant l'ère tertiaire.

Ainsi dans cette petite baie de la Méditerranée nous trouvons imprimée sur la pierre, en caractères indélébiles, des phases importantes de l'histoire merveilleuse du globe terrestre. A l'est sont les rochers nummulitiques, qui révèlent dans le passé un soleil ardent, des mers chaudes, une vie exubérante, qui ont dû se perpétuer pendant des siècles innombrables, avant le soulèvement de la chaîne des Alpes maritimes. Plus loin, à l'est et à l'ouest, on voit des poudingues épais, formations qui précédèrent une période de froid polaire, période sombre, stérile, qui a dû aussi exister pendant des siècles innombrables. Autour de nous, on voit la preuve d'une autre ère, la présente, destinée elle-même, sans doute, à changer, à passer, comme les précédentes.

La période glaciale, qui précéda immédiatement notre ère, paraît avoir été très générale, c'est-à-dire s'être étendue aux deux hémisphères, les tropiques seuls échappant à son action désastreuse. Les grès et les rochers transportés par les glaciers, qui en démontrent l'existence, se trouvent en Australie, et dans l'Amérique du sud, aussi bien que dans l'Asie, dans l'Europe, et dans l'Amérique du nord. La plupart des géologues qui ont étudié la période glaciale dans ces derniers temps se sont bornés à la reconnaître et à la décrire sans tâcher d'en expliquer la cause. On a essayé, toutefois, de l'interpréter de diverses manières. Ainsi M. Babinet, de l'Institut, a donné une explication astronomique qui a été acceptée par beaucoup de savants.

Les étoiles fixes, on le sait, sont des soleils que l'on peut comparer sous tous les points de vue avec le soleil qui forme le centre de notre système planétaire. Quelques-unes de ces étoiles se sont montrées variables depuis que les astronomes les observent, c'est-à-dire que ces étoiles ont brillé d'une manière variable à des intervalles plus ou moins longs, ou même ont disparu tout à fait pour un temps. Quelques étoiles bien connues qui trouvaient leur place dans les anciens catalogues ont disparu pour tout de bon, et ne sont jamais revenues. Telle fut l'étoile dite *Pèlerin*, qui parut en 1572, brilla aussi nettement que la planète Vénus, et après une année disparut. On pense que les étoiles variables ont leur splendeur diminuée ou même obscurcie, de temps en temps, par le contact de matière existant dans l'espace, à laquelle on donne le nom de nuage cosmique, et qui n'est ni comète ni planète. Si notre soleil est une étoile variable, exposée au contact périodique de tels nuages cosmiques, qui intercepteraient la lumière et la chaleur, la période glaciale se trouve expliquée, et son retour à une époque indéterminée est non seulement possible, mais probable.

Il a été suggéré par le colonel James, employé dans la révision géométrique de l'Angleterre, que les changements qui ont eu lieu dans le climat de la terre aux époques géologiques peuvent être dus à des changements dans l'inclinaison de l'axe de la terre. Ces changements seraient produits par des modifications dans la croûte superficielle qui peu à peu modifie le centre de gravité du globe terrestre. Le colonel Drayson, dans un mémoire lu à la Société astronomique de Londres, attribue à la précession des équinoxes la période glaciale, et les autres changements de climat qui ont eu lieu à la surface de la terre, et que la géologie démontre. Il avance, comme le résultat de ses recherches, que le pôle de la terre décrit une courbe dans le ciel qui est un cercle autour d'un point à 6 degrés du pôle de l'écliptique, et que cette même courbe donne une obliquité de plus de 35° pour la date de 13,000 ans avant Jésus-Christ. Ainsi la date de la dernière période glaciale serait fixée, et elle a dû s'être étendue sur tout l'hémisphère boréal jusqu'au 36° degré de latitude. Selon ces idées le pôle céleste trace un cercle dans les cieux tous les 31,000 ans, le centre de ce cercle étant un point à 6° du pôle de l'écliptique.

Le professeur Rogers pense qu'à la fin de la période pliocène, la terre qui sépare l'extrémité supérieure de la mer Baltique de l'Océan Arctique était, probablement, au-dessous du niveau de cette mer. Même à présent elle n'a qu'une élévation d'une centaine de mètres, et depuis la période historique il y a eu un soulèvement continu, quoique minime. S'il en était ainsi, un courant froid descendant des mers polaires dans la Baltique et chargé de glaciers a dû modifier considérablement le climat de l'Europe et a pu y amener une période glaciale. Le professeur pense aussi que l'intensité de cette période a été beaucoup exagérée par les écrivains récents. Cette interprétation du froid de la période glaciale ne s'applique qu'à l'Europe.

Toutes ces explications sont seulement théoriques, et peuvent être ou ne pas être vraies. Le fait, toutefois, reste, que dans les limites des recherches géologiques, la terre a passé par des changements importants de climat qui ont réagi sur la vie, changements dont nous trouvons la trace et la preuve dans l'amphithéâtre de Menton. Je dois ajouter que ces changements ne se rattachent pas seulement aux deux époques dont nous avons parlé : le climat chaud de la période tertiaire, le climat froid de la période glaciale. Ainsi M. Page dans un ouvrage anglais intéressant sur *La vie du globe, passée et présente*, p. 188, affirme que des époques de même nature, chaudes et froides, ont dû avoir eu lieu pendant des temps bien plus anciens de l'existence de la terre. S'il a raison, la terre et ses habitants ont dû souvent changer de manière d'être, et s'il en est ainsi, tout fait présumer que ces changements se reproduiront de nouveau.

La pluie qui tombe sur les montagnes de Menton, en trouvant sa route à la mer, a creusé des ravins profonds qui exposent la structure des roches tertiaires. Elle a ainsi formé des vallées nombreuses et étroites, par lesquelles on arrive aux hautes montagnes et à plusieurs villages pittoresques construits sur leurs flancs. Ces ravins constituent un élément important dans la vie mentonnaise, offrant un accès facile aux sites les plus enchanteurs de l'amphithéâtre montagneux.

Le squelette en quelque sorte du pays étant calcaire, l'eau est partout fortement imprégnée de sels calcaires, même celle considérée comme la plus pure. Traitée avec l'acide oxalique, l'eau donne un précipité abondant d'oxalate de chaux insoluble, même quand on la prend à des sources qui se rencontrent dans les terrains sablonneux. Cette eau calcaire convient à quelques personnes, par exemple à celles qui souffrent de diarrhée chronique, mais elle est préjudiciable à d'autres. On peut obvier à la difficulté en buvant de l'eau de pluie que l'on conserve dans des réservoirs souterrains dans beaucoup de maisons, ou en buvant des eaux minérales dites de table.

Les rochers calcaires de Menton ont été soumis à une pression et à une chaleur tellement considérables que toute trace de stratification a disparu, et que les coquilles fossiles semblent aussi avoir disparu. Un géologue anglais distingué, M. Moore, m'a dit toutefois y avoir découvert beaucoup de coquilles fossiles microscopiques en se servant de la loupe et du microscope, procédé qu'il m'a dit avoir été le premier à appliquer à ce genre d'étude.

Dans ces roches, surtout dans celles qui se trouvent à l'extrémité orientale de la baie est, on voit beaucoup de crevasses et de cavernes, en tout semblables à celles que l'on observe dans les rochers calcaires en général. Ces fissures et crevasses doivent leur existence à plusieurs causes. Les roches calcaires, formées sous eau, et pendant leur soulèvement soumises à une extrême pression, à une extrême chaleur, ont une tendance à se fendre en se refroidissant et en se contractant, et à former ainsi des crevasses et des cavités. La présence de ces fissures et de ces crevasses, ou leur agrandissement une fois formées, est souvent le résultat de l'action dissolvante de l'eau sur la roche soluble, et d'infiltration de sources ou de rivières souterraines, existantes autrefois ou même aujourd'hui. La formation de ces cavernes sur une grande échelle est démontrée dans les roches calcaires du Derbyshire en Angleterre, de la Carinthie en Autriche, du Kentucky en Amérique. La caverne Mammouth en Kentucky, les cavernes d'Adelsberg en Carinthie, et celle du Diable en Derbyshire, sont citées parmi les merveilles du monde.

Sur le rivage dans cette région, aux Rochers Rouges, comme on appelle les hautes falaises qui bordent la mer, il y a cinq grandes cavernes qui contiennent en abondance des traces de la vie des temps passés, des ossements de grands et de petits mammifères, enclavés dans un sable dur et dans un ciment calcaire. Ces restes organiques couvraient le fond des cavernes à plusieurs mètres de profondeur avant les fouilles que l'on y a faites. Ils sont mêlés avec une grande quantité de ces armes, de ces ustensiles en silex qui ont excité tant d'intérêt et d'attention depuis quelque temps, comme étant la preuve de l'existence de la race humaine dans les temps préhistoriques.

La présence d'instruments en silex et d'ossements fossiles dans les cavernes de Menton fut décrite pour la première fois, autant que je le sache, par M. Forel, un géologue suisse, dans un mémoire in-

LES CAVERNES DES ROCHERS ROUGES. (Page 88.)

titulé : *Notice sur les instruments en silex et les ossements trouvés dans les cavernes à Menton*. Moyes, 1860. Les fouilles de M. Forel furent faites en 1858, et déjà, en 1845, M. Gand et plus tard MM. Peres de Nice y avaient pratiqué des fouilles fructueuses, d'après mon ami M. Farina, de Menton (*Menton sous le rapport climatologique*, p. 25).

Les fouilles de M. Forel furent faites surtout dans les troisième et quatrième cavernes à partir de Menton. Il trouva une grande quantité d'ossements brisés, de coquilles, de restes de crustacés, et des morceaux de charbon de bois. Avec eux il découvrit beaucoup d'écailles de silex et beaucoup de têtes de flèches, de lances, de javelines et de morceaux de silex triangulaire, évidemment destinés à servir de couteaux. Les ossements appartenaient à des cerfs, des moutons, des sangliers, des chevaux, des loups, des chiens, des chats, des lapins, à un grand animal carnivore, et à un *Bos primigenius*, un grand taureau appartenant à la période glaciale.

L'existence de ces cavernes à Menton, dans une région géologique aussi complexe, attire l'attention sur une des questions les plus intéressantes et les plus difficiles de la géologie moderne, l'existence de l'homme préhistorique. Ces instruments en silex furent évidemment fabriqués par des hommes, et par des hommes auxquels les premiers éléments de la civilisation étaient inconnus, des hommes qui vivaient comme les sauvages de l'Australie vivent de nos jours. Ils savaient faire du feu, comme le prouvent les fragments de charbon de bois que l'on trouve mêlés aux débris d'ossements dans les cavernes. Ils y demeuraient, évidemment, et tuaient, pour en vivre, les animaux dont les ossements forment en grande partie le fond de ces cavernes, et cela au moyen des instruments en silex qu'ils fabriquaient. La grande question est : quand vivaient-ils ?

On a trouvé ces cavernes à ossements dans toute la terre, et dans beaucoup d'entre elles on a aussi trouvé des instruments en silex, comme à Menton. Que ces derniers aient été façonnés de main d'homme, cela semble un fait irréfutable. La première conclusion fut que les hommes sauvages qui les avaient faits vécurent dans les premiers temps historiques, car les Celtes et les Gaulois se servaient d'armes et d'ustensiles en silex.

L'examen approfondi des faits, toutefois, démontra qu'il ne pouvait en être ainsi. Premièrement il démontra que ces instruments en silex sont tout à fait différents de ceux qu'employaient les Celtes et les premières tribus connues de l'ancien et du nouveau monde. Secondement, on les a trouvés dans quelques cavernes, mêlés avec les excréments d'animaux qui existaient bien avant notre ère, dans des époques géologiques avant, pendant et après la période glaciale.

Ainsi, dans une caverne à Kirkdale dans le Yorkshire, on a trouvé les dents de deux à trois cents hyènes. On a trouvé en abondance dans cette caverne, ainsi que dans celle de Brixham en Devonshire, et dans d'autres cavernes similaires, les restes d'autres races, soit totalement éteintes, soit éteintes dans ces climats, telles que le Tigre, l'Ours, le Mammouth, le Rhinocéros tichorrhine, l'Hippopotame, et le Cerf irlandais. Ce sont des races qui existaient pendant l'époque chaude pliocène, quand le climat de l'Europe était sous-tropical, avant la dépression des continents et la formation des glaciers qui donnèrent lieu aux dépôts de grès glacial.

Ces races semblent avoir été soudainement ou peu à peu anéanties, ou avoir été chassées au midi par la température froide de la période glaciale. Je dis soudainement, car dans quelques parties du monde le changement paraît avoir été presque instantané. Il y a quelques années on déterra sur les rives gelées de la Lena, rivière du nord de l'Asie, un Mammouth tout entier, tellement bien conservé que toutes les chairs étaient intactes. Cette chair fut mangée par des chiens, après avoir été ainsi conservée par le froid pendant un temps illimité, probablement des dizaines de milliers d'années. Le squelette et le poil ornent à présent le musée de Saint-Pétersbourg. Les squelettes du grand Cerf irlandais (*Megaceros hibernicus*) ont été trouvés dans les mêmes régions, enterrés dans le sol congelé, debout, la tête rejetée en arrière, comme s'ils avaient été subitement surpris, suffoqués par une tourmente de neige, et ensevelis dans un torrent de boue et de sable. Les squelettes des Mammouths se trouvent dans de telles quantités, préservés dans le sol gelé du nord de l'Asie, que depuis des siècles il se fait un commerce actif de l'ivoire dont leurs dents incisives sont formées.

Si les instruments et les ustensiles en silex n'avaient été trouvés mêles aux ossements d'animaux éteints que dans des cavernes, on aurait pu hésiter à admettre que leur présence réunie prouvât l'existence de races d'hommes préhistoriques vivant quand ces animaux vivaient, les chassant et les détruisant. Ils auraient pu avoir été introduits dans ces cavernes par des hommes vivant à une époque plus récente, qui les y auraient laissés ; mais il y a d'autres preuves de leur existence simultanée.

On les a trouvés ensemble à ciel ouvert, dans des couches de grès, dont l'antiquité et la date géologiques ne sont discutées par aucun géologue. C'est dans une telle couche que M. Boucher de Perthes découvrit le premier à Amiens, en 1840, ces ossements d'animaux éteints et les instruments en silex réunis. Ses premières descriptions et affirmations furent reçues avec indifférence, sinon avec incrédulité, mais plus tard l'examen consciencieux et approfondi des faits qu'il annonçait, par les géologues les plus distingués de l'Europe, ne servit qu'à les confirmer, et à les faire accepter dans la science comme l'expression de la vérité.

Si des hommes à l'état sauvage existaient avant et pendant la période glaciale, en même temps que des races d'animaux depuis longtemps éteintes, et si ce furent ces hommes qui fabriquèrent les armes et les ustensiles en silex trouvés dans les cavernes de Menton, on peut présumer que les traces d'habitation que ces cavernes présentent remontent jusqu'à cette époque de l'histoire de la terre. Les rochers de Saint-Louis, dans lesquels les cavernes existent, longtemps recouvertes par la mer, furent probablement soulevés de son sein à temps pour voir tous les changements qui précédèrent et suivirent la période glaciale, et les cavernes elles-mêmes peuvent avoir été habitées longtemps avant que le poudingue de Roccabrune ne fût formé.

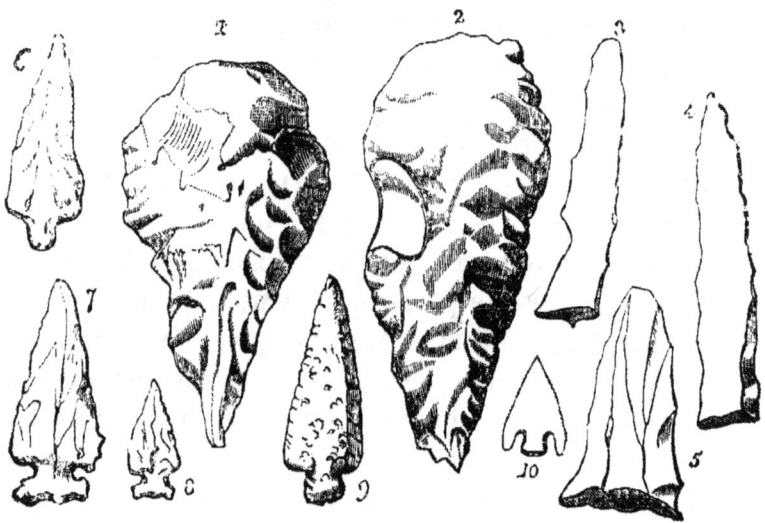

Instruments en silex préhistoriques.
1-2, De la vallée de la Somme ; — 3-4-5, Angleterre ; — 6-7-8, Canada ; — 9-10, Scandinavie.

Afin d'éclairer l'histoire géologique des dépôts formés dans les cavernes de Menton, M. Bonfils, naturaliste et savant distingué de cette ville, a formé, à la mairie, une collection précieuse des ossements et des ustensiles en silex que l'on y trouve. Cette collection complète un Musée très intéressant d'objets d'histoire naturelle, recueillis dans le pays, que l'on doit aux efforts persévérants de M. Bonfils et qui jette une vive lumière sur l'état présent de la faune du pays.

Ceux qui veulent poursuivre ces recherches trouveront aide et secours dans la gravure que je donne ici des principales formes que revêtent les instruments en silex dont nous parlons. Ce tableau est extrait de l'ouvrage anglais de M. Page que j'ai déjà cité.

Nous arrivons maintenant à la période la plus intéressante de l'histoire des cavernes de Menton. En 1872, M. Rivière, géologue français distingué, découvrit un squelette humain fossile dans la quatrième caverne à partir de Menton, squelette qui semble devoir appartenir aux temps préhistoriques.

M. Rivière avait travaillé pendant plusieurs hivers, sous les auspices du gouvernement français, à faire des fouilles dans les cavernes des Rochers Rouges. Il avait trouvé comme ses prédécesseurs une grande quantité d'ossements et d'instruments en silex, mais pas d'ossements humains. Sans une circonstance fortuite il n'aurait probablement jamais découvert l'homme fossile.

En longeant la côte, le chemin de fer de Nice à Gênes passe à travers une tranchée profonde à la base des Rochers Rouges, en face des cavernes. Cette tranchée a 8 mètres de profondeur devant l'entrée de la quatrième caverne. M. Rivière croyait l'avoir épuisée dans ses recherches antécédentes, et avait renoncé à toute idée d'y continuer ses fouilles. La tranchée révéla, cependant, de nouveaux trésors, et il se remit à l'œuvre avec une nouvelle ardeur. Il fouillait depuis trois mois, passant le sol à travers un crible, et était arrivé à une profondeur d'à peu près 6 mètres quand il atteignit le squelette.

Je l'examinai moi-même, avec beaucoup de soin, le 29 mars 1872, trois jours après la première découverte, quand il était encore aux deux tiers enterré dans le sol compacte de la caverne, en compagnie de M. Rivière, de feu le professeur Ben-

Photographie de l'homme fossile couché, comme il fut trouvé dans la caverne de Menton par M. Rivière (mars 1872).

nett d'Edinbourg, et de feu le Dr John Martin de Portsmouth, dentiste distingué. M. Rivière fut obligé de séparer le sol du squelette en le grattant avec le plus grand soin. Il lui fallut plus d'une semaine pour mener ce travail à bonne fin, tellement il était désireux de ne pas déranger et de ne pas briser les os. Le squelette était celui d'un homme de presque deux mètres de taille, et se trouvait dans une position couchée, recourbée, comme pendant le sommeil ou le repos. La mort a dû survenir subitement pendant qu'il dormait, ou pendant qu'il se reposait tranquillement. Il y avait eu, évidemment, une espèce d'inhumation rude, car il y avait quelques grandes pierres derrière lui et autour de la tête, et sur le squelette et tout autour on trouva une poudre métallique ferrugineuse. La terre calcaire de ces rochers contient une quantité assez considérable de fer pour qu'une fracture rougisse en peu de temps par suite de l'oxydation du fer. Le fer avait aidé évidemment à préserver et à fossiliser le squelette. Le corps paraissait être couché dans l'endroit où la mort le surprit, dans l'attitude même dans laquelle elle était survenue, sous l'abri de la caverne, les pieds vers le fond, la tête à l'entrée.

Le squelette est celui d'un homme très grand, et était presque complet. Il n'avait aucune ressemblance avec celui de l'orang-outang, ou avec celui d'un singe quelconque. Le crâne était allongé, très convexe antérieurement, dolichocéphale. Les dents étaient toutes présentes dans la mâchoire supérieure, que l'on voyait en entier. La mâchoire inférieure ne se voyait qu'à moitié, mais les dents dans la partie en évidence étaient aussi toutes présentes et intactes. Les dents molaires étaient plates, usées, nous dit le Dr Martin, par la trituration habituelle d'aliments durs. Les cavités orbitaires étaient exceptionnelles par la forme, différentes quant à leur longueur et à leur diamètre, de celles de toutes les races d'hommes connues, et ressemblaient un peu à celles du crâne n° 1, trouvé à Cro-Magnon en Périgord en 1868. M. Rivière pense que cette particularité seule peut indiquer un type d'homme préhistorique et perdu.

Le seul moyen par lequel on peut déterminer la période à laquelle cet homme fossile existait est l'étude des fossiles et des instruments en silex trouvés au-dessus, autour et au-dessous du squelette. Dans le mémoire publié par M. Rivière (Baillière, Paris, 1873), il donne séparément la liste de la faune trouvée dans les sept mètres de terre au-dessus du squelette, et la liste de la faune trouvée immédiatement en contact avec le squelette, autour et immédiatement au-dessous de lui. Ces deux listes sont ainsi qu'il suit :

FAUNE DU SOL DANS LA CAVERNE AU-DESSUS DE L'HOMME FOSSILE.

Carnivores. — *Ursus spelæus, Ursus arctos, Hyæna spelæa, Felis spelæa, Canis lupus, Erinaceus europæus.*

Pachydermes. — *Rhinoceros, Equus caballus, Sus scrofa.*

Rongeurs. — *Lepus cuniculus.*

Ruminants. — *Bos primigenius, Cervus alces, C. elephus, C. canadensis, C. corsicanus* (?), *C. capreolus, Capra primigenia, Antelope rupicarpa.*

Mollusques. — Les coquilles de mollusques

étaient très abondantes, et les mollusques qui les habitaient servaient sans doute d'aliment aux hommes qui demeuraient dans la caverne. Quelques-unes de ces coquilles étaient entières, d'autres étaient brisées. Quelques-unes étaient perforées et étaient probablement destinées à servir d'ornements personnels. Les mollusques étaient marins et terrestres.

FAUNE TROUVÉE IMMÉDIATEMENT AU-DESSUS, AUTOUR ET AU-DESSOUS DU SQUELETTE.

Hyæna spelæa, Felis spelæa, F. antiqua, F. lynx, F. catus, Ursus spelæus, U. arctos, Canis lupus, C. vulpes, Rhinoceros tichorhinus, Equus caballus, Sus scrofa, Lepus cuniculus, Bos primigenius, Cervus alces, C. elephus, Capra primigenia.

Les instruments trouvés dans cette caverne par M. Rivière étaient en os, en corne de cerf, en pierre, ou en silex venant des formations correspondantes à la craie qui se trouvent dans le voisinage. Ceux en os étaient des flèches, des instruments à pointes, des aiguilles et des instruments destinés apparemment à aplatir les fils de peaux cousus. Parmi les instruments en corne il y en avait un qui paraissait avoir été un bâton de commandement. Il y avait des milliers d'instruments en silex si l'on compte les écailles et les fragments. La plupart étaient bien préservés et quelques-uns étaient entiers. Les formes les plus communes étaient celles de grattoirs faits avec du silex ou de l'agate. Ces instruments étaient tous grossièrement taillés et paraissaient appartenir à la période de la pierre la plus ancienne, celle dans laquelle les instruments en os sont rares et ceux en pierre très communs.

Le crâne du squelette était orné de coquilles méditerranéennes, la *Nassa* ou *Cyclonassa neritea*. Il y avait aussi sur le crâne vingt-deux dents canines de *Cervus*. A côté de la tête il y avait un poignard ou javeline, fait avec le radius d'un cerf. Derrière la tête il y avait deux lames triangulaires en silex.

Dans son mémoire M. Rivière témoigne d'une grande réserve quand il s'agit de prononcer une opinion sur l'âge géologique dans lequel l'homme fossile vivait. A la page 38 il dit, toutefois : « Parmi les animaux divers que j'ai énumérés, il y en a quatre plus particulièrement (que j'avais déjà trouvés à une élévation supérieure dans la même caverne), qui par leur présence seule près du squelette semblent indiquer la grande antiquité de l'homme des rochers Baoussé Roussé, ce sont : le grand *Felis* ou *Felis spelæa*, l'*Ursus spelæus*, l'*Hyæna spelæa*, le *Rhinoceros*. Je me crois donc autorisé à le regarder comme contemporain des espèces animales éteintes qui appartiennent à l'époque paléolithique. »

M. Rivière a depuis découvert un autre squelette d'homme, au-dessous du premier, mais pas aussi bien préservé, ainsi qu'un squelette d'enfant. Tous les trois présentent les mêmes caractères du crâne, la même configuration générale, et sont évidemment de la même race.

Le célèbre géologue anglais sir Charles Lyell,

dans son ouvrage intulé *L'évidence géologique de l'antiquité de l'homme*, 4e édition, 1873, décrit la découverte de ce squelette, et termine par ce qui suit : « Par suite de la manière dont ces restes étaient associés avec des ustensiles non polis, et les ossements d'animaux éteints, il semble probable que M. Rivière a produit à la lumière un squelette complet de l'âge paléoithique. » Dans la préface il dit : « J'ai aussi donné une description d'un squelette trouvé par M. Rivière, dans une caverne à Menton, que, à juger par les ustensiles non polis et les animaux éteints qui se trouvent avec lui, je penche à regarder comme paléolithique. Depuis que ce livre a été imprimé M. Rivière a trouvé un autre squelette dans une caverne voisine et dans des conditions similaires. Il me fait savoir dans une lettre (17 avril 1873) qu'il trouva avec ce second squelette humain une lance en silex ainsi qu'une hache, tous les deux polis....... Des animaux éteints furent aussi trouvés à une élévation supérieure, au-dessus de ce squelette. Mais je déduis de lettres reçues de M. Charles Moore, à présent à Menton, que l'époque de l'inhumation de ces restes d'éléphants, de rhinocéros et d'ours de cavernes, dans des breccias subaériennes, à diverses altitudes dans les falaises, devra être critiquement fixée avant que sa valeur par rapport à l'âge des squelettes humains puisse être définitivement fixée. »

On voit par ce qui précède que M. Charles Moore doute que les squelettes appartiennent à la période paléolithique, celle des Mammouths et des ustensiles de pierre non polie, et pense qu'ils peuvent n'appartenir qu'à la période néolithique, ou des pierres polies qui, faisant suite à la période glaciale, commence l'ère moderne. Sir Charles Lyell, au contraire, penche pour la période paléolithique.

GÉOLOGIE AGRICOLE

Comme nous l'avons vu, plusieurs des monts ou collines secondaires dans l'amphithéâtre de Menton sont formés de pierre sablonneuse. A cette exception près, le sol est calcaire, avec quelques couches éparses d'argile alumineuse. La géologie agricole de ce pays est, par conséquent, très intéressante et offre beaucoup à observer dans un champ très rétréci.

Les argiles non cultivées, à l'état de nature, semblent ici, comme partout en Italie, très stériles. Les flancs des collines formées par ces couches argileuses sont creusés par les torrents qui descendent de la montagne, de manière à présenter un grand nombre de petits ravins dont la végétation est rare. On peut les étudier à la partie supérieure de la vallée de Gorbio, à l'est du village montagneux de Gorbio. Partout, cependant, où l'inclinaison de la montagne n'est pas très rude et où, par conséquent, on a pu faire des terrasses, où on a pu cultiver et fumer, ces mêmes terrains argileux deviennent fertiles. Cela s'explique facilement, car ces argiles contiennent de la potasse, de la chaux, et les autres sels nécessaires à la végétation. Ils ne demandent donc qu'à être labourés, fumés et arrosés pour devenir fertiles.

Les terrains sablonneux sont plus fertiles, naturellement, pour la végétation qui leur est spéciale, Conifères, Bruyères, Genets, que les argiles nues et sèches. Mais ces terrains ne répondent pas aussi bien à la culture. Le sol étant surtout siliceux, et contenant en petite proportion les sels et les éléments minéraux que réclament les céréales, et la végétation des bonnes terres, il ne semble pas devenir aussi facilement fertile sous l'influence de la culture. Avec l'aide, cependant, des terrasses pour fixer le sol, de fumier, et d'irrigations l'été, ces terrains subviennent aux besoins des Citronniers et des Orangers, arbres à feuilles persistantes, comme les Conifères et les Bruyères. Il en est surtout ainsi là où les terrains calcaires touchent et se mêlent aux terrains sablonneux.

Toutes les fois que le sable vert (crétacé supérieur) apparaît, le sol est très producteur, comme partout. On le voit à la partie supérieure de la vallée de Cabrole.

Le calcaire oolithique compacte qui constitue le bassin de Menton, et dont les montagnes les plus élevées sont presque entièrement composées, forme un sol très fertile par sa décomposition. La désagrégration insensible de ce roc, presque aussi dur que les veines de marbre qui souvent le sillonnent, démontre admirablement la formation des sols dans les premières périodes de l'histoire du globe. Comme les calcaires en général, il contient, renfermés dans sa structure intime, la plupart des éléments minéraux nécessaires pour la végétation, y compris le fer. La présence du fer est indiquée, au premier coup d'œil, par la couleur rouge des rocs perpendiculaires partout où se sont faites des fractures. Quand une fracture a lieu, la surface exposée est d'abord blanche, mais par suite du contact de l'air, le fer passe à l'état de peroxyde rouge, et dans cette forme, s'il n'est pas trop abondant, il augmente la fertilité des terrains. C'est de là que vient la couleur rouge des rochers qui bornent la baie est, du côté du pont Saint-Louis, ainsi que celle du sol qui se forme à la base de la falaise.

A la base et sur les flancs de ces montagnes calcaires élevées, se trouvent de vastes masses de rocs, de pierres, qui sont tombés de leur sommet, brisés par l'action combinée de la pluie, du soleil et des vents. Ces pierres s'émiettent peu à peu, deviennent un sable pierreux, là même où elles jonchent le sol, et cèdent leurs éléments minéraux à la végétation. Ainsi se forme un milieu approprié à la germination des graines que sèment, soit le vent, soit les oiseaux, soit la main de l'homme. Si dans ce sol nouveau l'on plante le Citronnier ou l'Olivier, ils s'y adaptent de suite et se développent avec vigueur. Si l'on y sème des légumes ou des céréales, ils semblent être également à leur aise, mais demandent l'addition de bon fumier.

Les terrasses nombreuses récemment construites sur les flancs des montagnes, et les plantes qui croissent naturellement, à l'état sauvage, dans ces régions, démontrent ces faits. C'est ainsi sans doute que le sol du globe habitable fut formé, quand ses montagnes pour la première fois élevèrent leur tête au-dessus des vagues.

De ce qui précède il suit que la végétation de l'amphithéâtre de Menton, si ce n'est les formations sablonneuses, est ce qu'on peut appeler une végétation calcaire. En d'autres termes les plantes qui y viennent le mieux sont principalement celles qui florissent dans un sol calcaire, dans les terrains dans lesquels la chaux entre pour une partie considérable dans la constitution géologique du sol.

Ainsi on trouve le Lierre partout dans les ravins et sur les murs, dans les endroits frais. La Pariétaire, une plante esentiellement calcaire, se voit sur tous les murs, sur toutes les terrasses. Les Giroflées, les Quarantaines, les Giroflées de Mahon, les Œillets y prospèrent, et fleurissent dans les jardins presque sans culture. Ces plantes forment de grands buissons en hiver, et une masse de fleurs de bonne heure au printemps. A cette époque il y a un joli petit Œillet sauvage, qui sort partout des fentes des rochers les plus brûlés, les plus secs. La Valériane rouge (*Centhranthus ruber*) se voit partout à l'état sauvage, et présente de grandes tiges vertes et succulentes, à grandes masses de fleurs, sortant de fentes dans les rochers les plus secs. Elles sont toutes des plantes essentiellement calcaires. On peut ajouter, comme exemple de plantes calcaires, l'*Arum arisarum*, la Fumeterre, le *Cneorum tricoccum* et les Crassulacées en général. La Fumeterre est une des plantes les plus communes du pays; elle vient et fleurit partout, sur toutes les terrasses, pendant tout l'hiver. L'*Arum arisarum* est une aroïdée également prolifique et universelle. Ses fleurs sombres, couleur lie de vin, en capuchon, attirent de suite l'attention après les pluies d'automne. On dit que la racine est une bonne nourriture pour les cochons, mais elle est située assez profondément au-dessous de la surface, et par conséquent difficile à extraire; aussi on la laisse apauvrir le terrain à sa volonté presque partout. On peut ajouter qu'on ne semble pas beaucoup estimer les cochons à Menton, ou encourager leur société, ce qui est un avantage pour les visiteurs.

Le *Cneorum tricoccum* est un petit buisson assez élégant, avec de petites feuilles étroites, d'un vert foncé, de petites fleurs jaunes, et des graines trilobes. On ne le trouve que dans les endroits les plus sauvages, les plus rocailleux, les plus secs; par exemple sur les rochers nus et arides au-dessus du pont Saint-Louis. Il appartient à la famille des Térébenthinées, une famille presque exclusivement tropicale, et fleurit pendant tout l'hiver. Quoique habituellement à trois pétales et à trois lobes, quelquefois on trouve la fleur avec quatre pétales, et la graine avec quatre lobes. Je dois signaler avec cette plante, parce qu'on le trouve dans les mêmes localités, un très joli buisson malvacé, la *Lavatera maritima*. Ses fleurs délicates, rose et blanc, de forme malvacée, et son feuillage argenté, attirent de suite l'attention, soit qu'on les voie sur le bord de la mer et au pied des rochers calcaires, soit qu'elles s'échappent de leurs crevasses, ou s'étendent sur leurs flancs.

Les Crassulacées sont abondantes sur les murs, dans les régions les plus chaudes et les plus sèches, s'échappant le plus souvent de leurs interstices. Elles fleurissent en avril.

Je ne dois pas non plus omettre de mentionner comme plantes calcaires ornant ces régions rocailleuses, la Rue, le Romarin et le Thym. Elles sont toutes communes, et imprègnent la montagne de l'odeur âcre des plantes aromatiques dont parlent si souvent les poètes. Le Romarin et le Thym fleurissent pendant l'hiver, la Rue seulement au printemps. Dans les endroits frais un peu humides, on trouve encore une Labiée aromatique bien connue, la Menthe.

Le sol calcaire convient à la Vigne, qui vient bien, et produit de bonnes récoltes, sur les flancs de toutes les montagnes calcaires de la Méditerranée. On la cultive à Menton sur les terrasses, et plutôt à une élévation de 100 à 500 mètres au-dessus de la mer qu'à son niveau. Le vin de Menton était renommé autrefois, mais l'oïdium attaqua les Vignes avec la même intensité qu'à Madère ; elles périrent, et pendant bien des années on ne fit plus de vin. Sans doute on aurait pu y remédier, comme on le fit dans le Bordelais, en se procurant et en plantant des ceps sains, et en soufrant assidûment. Mais les agriculteurs de Menton n'eurent pas assez d'énergie ; ils aimèrent mieux laisser périr leurs Vignes et se livrer à d'autres cultures. On m'a dit qu'ils croyaient que c'était la volonté de Dieu, et que ce serait impie que de vouloir s'y opposer. Il me semble que leur inaction fut plutôt le résultat de cette apathie, de cette crainte de tout ce qui est nouveau, de tout ce qui sort de l'ornière accoutumée, qui caractérise le tempérament, l'esprit agricole dans tous les pays. Toutefois on semble depuis quelques années secouer l'apathie d'autrefois.

On plante des vignes, et de nouveau on fait du bon vin. Il me semble qu'il y a bien de l'argent à gagner à planter des Vignes et à faire de bons vins sur les flancs des montagnes qui forment l'amphithéâtre de Menton. La présence des étrangers à Menton offre un marché tout fait pour les vins que l'on ferait. Les jeunes gens de famille devraient y penser. Il me semble que l'on pourrait faire de Menton un centre vignoble comme Madère ou Malaga. C'est aux jeunes gens de Menton à faire des essais dans ce sens. Les étrangers ne le pourront jamais. Si un étranger voulait acheter la cime du Berceau, on lui en demanderait 5 francs le mètre ; c'est l'esprit du pays, du Midi en général. En Corse, en Grèce, partout on repousse absolument les capitaux étrangers qui voudraient s'attacher à la terre. Aussi les étrangers qui ont des capitaux à placer en travaux agricoles trouvent avantage à aller en Australie, en Amérique. Le Midi de l'Europe les repousse par les exigences et les jalousies des propriétaires.

Pendant l'hiver les Vignes n'ont pas de feuilles, et ressemblent à de vieilles cordes, surtout lorsqu'on les cultive sur les arbres à la manière italienne ; elles n'ajoutent en rien, certainement, à la beauté du paysage. Les Pêchers et les Amandiers aussi perdent leur feuillage, et par conséquent brillent par leur absence. Ces arbres, toutefois, fleurissent en février, et alors deviennent gracieux, ce qui fait qu'on peut leur pardonner leur passé nu et triste au mois de janvier. On les voit plus souvent dans les villages de la grande montagne que près du rivage.

Les arbres fruitiers de toute espèce semblent trouver le bord de la mer trop chaud, et sont surtout cultivés à une grande hauteur comme à la Turbie et à Sainte Agnès, à une élévation de 700 mètres. A cette altitude les Vignes, les Pommiers, les Poiriers, les Cerisiers, les Pêchers et les Amandiers abondent et prennent la place de l'Olivier. Les froids de l'hiver y sont sévères, car on voit souvent de la glace de 1, 2 ou 3 centimètres d'épaisseur. Il semblerait que ce froid hivernal convient mieux à la constitution des arbres fruitiers que la température douce du littoral. Probablement, il y a une double influence favorable. D'un côté la saison du repos est plus prolongée et ce repos de la végétation est plus complet; tandis que de l'autre la chaleur de l'été étant moins développée, cette saison est plus propice à leur nature.

CHAPITRE III

LA RIVIÈRE DE GÊNES. — MENTON.

GÉOGRAPHIE PHYSIQUE. — MÉTÉOROLOGIE.

> Les caractères principaux du climat de la Rivière de Gênes et de Menton, d'après mon expérience personnelle pendant vingt hivers, sont : *L'absence de gelée, la prédominance des vents du nord, une sécheresse modérée de l'atmosphère, l'absence complète de brouillards, le petit nombre de jours pluvieux, la pureté et la couleur bleue du ciel, la chaleur ardente et la lumière éclatante du soleil, une température fraîche, presque froide la nuit, une atmosphère généralement fraîche et tonifiante le jour, et une différence moyenne de 5° à 6° C. seulement entre le maximum du jour et le minimum de la nuit* (p. 154).

Une observation assidue, pendant vingt hivers, des conditions météorologiques qui règnent sur la Rivière de Gênes m'a peu à peu mis à même de former une idée claire et précise de leur nature et de leur influence sur le climat de cette côte.

Comme nous l'avons vu, la région de Menton, siège principal de mes observations et de mes études, est un petit amphithéâtre situé au pied des montagnes du sud de l'Europe quand elles arrivent à la Méditerranée. Au nord-est, au nord, et au nord-ouest, sont les chaînes montagneuses les plus élevées de l'Europe, s'étendant à des centaines de kilomètres de l'ouest à l'est. Plus loin encore au nord-est, on trouve le continent même de l'Europe qui s'étend jusqu'aux régions arctiques. Comme résultat nécessaire de cette position géographique, les vents du nord, surtout les vents nord et nord-est, doivent être des vents très secs. Premièrement ces vents ont été desséchés en traversant un grand continent. Secondement ils ont eu presque tout ce qui leur restait d'humidité exprimé par les grandes élévations montagneuses au-dessus desquelles ils ont été obligés de passer pour arriver à la Méditerranée.

VENTS DU NORD

L'évidence physique de l'extrême sécheresse de l'atmosphère quand les vents du nord soufflent se manifeste de plusieurs façons. D'abord, avec un vent du nord ou du nord-est, il y a, généralement, une différence de 4 à 6 degrés entre les deux thermomètres sec et mouillé. Avec les vents du nord-ouest, qui traversent des chaînes montagneuses moins élevées, et peuvent venir de l'océan Atlantique du nord, la sécheresse est ordinairement moindre, variant entre 2 et 4 degrés. En second lieu, l'atmosphère est ordinairement claire, le ciel bleu, le soleil ardent. Les nuits sont comparativement froides, et les sommets des montagnes, élevées de 1,300 mètres, sont découverts, sans nuages.

Ces phénomènes s'expliquent facilement par les données météorologiques. La présence d'humidité dans l'air, soit comme une vapeur imperceptible, soit comme nuage, donne une teinte blanche au ciel, et protège la terre contre ses rayons. De cette façon la vapeur d'eau devient une espèce de bouclier qui intercepte la chaleur émanée du soleil. Quand la vapeur d'eau, l'humidité, existe à peine, quand l'air est sec, comme sur la rive septentrionale de la Méditerranée avec un vent du nord, vent de terre, ou en Égypte et dans le désert de Sahara avec les vents du sud, en un mot, dans toute région sèche, le ciel est toujours transparent et bleu et le soleil brille avec une grande puissance calorifiante. La nuit enfin, par suite de la radiation rapide de la chaleur terrestre dans l'espace, l'atmosphère devient comparativement froide. Tel est le climat du rivage septentrional de la Méditerranée avec des vents du nord. Le ciel est pur, clair, bleu, le soleil brille comme un globe de feu qu'il est, et ses rayons arrivent à la terre avec une grande puissance. Les nuits sont alors claires, les étoiles donnent une clarté inconnue au nord-ouest de l'Europe, et la température de l'air, est froide comparativement avec ce qu'elle est le jour.

Le climat des îles Britanniques est en grande partie expliqué par ces faits. L'atmosphère, au-dessus de ces îles, est toujours chargée de vapeur aqueuse, qui donne au ciel sa couleur blanchâtre habituelle. Cette vapeur aqueuse dans l'atmosphère protège la terre contre l'action des rayons du soleil pendant le jour, et empêche la radiation la nuit. C'est ce fait qui explique la fraîcheur de l'été comparativement avec l'été des régions continentales qui se trouvent sous le même degré de latitude, où cette protection manque par suite de la sécheresse de l'atmosphère. En hiver, au contraire, quand le soleil est abaissé à l'horizon, et quand ses rayons calorifères sont faibles, l'atmosphère nuageuse, en empêchant la radiation, retient, conserve la chaleur accumulée dans la terre pendant l'été. Elle contribue, avec le courant chaud du golfe du Mexique, à rendre l'hiver de ces îles plus doux que celui des régions continentales, sous le même degré de latitude.

L'influence de ces conditions météorologiques sur le climat a été bien expliquée, dans ces derniers temps, par un physicien anglais célèbre, M. Tyndall, dans ses leçons sur la chaleur. Elle est encore admirablement démontrée par les observations météorologiques des aéronautes. Une fois arrivés au-dessus de la vapeur aqueuse condensée et des nuages, qui dans nos climats s'élèvent à 1,000, 2,000 mètres ou plus, on plane dans une atmosphère sèche, où le ciel est d'un bleu foncé. Les rayons mêmes du soleil ont une chaleur tellement grande à cette altitude, malgré une température ordinairement très basse, souvent au-dessous de zéro, que les mains et la figure des aéronautes sont brûlés.

Le climat du nord de la Méditerranée, quand les vents du nord soufflent, est pareil à celui de ces régions supérieures de l'atmosphère. L'atmosphère contenant peu d'humidité pendant la durée de ces vents du nord, qui règnent une grande partie de l'hiver, le ciel est bleu, et le soleil luit avec ardeur, même au cœur de l'hiver. Par suite, il chauffe directement tous les objets que ses rayons touchent, et par réflexion tout ce qui se trouve à peu de distance de la terre, des montagnes, des rochers.

Le vent du nord-ouest, qu'on appelle le mistral dans cette partie de la Méditerranée, souffle du centre et du midi de la France, comme un vent sec, perçant, que l'on craint beaucoup. Il y a bien des explications et des théories quant à sa cause, mais je ne doute pas que ce ne soit un vent qui a son origine dans les parties montagneuses de la France, qui s'étendent depuis la Suisse jusqu'aux Pyrénées occidentales, y compris le Dauphiné, le Puy-de-Dôme et les Cévennes. L'air froid descend avec force de ces régions élevées, pénétrant jusque dans le sud du bassin méditerranéen, pour prendre la place de l'air raréfié par le soleil, qui monte aux régions atmosphériques supérieures, en faisant le vide. Un des grands avantages de Menton est qu'il se trouve complètement protégé contre ce vent par la Turbie, la montagne qui la sépare de Nice.

Quand le mistral souffle le ciel reste bleu et le soleil brille chaudement. Quelquefois, cependant, le vent du nord-ouest souffle non plus comme un vent local ayant son origine dans les montagnes du centre de la France, mais comme un grand vent nord-ouest Atlantique, venant des mers du nord et de l'océan Atlantique. Alors il amène avec lui des nuages noirs, chargés de pluie qui peut tomber dans l'amphithéâtre, ou au large en pleine mer. Dans ce cas, la différence entre les thermomètres sec et humide diminue, car l'air est plus ou moins humide.

Ainsi, quand la pluie tombe avec un vent du nord-ouest, la cause en est, géneralement, une tempête du nord-ouest, venant de l'océan Atlantique, et étendant son influence sur toute l'Europe occidentale. La pluie ayant cette origine est habituellement rare, car la plupart des nombreux ouragans venant du nord-ouest de l'Atlantique épuisent leurs derniers efforts sur les montagnes qui protègent la Rivière de Gênes au nord-ouest. L'hiver de 1878-79 fut une exception à cette règle, la seule que j'aie connue pendant vingt ans d'observation. La plupart des tempêtes, ouragans, cyclones, annoncés à New-York comme devant arriver sur la côte occidentale de l'Europe, arrivèrent jusqu'à la Méditerranée ; leur intensité a dû être exceptionnellement grande. Ils arrivaient, toutefois, amoindris, affaiblis, expirants, leur effet se limitant à quelques nuages sombres, à des pluies intermittentes, avec un vent de nord-ouest, et cela pendant un, deux ou trois jours seulement.

La pluie est encore plus rare avec les vents du nord-est. On peut même dire que quand la pluie tombe à Menton avec un vent de nord-est, c'est généralement la fin d'une tempête polaire qui a ravagé toute l'Europe orientale, et l'a couverte de neige et de glace. Quelques jours plus tard, nous en recevons, presque invariablement, les détails par les journaux. Ces rares pluies du nord-est en hiver deviennent de la neige sur les montagnes élevées qui circonscrivent et dominent l'amphithéâtre de Menton.

Quand même le vent souffle franchement du sud-est, c'est-à-dire avec un vrai sirocco venu du désert de Sahara, la neige peut tomber dans l'intérieur de l'amphithéâtre de Menton. Ce fait, qui me surprit beaucoup d'abord, s'explique cependant facilement. La baie de Menton est tout à fait ouverte au sud-est, dans la ligne des montagnes de la Corse, qui sont très élevées, atteignant jusqu'à 3,000 mètres, et qui sont couvertes de neige tout l'hiver. Un vent de sud-est amène la neige à Menton, surtout à la fin de l'hiver, au mois de mars, quand il s'en est fait une grande accumulation sur les montagnes de la Corse. Quand cette accumulation n'existe pas, en été, et même dans les premiers mois de l'hiver, avant qu'elle ne se soit faite, le vent de « sud-est » constitue le vent si connu et si détesté dans la Méditerranée le sirocco.

J'ai rarement vu la neige tomber dans l'amphithéâtre même de Menton, si ce n'est sous l'influence de ce sirocco refroidi, quoique les sommets des hautes montagnes soient souvent couverts de neige dans le courant de l'hiver. La présence de la neige dans l'amphithéâtre même de Menton est donc tout à fait exceptionnelle, et ne se voit guère qu'à plusieurs années d'intervalle. La neige tombée la nuit sur la cime des montagnes est, le plus souvent, fondue le lendemain ; quelquefois, cependant, elle reste plusieurs jours s'il y a un vent du nord.

Ainsi, pendant l'hiver, il y a peu de pluie avec les vents venant du nord. Comme aussi, pendant les mois de l'hiver, de novembre à mai, le vent vient le plus souvent de cette direction, le climat sec, clair, radieux de Menton est expliqué. La chaleur de l'hiver, très exceptionnelle pour la latitude, dépend surtout de la protection donnée par les montagnes et d'autres causes que nous examinerons plus tard, et non de la latitude.

Quand la pluie tombe avec des vents francs du nord, elle est fine, modérée en quantité, et ne présente pas le caractère d'une averse tropicale.

Quand des vents du nord amènent des nuages de l'autre côté de la montagne, et quand l'atmosphère, dans l'amphithéâtre de Menton, ainsi qu'en mer, est chaude, ces nuages fondent peu à peu et disparaissent. On n'a qu'à les suivre des yeux pour s'en apercevoir. Il est très intéressant de voir d'épaisses masses de nuages s'élever ainsi de derrière le sommet des plus hautes montagnes, le plus souvent au nord-ouest, s'épancher sur le ciel au-dessus, et puis, peu à peu, se fondre à mesure qu'ils s'avancent vers le sud, dans des couches atmosphériques plus chaudes. Si toutefois le vent qui les pousse est fort, ces nuages s'accumulent, refroidissent l'atmosphère et recouvrent tout le ciel, soit jusqu'à l'horizon, soit jusqu'à une lisière lointaine entre ciel et mer, qui seule reste radieuse.

VENTS DU SUD-EST ET DU SUD-OUEST. — PLUIE

Avec les vents du sud-ouest et du sud-est, la pluie tombe, le plus souvent, sur la Rivière de Gênes et à Menton. S'ils sont forts, la pluie peut être tout à fait tropicale. Ces fortes pluies peuvent encore avoir lieu avec des vents du sud peu forts. Quand ils rencontrent, près de la côte ou sur la côte, soit en mer, soit à la montagne, des vents du nord qui condensent leur humidité, souvent, surtout au printemps il y a des éclairs, du tonnerre. La pluie peut donner jusqu'à 100 ou 150 millimètres dans peu d'heures.

Quand des pluies tropicales tombent, les torrents se remplissent jusqu'aux bords ; d'énormes masses d'eau descendent des montagnes, entraînant avec elles des quartiers de roches, qu'elles roulent comme des fétus de paille. Ces masses d'eau excavent, agrandissent les torrents et les rivières, ce qui explique la largeur de leur lit en Italie et au Midi en général. Ce lit est tout à fait disproportionné au mince filet d'eau qui habituellement coule au centre. En dehors de l'époque des pluies ces rivières ont l'air de n'être guère que de larges sillons de pierres.

Quand la pluie tombe avec cette violence tropicale les moindres ruisseaux deviennent des torrents impétueux. Alors ils se précipitent furieusement vers la mer, et leurs eaux jaunes, comme celles du « flavus Tiber » des vieux poètes latins, entraînent de grandes quantités de pierres et de terre détachées des flancs de la montagne, qui jaunissent la mer à une distance plus ou moins grande du rivage. La descente de ces eaux, charriant des masses considérables de terre et de gravier, démontre, en petit, la manière dont les deltas des grandes rivières, telles que le Nil, le Gange, le Mississipi, ont été créés autrefois, et s'étendent de nos jours. Elle démontre aussi comment, dans les ères géologiques d'autrefois, les terrains neptuniens ou sédimentaires furent formés. La terre en dissolution tombe peu à peu au fond de la mer, où elle se dépose, et forme des couches horizontales dont la nature et la composition dépendent de la qualité du sol enlevé à la terre ferme par le torrent ou la rivière. A mesure que ces dépôts se forment, des êtres animés en grand nombre, surtout ceux qui, par leur organisation, ne peuvent fuir la pluie de boue, comme les crustacés, sont enterrés vifs et constituent les fossiles d'âges futurs.

Ces pluies tropicales, comme nous l'avons vu, ont surtout lieu par suite du contact de forts vents du sud avec l'air froid du rivage et de la montagne, ou par suite de la collision de vents du sud avec des vents du nord en pleine mer plus ou moins loin du rivage. Venant du chaud midi, les vents du sud sont nécessairement chauds, et en passant sur l'Atlantique ou la Méditerranée, ils absorbent de grandes quantités d'eau. En arrivant sur la côte montagneuse de la Rivière de Gênes, ils sont arrêtés par des courants froids du nord, ou sont obligés d'escalader les montagnes qui leur barrent le passage. Dans l'un et l'autre cas, en hiver, ils se trouvent en contact avec des couches atmosphériques plus froides, et sont obligés de se séparer de leur humidité qui forme des nuages épais, et se précipite sous la forme de fortes pluies.

Mes observations personnelles sur la quantité de pluie qui tombe à Menton ayant été faites à Grimaldi, à 100 mètres d'élévation au-dessus de la mer, dans une localité qui appartient déjà à la montagne, j'emprunte celles que mon collègue, M. Fa-

MÉTÉOROLOGIE. — PLUIE.

rina, a faites avec soin à l'hôpital de Menton. Ces observations ont été faites pendant trois années ordinaires, 1876-77-78. La moyenne des pluies tombées pendant ces trois années est de 728 millimètres :

	m. cub.		m. cub.
Janvier	0,034	*Report*...	0,330
Février	0,002	Août	0,030
Mars	0,092	Septembre	0,006
Avril	0,116	Octobre	0,133
Mai	0,057	Novembre	0,157
Juin	0,026	Décembre	0,072
Juillet	0,003	Total	0,728
A reporter...	0,330		

Cette moyenne est un peu au-dessus de celle de Nice, qui est de 600. Je suis arrivé à peu près à la même moyenne à mon jardin de Grimaldi, à quelques centimètres près. L'année 1879 a été exceptionnellement pluvieuse dans l'Europe occidentale, tant en hiver qu'en été, sur la Rivière de Gênes comme en France et en Angleterre. Dans les premiers huit mois de l'année, M. Farina a déjà enregistré à l'hôpital 690 millimètres de pluie.

Les pluies les plus fortes et les plus continues ont toujours lieu avec des vents du sud-ouest ayant leur origine dans l'océan Atlantique ; ce sont des vents équatoriaux. Après avoir traversé une grande partie de la Méditerranée, depuis Gibraltar jusqu'au golfe de Gênes, le vent sud-ouest frappe contre les montagnes du littoral, projetant contre elles une succession de coups de vents surchargés d'humidité. Cette humidité est alors précipitée en quantités énormes de pluie, comme sous les tropiques. C'est aussi avec ces ouragans du sud-ouest que se voient les mers les plus furieuses, les vagues les plus fortes.

Souvent il pleut sur les montagnes ou à quelques kilomètres en mer quand il fait beau et clair sur le rivage et près du rivage. Dans le premier cas, c'est le plus souvent un vent du sud qui règne, et à mesure qu'il monte les flancs de la montagne, il rencontre des couches d'air plus froides qui précipitent son humidité et forment ainsi des nuages plus ou moins épais. Maintes fois, assis sur la montagne, j'ai vu un courant d'air chaud s'élever de la mer, former une brume, une vapeur sur le rivage, et puis un nuage blanc qui s'élevait petit à petit sur le flanc de la montagne. Il est curieux de voir ce petit nuage sortir de la mer pour ainsi dire, ramper le long du rivage, se cramponner à la montagne en s'élargissant et s'agrandissant à mesure qu'il s'élève. Je ne pouvais m'empêcher de penser au pêcheur, dans l'histoire des Contes arabes, qui ouvre sur le rivage une cassette ramenée dans ses filets, et en voit sortir une vapeur, un nuage qui peu à peu couvre l'horizon.

Il y a un exemple frappant de ce phénomène dans l'histoire sainte à l'occasion du prophète Élijah :

« Et il dit à son serviteur : Levez-vous et regardez vers la mer..., et il arriva qu'à la septième fois qu'il dit, regardez, il s'éleva de la mer un petit nuage grand comme la main d'un homme. Et il dit : Allez, dites à Achab, Préparez votre chariot, et descendez, que la pluie ne vous arrête pas. Et il arriva, en attendant, que le ciel devint noir de nuages et de vents, et qu'il y eut une grande pluie (*I Rois*, chap. xviii). »

Souvent, dans ces cas, la pluie ne tombe que sur les grandes montagnes, et augmente le volume des torrents et des ruisseaux, quoique le temps soit tout à fait beau à Menton et aux alentours, ainsi que sur la mer et à l'horizon.

Quand, au contraire, il pleut à quelques kilomètres en mer et qu'il fait beau à Menton, le vent vient presque toujours d'une direction contraire, — du nord. Le vent froid du nord passe par-dessus les montagnes pour tomber à la mer à quelque distance du rivage et y rencontre des couches atmosphériques plus chaudes. D'épais bancs de nuages se forment à l'horizon et la pluie tombe à la mer à une distance plus ou moins grande du rivage, où souvent il y a un beau soleil, immunité complète de mauvais temps.

La moyenne de la pluie à Nice étant de 600 millimètres, celle de Menton, d'après les relevés que j'ai donnés, est un peu plus considérable — 729, — ce qui s'explique par sa position, par son hémicycle de montagnes. Selon Roubandi, auteur d'un bon travail sur le climat de Nice, le nombre des journées de pluie y serait de 60. M. de Bréa, un savant distingué de Menton, a publié un tableau météorologique fondé sur dix ans d'observation, de 1851 à 1861. Selon ses observations, le nombre moyen de journées ou de nuits pendant lesquelles il a plu à Menton serait de 80, ou 20 de plus qu'à Nice. Nous voyons donc comment il se fait que la moyenne de la pluie tombant annuellement à Menton est plus grande que celle de Nice, quoique la conséquence ne soit pas nécessaire. A Greenwich, en Angleterre, la moyenne annuelle de la pluie n'est que de 625 millimètres, quoique le nombre des jours de pluie soit de 155. A Pau, la moyenne de la pluie est de 1,075 avec 119 jours de pluie. A Malaga, le nombre des jours de pluie n'est que de 40. A Madère, la quantité de pluie qui tombe varie beaucoup d'année en année. La moyenne est de 850 millimètres, les jours de pluie sont de 80, comme à Menton.

ÉQUINOXES

Les pluies les plus abondantes ont lieu aux équinoxes d'automne et de printemps. En automne le soleil descend vers l'équateur et entraîne avec lui les vents du sud-ouest. Le vent du nord saisit l'occasion qui lui est offerte par la retraite de son adversaire, par la diminution de son armée, pour lui livrer bataille. De la mêlée, de la collision des adversaires suivent des larmes en forme de pluie, des éclairs, le tonnerre, l'artillerie de la nature. Le résultat est toujours le même ; les vents du nord victorieux chassent les vents du sud vers les tropiques, à la suite de leur général le soleil ; ils triomphent et l'hiver s'établit. A l'équinoxe de printemps c'est le contraire qui a lieu ; ce sont les vents du nord qui sont en possession, et ce sont les vents du sud qui, avec leur général le soleil, s'avancent de l'équateur au nord, et livrent bataille. Encore une fois la pluie tombe à torrents, tandis que les éclairs et le tonnerre annoncent la lutte terrible des éléments. Cette fois-ci ce sont les bataillons du sud, à chaque instant renforcés, qui sont victorieux ; les vents du nord sont chassés au delà des montagnes pour y continuer la lutte, et l'été s'établit dans la Méditerranée dès le mois d'avril.

Cette explication allégorique et un peu poétique des équinoxes, et de la cause des fortes pluies qui tombent à cette époque, est, scientifiquement, tout à fait correcte. Les équinoxes sont le résultat de la lutte entre les vents du nord et les vents du sud et se rattachent aux mouvements du soleil descendant vers l'équateur ou remontant vers le pôle.

La quantité de pluie qui tombe dans un pays donné ne caractérise pas autant le climat de la localité que la manière dont elle tombe. Ainsi à Menton, à Nice et tout le long de la Rivière de Gênes, les jours entièrement couverts, les jours de pluie incessante sont rares. Quelquefois, cependant, on en voit, surtout aux équinoxes de printemps et d'automne, et presque toujours avec des vents du sud. Le ciel peut alors être voilé par des nuages de manière à ce qu'il soit invisible comme dans le nord, pendant un, deux, ou trois jours. Il est rare, toutefois, qu'il en soit ainsi plus d'une, deux ou trois fois pendant l'hiver. Une grande quantité de pluie tombe alors et pénètre profondément dans la terre, qu'elle sature. Après ces pluies exceptionnelles les nuages se dispersent, le soleil se montre radieux, et on le voit de nouveau fournissant sa carrière comme un globe de feu à travers le ciel bleu. En quelques heures la terre se sèche, de nombreux jours de beau temps se succèdent sans interruption, et la vie du dehors recommence, comme par un beau mois de septembre au nord. Ce retour du beau temps arrive presque toujours avec un vent continu fort et sec venant du nord.

Ainsi il y a deux saisons principales de pluie sur la Rivière, celle de l'équinoxe de printemps, commençant en mars et finissant en mai, et celle de l'équinoxe d'automne, commençant en septembre et finissant en novembre. La saison pluvieuse de l'automne est plus irrégulière que celle du printemps. Elle commence, presque toujours sous l'influence de vents forts du sud-ouest, tantôt plus tôt, en septembre, tantôt plus tard, en octobre, novembre, et se continue plus ou moins en novembre. Le plus souvent ces pluies ne durent que trois ou quatre semaines, et même pendant ce temps elles ne sont pas continuelles. Le reste de l'hiver est ordinairement sec et beau jusqu'au printemps, sous l'influence de vents du nord, à l'exception de quelques journées de pluie quand le vent tourne au sud-ouest ou au sud-est. Les fortes pluies de la fin du mois de mars sont le plus souvent le résultat de vents forts ou d'ouragans venant du sud-ouest ou du sud-est; comme du reste dans toute l'Europe. Ces pluies saturent la terre, les terrasses, et remplissent, renouvellent, les sources. Sous leur influence bénigne, et avec l'aide du soleil ardent, dardant ses rayons à travers l'atmosphère pure et humide, la végétation s'avance alors avec une étonnante rapidité.

Comme en France, en Angleterre, et partout ailleurs, les hivers varient d'année en année, de sorte qu'il est impossible de se former une idée vraie des saisons et du climat de la Rivière de Gênes, en un seul hiver, en une seule année. Il y a des hivers pendant lesquels des vents du sud-ouest prédominent, souvent couvrant le ciel de nuages et amenant la pluie à de courts intervalles ; tels furent les hivers de 1864-65, de 1868-69 et surtout celui de 1878-79. Ceux qui ne connaissent ces parages que pendant ces hivers exceptionnels s'en forment pour la vie une idée tout à fait erronée. Pour la première fois aussi depuis que j'habite Menton, on a eu cette année (1879), après un hiver exceptionnellement pluvieux, 229 centimètres de pluie en avril, 185 en mai. Mais l'année, tant l'hiver que l'été, a été jusqu'ici une des années les plus exceptionnelles de ce siècle. L'hiver au nord fut froid, neigeux et pluvieux, et l'été fut le plus pluvieux et le plus humide dans l'Europe occidentale que l'on ait connu depuis soixante ans. Aux mois de mai, juin, juillet et août, les pluies furent presque continuelles, tellement continuelles que dans les Iles Britanniques et sur la Manche elles empêchèrent en grande partie la maturation des moissons. La Rivière de Gênes est sur le continent de l'Europe, quoique protégée par les montagnes ; elle ressent, par conséquent, toutes les grandes perturbations et modifications météorologiques qui y dominent d'année en année.

SÉCHERESSE. — VENTS SYSTÉMIQUES

La sécheresse exceptionnelle et ordinaire de l'été sur la Rivière de Gênes, dans le midi de la France, et sur la côte orientale de l'Espagne, s'explique en partie par un fait intéressant de géographie physique. La Méditerranée, cette grande mer « dans l'intérieur des terres », est sur la limite nord de la partie du globe à laquelle en géographie physique on donne le nom de « région sèche, sans pluie. » La plus haute expression de cette région est le Sahara, qui continue les déserts de l'Arabie et de l'Asie centrale. La principale cause de leur existence, probablement, est le passage de vents de nord-est sur l'Asie, sur la Méditerranée et sur le nord de l'Afrique pendant une grande partie de l'année, comme courants supérieurs ou inférieurs. Ces vents, passant sur des continents et sur de grandes chaînes de montagnes, perdent peu à peu leur humidité, jusqu'à ce qu'à la fin ils en ont bien peu à donner aux régions qu'ils atteignent à une période avancée de leur parcours. Par conséquent ces dernières deviennent des régions sèches, désertes par suite du défaut ou de la petite quantité de pluie.

Les vents qui parcourent la terre peuvent être divisés en deux grands courants ; l'un qui va des pôles à l'équateur ; l'autre, courant de retour, qui va de l'équateur aux pôles. Par suite du mouvement diurne de rotation de la terre, le vent du pôle nord prend une direction diagonale du nord-est au sud-ouest ; celui de l'équateur au pôle prend une direction du sud-ouest au nord-est. Aussi dans l'hémisphère nord le vent du pôle à l'équateur est un vent de nord-est ; celui de l'équateur aux pôles est un vent de sud-ouest. A partir à peu près du tropique du Cancer, ou du trentième degré de latitude nord, jusqu'à l'équateur, le vent du nord-est est toujours un vent inférieur, de surface, et constitue les vents alizés de nord-est. A partir du pôle nord jusqu'au tropique le vent systémique du nord-est est tantôt un courant supérieur, tantôt un courant inférieur, ou de surface, selon les saisons et d'autres influences.

La présence de grandes chaînes de montagnes dans le sud de l'Europe, et la raréfaction de l'atmosphère par la chaleur du soleil, dans le bassin méditerranéen, contribuent à faire descendre dans les régions atmosphériques inférieures le vent systémique du nord-est, et à le rendre un vent de surface pendant une grande partie de l'année dans la Méditerranée. Les vents du sud-ouest, ou vents systémiques de retour, qui doivent régner à une élévation supérieure dans la région des vents alizés, deviennent, dans l'Océan Atlantique du nord, des vents de surface.

Par suite ils règnent sur l'Europe, au nord de la Méditerranée, pendant une grande partie de l'année. Ces vents apportent avec eux de l'humidité, de la pluie, ce qui explique le climat humide et pluvieux de la Bretagne, de la Normandie et des côtes occidentales des Iles Britanniques.

En hiver les vents alizés, suivant la déclinaison du soleil, descendent vers le sud depuis juillet jusqu'à janvier, pour remonter au nord de janvier à juillet. Les vents du sud-ouest les remplacent, tant à leur descente à l'équateur qu'à leur retour, et arrivent de cette manière aux latitudes les plus méridionales de l'Europe en automne et au printemps. La présence de ces vents de sud-ouest de surface, à des latitudes plus basses à mesure que l'hiver approche ou s'éloigne, semble être la principale cause des pluies d'automne et de printemps dans le midi de la France, de l'Espagne et de la Méditerranée en général.

Maury, le géographe américain, dans son ouvrage intéressant et bien connu intitulé « *la Géographie physique des mers* », attribue l'existence de la région sèche de la terre dans l'Asie, au nord de l'Afrique et au sud de l'Europe, à l'influence des Andes ou Cordillères de l'Amérique du sud.

Selon cette théorie, les vents alizés sud-est de l'hémisphère austral, après avoir balayé la vaste surface de l'Atlantique, arrivent au continent de l'Amérique du sud, au-dessous de l'équateur. Ils traversent ce continent trouvent devant eux la grande barrière montagneuse des Andes, et s'élèvent sur ses flancs à une élévation énorme : 5,000 6.000, 7.000 mètres. Le froid extrême de ces régions supérieures des Andes donne lieu à la précipitation de l'humidité qu'ils contiennent, l'exprime pour ainsi dire. De là l'origine de ces immenses rivières qui descendent les versants orientaux de ces montagnes, telles que l'Amazone et l'Orénoque, deux des plus grandes rivières de la terre.

Ces vents alizés atlantiques du sud-est, après avoir ainsi précipité leur humidité, deviennent des vents secs. Dans les calmes équatoriaux ils croisent les vents alizés du nord-est, montent aux régions atmosphériques supérieures et se dirigent vers le nord-est comme un courant supérieur, venant du sud-ouest. Traversant encore une fois ce continent de l'Amérique du sud, ils arrivent à l'Atlantique, et le traversent toujours comme un courant *supérieur* sud-ouest ; car les vents alizés du nord-est occupent, nous l'avons vu, la surface de cet Océan entre le 30me degré de latitude et les calmes de l'équateur. Au-dessus de la limite nord des vents alizés ils descendent des régions atmosphériques supérieures à la surface et deviennent de nouveau des vents de surface, donnant lieu aux vents sud-ouest de la côte nord de l'Afrique et de toute l'Europe. Quand ces vents atteignent la côte nord-ouest de l'Afrique ils sont encore des vents secs ; car, comme nous l'avons vu, ils ont récemment traversé l'Atlantique dans les régions atmosphériques supérieures, comme courant sec, supérieur aux vents alizés. Ils ne peuvent donc donner l'humidité qui leur manque, surtout à un pays de plaines, et c'est ainsi que serait expliquée, dans cette théorie, l'existence du désert de Sahara et la sécheresse en été des pays qui forment le bassin de la Méditerranée, tant en Afrique qu'en Europe.

Le fait que le vent du sud-ouest qui règne dans la Méditerranée en été est un vent sec du sud-ouest venu de l'Amérique du sud, qui a traversé l'Atlantique comme courant supérieur, est prouvé d'après Maury, par un incident d'histoire naturelle très curieux. De temps en temps, depuis une époque immémoriale, une espèce de poussière rouge se dépose sur les navires et sur leurs voiles dans la Méditerranée, sur ses îles et sur ses rivages. Soumise à un examen microscopique, il paraîtrait que cette poussière, qu'on présumait provenir des déserts de l'Afrique, est composée de coquilles microscopiques d'infusoires qui habitent le Brésil, les lits desséchés des tributaires de l'Amazone et de l'Orénoque. Le vent violent et sec du sud-ouest qui part de ces régions les enlève, évidemment, comme une poussière impalpable, les transporte à travers l'Atlantique, dans un courant supérieur aux vents alizés du nord-est, et, finalement, les dépose en été sur les îles du cap Verd, sur la Méditerranée, sur la Sicile, Malte et l'archipel grec. Maury regarde ce fait comme prouvant de la manière la plus concluante l'entrecroisement des vents alizés du nord-est et du sud-est dans les régions calmes de l'équateur, et leur retour aux pôles nord et sud, comme des courants supérieurs sud-ouest et nord-ouest.

Au commencement de l'hiver la limite nord des vents alizés étant plus basse, ces courants supérieurs descendent à une latitude inférieure dans l'Atlantique, et arrivent à la Méditerranée après avoir traversé une partie plus ou moins grande de l'Océan, non comme des vents secs, mais comme des vents du sud-ouest, humides, chargés de pluie.

HUMIDITÉ ATMOSPHÉRIQUE. — ABSENCE DE BROUILLARDS.

Pendant les vingt hivers que j'ai passés à Menton, demeurant dans la baie est, je n'ai jamais vu de brouillards pendant l'hiver, soit sur la mer, soit sur le rivage, jour ou nuit, matin ou soir. Quelques fois, il est vrai, pendant des jours de pluie, quand l'air était presque saturé d'humidité, j'ai vu les nuages descendre, peu à peu, de la montagne et s'étendre plus ou moins en mer, cachant la pointe de Grimaldi et le sommet des Rochers Rouges; mais ce fait s'explique par la saturation presque complète de l'air. Les nuages s'élèvent de la terre à cent cinquante mètres, à peu près, pour chaque degré centig. de différence entre les thermomètres humide et sec. Si les deux thermomètres sont presqu'au même niveau, les nuages descendent dans notre pays de montagnes presque jusqu'au niveau de la mer et forment alors des espèces de brouillards dont ils ont toute l'apparence.

Ce fait, l'absence de vrai brouillard, s'explique de la manière suivante : Quand l'air vient de la terre à Menton, il vient du nord et venant de cette région il est si sec qu'il absorbe de suite toute l'humidité qu'il peut obtenir de la mer, quelque basse que soit sa température, sans former ni vapeurs ni brouillard. Quand, au contraire, l'air vient du sud, de la mer, il est si chaud, ainsi que la terre qu'il atteint, que sa capacité d'absorption hygrométrique le met à même de garder son humidité jusqu'à ce qu'il soit arrivé à une élévation considérable. Dans ces conditions, il ne cède cette humidité, pour former des vapeurs ou des nuages, que quand il a atteint une certaine élévation sur les flancs de la montagne.

Au mois de mai, j'ai vu plusieurs fois des brouillards se former sur la mer, couvrir le rivage, et s'étendre sur la base des montagnes le long du littoral. Je présume que la chaleur ardente du soleil aspire alors la vapeur de la mer, en grande quantité, et qu'elle se trouve condensée et entraînée par des couches atmosphériques basses plus froides qu'elle.

Quand les nuages les moins élevés sont à plusieurs milliers de mètres d'élévation, la sécheresse atmosphérique doit être très grande. On les voit souvent à cette élévation, l'hiver, avec les vents du nord, et on comprend qu'il en soit ainsi par le grand écart des thermomètres hygométriques, écart beaucoup plus considérable à de grandes élévations que sur le rivage, au bord de la mer, à cause de l'humidité dégagée par celle-ci. On peut voir, dans les régions supérieures de l'atmosphère, des masses légères de cirrhus floconneux, déchirées, tordues par les courants aériens; elles reflètent de la manière la plus pittoresque, la lumière vive et brillante d'une belle journée du Midi. Les masses compactes des nuages blancs que l'on voit souvent, aussi, à l'horizon sud-est, dominant les montagnes de la Corse, aux sommets desquelles elles sont ancrées pour ainsi dire, sont encore plus belles. On dirait une foule de Mont-Blancs, entassés les uns sur les autres, sur une ligne immense, dont les cimes et les flancs semblent couverts de coton (neige), reflétant la lumière du soleil. Au moment de son coucher, tous ces nuages se colorent en rose de mille nuances tendres et charmantes. Cette apparence de neige est en grande partie une réalité. L'éclatante blancheur des nuages qui flottent dans les régions atmosphériques supérieures, ou qui s'ancrent aux sommets des montagnes, est en partie due à ce qu'ils sont, en réalité, formés de cristaux de neige. Une fois que l'on atteint dans les airs le niveau de la neige éternelle, un peu au-dessous de trois mille mètres, en latitude 43°, les nuages eux-mêmes se congèlent et flottent dans l'atmosphère comme des masses de paillettes neigeuses, légères comme le duvet.

Le plus souvent sur la Rivière pendant l'hiver, comme nous l'avons vu, le ciel est clair, et le soleil luit dans les cieux comme une boule de feu. Même les jours de pluie on voit ordinairement le soleil à travers les nuages et l'on ressent sa force. Quand le ciel est clair et bleu, ses rayons sont tellement puissants que même au cours de l'hiver, en décembre ou en janvier, il est désagréable de marcher sans le parasol double que l'on a l'habitude de porter en Orient. Ce ne sont pas seulement les dames qui s'en servent, la plupart des messieurs en font leur compagnon fidèle. Son emploi est une vraie nécessité, et quand on essaie de s'en passer on gagne des maux de tête et on court risque d'être frappé d'un coup de soleil. Ceux qui ont vécu dans l'Inde, ou dans les pays tropicaux adoptent souvent le casque dont on se sert dans ces pays. Ces casques sont destinés surtout à protéger la nuque, où se trouve le nœud vital cérébro-spinal, qui est la partie du cerveau où une lésion, coup de soleil ou autre, est le plus à redouter.

Le rayonnement du soleil est tout autre sous le climat de la Méditérranée et dans le sud de l'Europe, que ce qu'il est dans le nord-ouest du continent, en France ou en Angleterre. Dans nos climats, même en été, l'atmosphère est plus ou moins remplie de vapeurs d'eau, qui, comme nous l'avons vu, donnent une teinte blanche au ciel en juillet et en août, et mitigent la puissance des rayons du soleil. Sur la Méditerranée, quand il fait beau, surtout l'hiver, avec les vents du nord, le ciel est d'un bleu clair, et à dix ou vingt kilomètres de distance les objets sont vus clairement, distinctement, sans être voilés par cette espèce de brume fine que l'on voit presque toujours planer sur le paysage, en Angleterre par exemple. A proximité de la maison que j'habite, s'élève le Berceau qui a 1109 mètres d'élévation. Le plus souvent la cime de cette montagne est absolument libre de nuages, et semble être si près de nous qu'il a fallu la mensuration barométrique pour me convaincre qu'elle avait la hauteur indiquée. On dirait à l'œil nu que l'élévation n'est pas de plus de six à huit cents mètres. Cette montagne, comme aussi ses voisines, est un hygromètre de premier ordre. La position des nuages sur ses flancs indique, de la manière la plus irréfragable, le degré de sécheresse ou d'humidité de l'atmosphère. Pour que le sommet de cette montagne soit libre de nuages, il faut qu'il y ait au moins sept degrés de sécheresse à cette élévation, c'est-à-dire sept degrés d'écart entre les deux thermomètres sec et humide, d'après les données déjà indiquées.

La sécheresse de l'atmosphère sur cette côte est aussi prouvée par un autre phénomène météorologique intéressant. Même quand le vent est au midi et que la pluie tombe à torrents, il y a souvent une différence d'un à deux degrés C. entre les thermomètres sec et humide. La pluie, formée dans les régions atmosphériques supérieures. semble traverser l'air, sans le saturer comme elle le fait sous les climats du nord. Aussi n'y éprouve-t-on pas cette sensation d'humidité pénétrante que l'on ressent par les temps de pluie au nord, et les malades souffrant des poumons ne sont pas oppressés comme ils le sont dans les climats humides.

Il y a donc des influences multiples qui par leur combinaison rendent l'atmosphère sèche en hiver sur la Rivière de Gênes : la prédominance des vents du nord, la grande puissance du soleil, l'absence de brouillards, le petit nombre de jours de pluie, et le caractère pierreux et rocailleux du sol. Aussi le linge mouillé se sèche en très peu de temps à l'air libre, à l'ombre, à quelque époque que ce soit de l'hiver, à moins qu'il ne pleuve ou que le ciel ne soit obscurci. Pendant tout l'hiver, à moins de pluie, on peut sans imprudence, rester assis dehors, plusieurs heures chaque jour, dans les endroits abrités du vent, soit au soleil avec un parasol, soit à l'ombre.

Moi-même je passe de cette manière, lisant un livre ou un journal, causant avec un ami, toutes mes heures de loisir, dans mon jardin ou ailleurs ; je choisis un lieu garanti du vent, au pied d'un mur, d'un rocher, d'un Olivier, d'un Caroubier. Le thermomètre dans une telle position garanti du soleil par l'ombrelle, ou à l'ombre, marque le plus souvent, de novembre à avril, au milieu du jour, de 15° à 18°. On prend ainsi des bains de soleil et d'air, l'haleine est enlevée à chaque respiration par l'atmosphère ambiante, et on se trouve dans des conditions hygiéniques infiniment meilleures que dans la chambre la mieux ventilée, même avec la fenêtre ouverte. Aux pieds du solitaire, les insectes sortent peu à peu, attirés par les fleurs, par les plantes sauvages aromatiques ; et autour de lui, sur les arbres, les oiseaux, auxquels le silence inspire de la confiance, gazouillent à l'envi.

Il y a un grand charme à passer ainsi des heures entières à lire ou à causer avec d'agréables compagnons, assis sur la terre ou les rochers, dans quelque endroit pittoresque et ensoleillé, comme par exemple, au-dessous des falaises à l'ouest du cap Martin, ou sur les terrasses chaudes de la baie est, dans le voisinage du pont Saint-Louis. Pour les malades il n'y a rien de plus tonique, de plus propre à ranimer la vitalité épuisée, à rétablir le jeu des fonctions. Quatre ou cinq heures passées ainsi au grand air, tous les jours, valent mieux, font plus de bien, que toutes les médecines du monde. J'ajouterai que pour les malades et les personnes faibles ou âgées, ces stations au grand air sont bien préférable à de longues courses en voiture qui fatiguent et épuisent, ou à ces longues promenades de long en large (genre pendule) que tant de malades affectionnent et qui sont néanmoins très fatigantes et, selon moi, fort monotones.

Je noterai ici un phénomène météorologique qui m'a surtout frappé ces dernières années. J'ai été longtemps sans le voir, ou du moins sans y attacher de l'importance. Si à dix heures du matin par le plus beau jour de l'hiver, avec le vent du nord, on monte à une élévation de cent mètres, à une extrémité quelconque de l'amphithéâtre de Menton, disons à Grimaldi ou à Roccabrune, et qu'on regarde l'horizon montagneux lointain, de l'autre côté de la baie, l'air semble transparent, et tout sur les montagnes se voit avec une netteté extrême. Si on y revient à une ou deux heures, et que l'on regarde le même paysage, on le trouve plus ou moins voilé par une légère brume ou vapeur. C'est le résultat de l'action dans l'amphithéâtre de la brise de mer journalière qui a apporté avec elle la vapeur d'eau qu'elle contient, vapeur retenue et condensée par l'enceinte des montagnes. Ainsi se trouve expliqué un fait médical, la différence qui existe entre le climat de Menton et celui d'autres points du littoral, dépourvus d'un hémicycle de montagnes qui retient ainsi la vapeur d'eau venant de la mer. L'air de Menton est donc moins sec, plus humide, et par conséquent plus doux que celui des autres régions de la rive septentrionale de la Méditerrannée. On y a l'avantage de la sécheresse générale de cette région, sans qu'elle y soit poussée à l'extrême.

Un des charmes de ce climat c'est que malgré la chaleur radieuse des jours il y a au grand air une immunité presque complète des insectes venimeux, tels que pucerons et moustiques, dès les premières nuits froides de décembre. On peut toutefois entretenir la vitalité des moustiques, pendant tout l'hiver dans les chambres, en les nourrissant et les chauffant. Si on les tient chaudement nuit et jour, dans des chambres chauffées à outrance et mal ventilées et si ils se nourrissent aux dépens de leurs habitants les moustiques peuvent vivre indéfiniment. Jusqu'aux premières nuits fraîches de novembre ou de décembre les moustiques sont très incommodes, sur tout le littoral. Pour les nouveaux arrivés même, ils sont une souffrance, à moins qu'ils ne couchent dans des lits pourvus de moustiquaires bien faits. Ces moustiquaires doivent être en tulle, et sans ouverture comme dans les pays chauds ; il faut en chasser les moustiques avant de se mettre au lit. Malheureusement dans la plupart des maisons et hôtels les moustiquaires sont faits en dépit du bon sens, en mousseline plus ou moins imperméable à l'air, et ouverts sur le devant. On ne peut guère les fermer hermétiquement et si on y parvient on étouffe faute d'air. Cela vaut la peine, dans ce cas, de faire faire en arrivant un vrai moustiquaire en tulle, bien confectionné ; faute de ce soin les nuits sont un supplice jusqu'à ce qu'on soit bien inoculé du virus des moustiques, ce qui a ileu au bout d'un certain temps. Quand on en est arrivé là les moustiques piquent bien mais ne font plus d'ampoules et causent peu de souffrance. C'est l'état physiologique des indigènes du pays et de ceux qui y viennent chaque année. Les nouveaux venus, selon moi, ont à subir une espèce de vaccination. Une fois disparus, les moustiques ne reviennent qu'avec l'été.

D'après les recherches statistiques de M. Brea, qui comprennent toute l'année, tandis que les miennes ne comprennent que les six mois d'hiver, l'année à Menton se partagerait ainsi qu'il suit : jours de soleil sans nuage 216 ; jours de soleil avec nuages 45 ; jours couverts sans soleil mais sans pluie 24 ; jours de pluie, souvent avec soleil une partie de la journée, 80.

Les jours de pluie arrivent surtout entre les mois d'octobre et mai, tandis qu'en été, souvent il n'y a pas une goutte de pluie pendant plusieurs mois de suite. Les vents peuvent alors souffler du sud sans que leur vapeur soit condensée en nuages et en pluie dans l'amphithéâtre. Les montagnes elles mêmes sont échauffées par les rayons du soleil d'été et les vents chauds et humides venant de la mer rencontrent sur elles des courants encore plus chauds qu'eux. Comme nous l'avons vu, ce même fait arrive en hiver. Un vent doux venant du sud, quoique humide, peut souffler dans l'amphithéâtre sans y amener soit de la pluie soit même des nuages. Toute son humidité surabondante peut être absorbée, et disparaître à cause de la sécheresse extrême de l'air.

Depuis quelques années j'ai fait faire à Grimaldi, pendant l'été, n'y étant pas moi-même, des relevés météorologiques par mon jardinier, homme très capable. Il me dit que pendant tout l'été il se forme dans l'après midi sur les sommets des hautes montagnes, des nuages souvent sillonnés d'éclairs, donnant lieu à des coups de vents, sans qu'il tombe de la pluie, et sans qu'elle ait l'apparence de tomber à la montagne, car les ruisseaux et torrents ne sont pas augmentés. Probablement qu'il y a sur les lieux recouverts des averses absorbées par la terre, et ne coulant pas dans les torrents. Il y a deux ans je suis resté à Menton jusqu'au 15 juin (1878); j'ai vu tous les jours à partir du 15 mai ce qui m'avait été décrit. Le matin, les montagnes vues de Grimaldi, un vrai observatoire, étaient claires. A partir de midi, des nuages commençaient à s'amonceler sur leurs cimes et se renforçaient de plus en plus, à mesure que la journée s'avançait.

Vers deux heures ils formaient d'épaisses masses occupant le tiers de la montagne. Évidemment c'était la brise de mer, plus forte en été qu'en hiver à cause de la chaleur, qui causait ce phénomène journalier. Faible en hiver elle ne donnait lieu qu'à une légère brume ou vapeur; plus forte en été elle se condensait en nuages, accompagnés de phénomènes électriques, signes de luttes intérieures.

TEMPÉRATURE L'HIVER

Malgré la douceur du climat, malgré la pureté habituelle du ciel et la lumière éclatante du soleil, l'hiver règne à Menton depuis le mois de décembre jusqu'à celui d'avril. Les nuits sont froides pendant ces quatre mois de décembre à avril. Le thermomètre varie à peu près constamment la nuit entre 7° et 12°, avec les vents du sud, et entre 5° et 7°, avec les vents du nord. Quelquefois même le thermomètre descend, pendant une ou plusieurs nuits de suite, au dessous de 5° C. et arrive jusqu'à 1° ou 2° ou même jusqu'à 0° C. Il en est ainsi lorsque des vents polaires du nord-est ou du nord-ouest soufflent sur toute l'Europe, gelant les grands fleuves et couvrant la terre d'un manteau de neige.

Dans la journée il fait presque toujours frais à l'ombre, et surtout quand le soleil est obscurci par des nuages. La température maxima ordinaire à l'ombre, le jour, est de 10° à 12°, quand le soleil brille, plus basse s'il ne brille pas. La température tombe toujours quelque temps, au moins une demi heure, avant le coucher du soleil, et souvent elle arrive au minima des vingt-quatre heures au moment même de son déclin. La cause en est, sans doute, un courant d'air froid qui descend de la montagne, un vent froid de terre qui remplace la brise tiède de mer. La chaleur du jour est principalement le résultat de l'influence directe du soleil. Au lieu d'avoir le feu, qui nous chauffe au nord dans le foyer, nous l'avons dans le ciel, mais c'est toujours l'hiver qui règne autour de nous. Dans une chambre au midi, quand le soleil luit sur elle, on peut laisser la fenêtre tout ouverte, et sans feu le thermomètre reste à peu près à 15° ou 16°. Mais quand le soleil disparaît on est obligé de fermer la fenêtre, et les personnes frileuses ont besoin de feu.

Au milieu de la journée les chambres sur le même palier mais tournées au nord, même quand il fait un temps ensoleillé, ont deux ou trois degrés de température de moins que les chambres au midi. La différence entre la température de la journée et celle qui se fait sentir un peu avant et au moment du coucher du soleil, est de trois ou quatre degrés quand les vents du nord règnent, moins quand ce sont des vents du midi. Quand le soleil est tout-à-fait obscurci par des nuages, l'air semble froid, même avec un vent du sud, et les plaintes formulées contre le temps sont nombreuses et vives.

Ces plaintes paraissent avoir leur origine dans un sentiment de mélancolie extrême, qui semble s'emparer de toute la communauté étrangère, mais surtout des malades quand il fait mauvais, quand le soleil a voilé sa face et que le temps est humide et frais. Je remarque chaque année cette explosion d'humeur noire chez mes malades et amis, dans ces circonstances, et je la ressens moi-même. On s'accoutume facilement à voir le soleil surgir de la mer à l'orient chaque matin, fournir sa course en arc dans le ciel pendant la journée, et puis descendre derrière les montagnes le soir. Quand il disparaît à la vue la plupart d'entre nous deviennent tristes et malheureux, et nous ne tenons presque plus à la vie. Nous comprenons alors, et nous sentons vivement, que nous sommes de pauvres malades, exilés du foyer natal, naufragés, rejettés sur les rives du fleuve de la vie. Mais avec le retour du soleil et du beau temps toutes ces idées tristes disparaissent comme une fumée. Encore une fois nous sommes gais, enjoués, disposés à regarder notre position d'invalides, notre mauvaise santé, comme un avantage. N'est ce pas à elle que nous devons d'échapper au sombre et lugubre hiver du nord, n'est ce pas à elle que nous devons d'éviter pour le moment du moins, les soucis et les travaux de la vie réelle, à elle que nous devons de faire école buissonière, de jouir d'une longue vacance d'écolier!

On remarque souvent, en se plaignant, que l'air donne une sensation de froid qui ne répond pas à la température indiquée par le thermomètre. Cette remarque du reste est juste, et s'explique facilement. Par suite de la sécheresse de l'air, l'évaporation se fait rapidement à la surface de la peau. Cette évaporation absorbe de la chaleur, et donne lieu à la sensation de froid. C'est la même sensation que l'on éprouve quand on se lave la figure ou les mains avec de l'eau de Cologne. L'évaporation rapide de l'esprit de vin, donne lieu à un enlèvement rapide de calorique, et ainsi se produit la sensation de froid. C'est par suite de la même loi physique que l'eau se refroidit dans les vases poreux dont on se sert en Espagne et dans les climats chauds en général. L'eau qui transsude à travers les parois des vases est évaporée à leur surface par l'atmosphère, qui ainsi enlève de la chaleur et refroidit l'eau à l'intérieur. Dans une atmosphère sèche comme celle de la Rivière de Gênes, les êtres humains sont « des vases poreux » et sont refroidis, comme l'eau que contiennent ces vases, par une évaporation rapide. Ce fait et son interprétation par les lois de la physique, démontrent la nécessité absolue de vêtements chauds, et expliquent les douleurs rhumatismales qui attaquent les personnes qui négligent cette précaution.

La végétation de Menton démontre l'influence d'un soleil ardent chauffant une atmosphère fraîche. Les arbres à feuilles annuelles les perdent en décembre, aussitôt que les nuits commencent à être froides, et ne les regagnent qu'en avril, quand celles-ci commencent à être chaudes. La verdure des forêts qui tapissent les collines et monts inférieurs, ainsi que les vallées, est due uniquement à la présence d'Oliviers, de Pins, de Citronniers et d'Orangers. Le petit nombre d'arbres à feuilles caduques ne sont qu'un amas de branches nues jusqu'en avril. D'un autre côté, dans des positions abritées, exposées au midi, la chaleur du soleil chauffe tellement le sol qu'il n'a pas le temps de se refroidir la nuit. Aussi ces localités deviennent de véritables serres chaudes, produisant, comme je l'ai dit, des Violettes odorantes et des Anémones en janvier, et toutes les fleurs du printemps en février. Dans les endroits à l'ombre, au contraire, où le soleil ne pénètre pas, la végétation même superficielle reste en torpeur, comme celle des arbres à feuilles caduques, jusqu'au mois de mars. Comme, toutefois, les terrasses abritées contre les vents, et exposées au soleil, sont très nombreuses dans les vallées et sur les flancs des montagnes, la végétation terrestre est presque partout abondante et luxuriante pendant tout l'hiver. Aussi elle offre de grandes ressources aux botanistes et aux fleuristes. On peut même dire que dans les vallées les plus chaudes, l'hiver n'existe que les jours de grandes pluies ou de nuages couvrant tout le ciel.

D'après ce qui précède on voit que les caractères principaux du climat d'hiver de la Rivière et de Menton, d'après mon expérience pendant vingt hivers sont : l'absence de gelée, la prédominance des vents du nord, une sécheresse modérée de l'atmosphère, l'absence complète de brouillards, le petit nombre de jours pluvieux, la pureté et la couleur bleue du ciel, la chaleur ardente et la lumière éclatante du soleil, une température fraîche, presque froide la nuit, une atmosphère généralement fraîche et tonifiante le jour, et une différence moyenne d'à peu près 5° C. entre la température maxima du jour et celle minima de la nuit.

Quand même le soleil est obscurci par des nuages, et quand la pluie tombe, comme le vent vient presque toujours, dans ce cas, du sud-ouest ou du sud-est, il fait très-rarement froid, à quelque époque que ce soit de l'hiver. Dans de rares occasions, cependant, quand il pleut avec un vent du nord, il peut y avoir un temps presque aussi froid et aussi désagréable qu'à Paris ou à Londres, au mois de décembre. Comme la pluie ne tombe en hiver à Menton, les années ordinaires, qu'un petit nombre de jours ; comme pendant le reste de l'hiver, cinq jours sur six, il fait un temps bien sec, illuminé par le soleil, on peut passer la plus grande partie de son temps en plein air. Ainsi cinq jours sur six on peut rester dehors depuis dix heures du matin jusqu'à trois, quatre, cinq heures de l'après-midi selon la saison, et cela avec plaisir et avantage.

Malgré la protection complète que donnent les montagnes contre les vents du nord-est et du nord-ouest, quelquefois ces vents arrivent dans les baies. Les vents du sud-ouest et du sud-est y entrent nécessairement en plein, puisque l'amphithéâtre est ouvert de ces côtés, mais les jours d'ouragan les vents du nord y entrent aussi. Ils contournent alors les promontoires à l'extrémité est et ouest des baies, et entrent comme des vents de sud-est, ou de sud-ouest. Même ces jours-là, cependant, les vallées et les collines qui occupent l'intérieur de l'amphithéâtre sont protégées. La baie orientale, la plus petite des deux, est la mieux protégée contre les vents du nord. Elle doit cette protection spéciale à l'existence de la montagne qui la limite à l'est, et à la protection que donne à l'ouest le contrefort ou arc-boutant, descendant du Berceau, sur l'extrémité (menton) de laquelle est construite la ville.

On dit quelquefois, et on a imprimé qu'il n'y a pas de mouvement atmosphérique à Menton ; que renfermé par les montagnes l'air y est stagne. C'est une erreur météorologique grossière, comme nous l'avons vu. Non seulement les vents du sud entrent sans obstacle, et balaient tout l'amphithéâtre pour monter, escalader les flancs des montagnes, et s'échapper par-dessus leurs cimes, mais les vents du nord eux-mêmes, comme nous venons de le voir, y arrivent les jours de tempête. En outre il y a un mouvement, une circulation perpétuels de l'atmosphère, indépendamment de l'action des grands vents. Le jour quand il fait beau il y a une brise de mer, soufflant toute la journée, qui est remplacée toute la nuit par une brise de terre venant de la montagne. Il y a donc un mouvement de va et vient continuel, qui renouvelle l'atmosphère deux fois dans les vingt-quatre heures.

Selon l'amiral Smyth, qui a écrit un ouvrage très estimé en Angleterre sur la Méditerranée (1), les vents prédominants dans cette mer sont ceux qui soufflent de l'ouest par le nord au nord-est, pendant deux tiers de l'année, de mai en février. Pendant les mois de février, mars et avril, au contraire ce sont les vents du sud-est et du sud-ouest qui prédominent. Mon expérience de vingt ans sur le rivage et dans l'amphithéâtre de Menton ne s'ac-

---

(1) La Méditerranée, Mémoire physique, historique et nautique par Admiral W. H. Smyth. Parker, Londres, 1854.

corde que partiellement avec cette assertion. En octobre et pendant la première partie de novembre les vents du sud-ouest me semblent prédominer, et amener les fortes pluies d'automne. Plus tard les vents du nord semblent prendre le dessus, et régner, habituellement, avec quelques interruptions temporaires, jusqu'aux mois du printemps, mars et et avril. A cette époque les vents du sud-ouest et du sud-est semblent prendre de nouveau le dessus, et donnent lieu aux coups de vents, aux tempêtes et aux pluies de mars-avril. La prédominance des vents du nord pendant les quatre mois d'hiver, dans les années ordinaires, est la vraie clef du climat d'hiver comme je l'ai déjà énoncé. Pendant les quatre mois froids de l'hiver, novembre, décembre, janvier et février, la barrière montagneuse protège l'amphithéâtre contre ces vents du nord. Pendant le printemps, mars et avril, les vents du sud qui règnent d'habitude, et qui entrent dans l'amphithéâtre sans entraves, amènent avec eux une chaleur douce et des pluies bienfaisantes.

Ainsi que je l'ai dit, les vents du midi, auxquels Menton est ouvert en plein, qu'ils apportent de la pluie ou non, sont toujours doux, même chauds, parce qu'ils viennent de la mer, et de pays plus chauds que le continent de l'Europe. Le vent du sud-est, ou le sirocco, le fléau de la Sicile, de l'Italie méridionale et de la Sardaigne, a perdu son caractère pernicieux, allanguissant quand il est arrivé à Menton. Prenant son origine dans les déserts de l'Afrique, il quitte le rivage de ce continent comme un vent sec et brûlant, et s'imbibe d'humidité en traversant la Méditerranée. Quand il arrive aux rivages de l'Italie méridionale et de la Sicile, il est empreint de ces deux caractères, chaleur et humidité, et on le craint beaucoup. Quand il arrive à Menton, toutefois, il a traversé les Apennins et les hautes montagnes granitiques de la Corse, dont les cimes les plus élevées sont couvertes de neige éternelle. Il est devenu, par conséquent, beaucoup plus frais que dans le midi ou le centre de l'Italie. Quelquefois pendant l'hiver, surtout en mars, comme nous l'avons vu, ce vent peut même arriver dans l'amphithéâtre de Menton tellement refroidi par la grande quantité de neige qui alors recouvre les chaînes montagneuses de la Corse, qu'il y tombe des pluies froides ou de la neige. Les seules et rares occasions auxquelles j'ai vu la neige tomber dans l'amphithéâtre même de Menton, jusqu'au niveau de la mer, se sont produites sous l'influence de ces conditions météorologiques.

Il est prouvé par la géologie qu'il y eu une époque à laquelle le désert de Sahara était couvert par la mer, ce qui a pu être une des conditions qui ont contribué à la descente des glaciers alpins, jusque dans les plaines de la Lombardie et jusqu'à la Méditerranée. Dans ce temps-là le sirocco, ou vent de sud-est, ne devait pas présenter les mêmes caractères, avoir la même influence calorifiante qu'à présent. Quand cette mer disparut, probablement par exhaussement, et quand le désert de Sahara, tel que nous le voyons, apparut, le sirocco dut se manifester et avoir contribué à dissoudre les glaciers du nord de l'Italie. M. Lesseps, le héros de l'Isthme de Suez, a récemment proposé de ramener la Méditerranée dans le désert, et d'en changer, de nouveau, une partie en mer. Ce but dit-il serait atteint en ouvrant un canal très court au golfe de Gabès, ou petit Syrte, au-dessous de Tunis. Il est certain qu'au sud des monts Atlas, dans les régions occupées en partie par les chotts, ou marais salins, il y a une grande étendue du désert qui est au-dessous du niveau de la Méditerranée. Ce projet est tout à fait exécutable, mais il me semble que les résultats pourraient être désastreux pour le climat de l'Europe (1).

En lisant l'ouvrage de l'amiral Smyth, j'ai été frappé de l'accord qui existe entre mes observations sur les vents qui règnent dans cette partie de la Méditerranée occidentale, et celles faites par les Grecs, il y a deux mille ans, observations qu'il cite. Il y a encore à Athènes une espèce de tour ou observatoire, que j'y ai vue moi-même, construite par l'architecte astronome Andronicus Cyrrhesthes. Cette tour a survécu à toutes les épreuves et à toutes les catastrophes, à tous les désastres de ce long laps de temps, à plus de vingt siècles, car elle fut probablement élevée cent cinquante ans avant notre ère. La tour est octogonale de forme, et indique par des statues symboliques, les huit points du compas alors reconnus avec la qualité réputée des vents au méridien de l'Attique.

(1) Rapport à M. le Ministre de l'Instruction publique sur la mission des Chotts, études par le capitaine Roudaire, 8°, Paris, Imprimerie nationale, 1877. Ce mémoire très intéressant résume toute cette question.

VENTS DE MER ET DE TERRE

Outre les vents polaires, équatoriaux et locaux, le plus souvent quand il fait beau, et que le soleil brille avec force dans l'amphithéâtre de Menton, il y a une brise de mer très prononcée, pareille en tous points à celle que l'on voit sur le rivage des mers dans les pays tropicaux. L'air devenant chaud se raréfie dans le bassin montagneux, à mesure que la journée s'avance et que le soleil prend de la force, et s'élève, et l'air plus froid de la mer se précipite pour remplir le vide, pour prendre sa place. Mais pour qu'une forte brise de mer se manifeste de la sorte, en hiver, il faut qu'il y ait un vent du nord soufflant derrière et par-dessus la cime des montagnes. Quand il en est ainsi le matin, avant dix ou onze heures, ce vent du nord ne descendant à la mer qu'à quelque distance du rivage, celle-ci près de la terre reste calme ou presque calme. La brise de mer, qui à partir de dix ou onze heures se précipite vers la terre pour remplacer l'air raréfié, pousse devant elle les vagues courroucées qui existaient déjà au large, et la mer devient peu à peu agitée. Cette forte brise de mer n'est guère autre chose que le vent du nord dominant, qui, passant par-dessus les montagnes, était retombé sur la mer à plusieurs kilomètres de la côte. Il est tout bonnement ramené au rivage par suite de la raréfaction terrestre. C'est un vent du nord en retour, quoiqu'il paraisse venir du sud-ouest ou du sud-est.

Il est très important de se rappeler ce fait. La plupart des observateurs qui ont écrit sur le climat de la Méditerranée septentrionale prennent ce vent du nord *en retour* qui règne pendant les journées de soleil, comme un vrai vent du sud, erreur qui fausse toutes leurs notions météorologiques et climatologiques.

Quand l'atmosphère est tout à fait calme dans les hautes régions atmosphériques aussi bien que dans celles qui sont inférieures, le calme du matin se continue toute la journée. Dans ce cas, il n'y a ni un grand vent, ni une mer tumultueuse que la chaleur terrestre puisse ramener à la côte. En hiver, la chaleur terrestre et la raréfaction de l'air qui s'en suit, ne sont pas assez développées pour créer « le petit mousson », comme on l'appelle dans les tropiques, que je décris, quand il y a un calme atmosphérique complet. Il me fallut des années d'études pour en arriver à comprendre clairement ces faits : pourquoi le calme plat du matin un jour continuait toute la journée, tandis que le lendemain le calme plat du matin était remplacé, à onze heures, par une mer furieuse avec vent de mer assez fort; et cela quand les conditions atmosphériques semblaient identiques, même soleil brillant, même atmosphère et ciel purs et tranquilles. Néanmoins, c'est bien simple, quand on en a l'explication.

L'hiver la brise de mer, faible ou forte, règne depuis onze heures à trois. En été, elle commence beaucoup plus tôt, à huit heures me dit-on. Le rivage de la mer est donc, à Menton, décidément venteux, et en hiver ce vent de mer est souvent froid, car c'est tout simplement un vent du nord en retour, qui a passé au-dessus de nos têtes et a été forcé de rebrousser chemin. C'est un fait que les malades ne doivent pas perdre de vue. Ils doivent se rappeler que cette brise de mer qui a l'air de venir du midi et qui leur caresse agréablement la figure, un beau jour de soleil, est peut-être un vent cruel et traître du nord, ramené de la mer par la chaleur, et dont il faut bien se défier. On peut éviter entièrement ce vent du nord de retour en quittant le rivage et en pénétrant pour les promenades dans les nombreux ravins et vallées qui occupent le centre de l'amphithéâtre, et qui sillonnent les flancs de toutes les montagnes. Dans la baie orientale la brise de mer est toujours beaucoup moins prononcée que dans la baie occidentale, par suite de l'absence de grands plateaux capables d'être chauffés ; la côte y monte à partir de la mer, le rivage n'étant réellement qu'une lisière, qu'une simple corniche. Du reste cette brise de mer, quelle qu'en soit la nature ou la force, n'est guère dangereuse que pour les malades et ils peuvent toujours l'éviter dans leurs promenades. Les gens bien portants peuvent l'affronter sans crainte.

Il ne faut pas oublier non plus que le vent est un purificateur, un désinfecteur de la nature, qu'il est nécessaire au bien-être de tous les êtres vivants, animaux et plantes ; un endroit où le vent ne pénétrerait pas, deviendrait bien vite pestilentiel, surtout dans un climat méridional.

Comme je l'ai déjà expliqué, cette brise de mer

qui amène dans l'amphithéâtre de Menton tous les jours une masse énorme d'air pur, tant quand le vent est au nord que quand il est au sud, modifie par son humidité la sécheresse de l'air, fait important pour les malades. Aussi à Menton à moins qu'il n'y ait un ouragan du nord, et alors même seulement pendant quelques heures, la sécheresse n'est presque jamais extrême.

Le vent « qui descend de la montagne » la nuit, et qui remplace le vent de mer, contribue encore à assainir le pays. Il n'y a pas d'air plus pur que celui qui vient de la mer, et que celui qui descend de hautes montagnes. L'amphithéâtre de Menton est ainsi placé entre un va-et-vient continuel et journalier de vents purs. Ainsi, on y respire constamment, jour et nuit, un air aussi pur qu'on puisse en trouver sur la terre à moins qu'on ne le dénature, qu'on le rende pestilentiel, en habitant des chambres mal ventilées, comme le font malheureusement tant de personnes saines ou malades !

Entre le vent de mer le jour et le vent de terre la nuit, il y a matin et soir, une période de calme que les marins italiens d'aujourd'hui appellent *bonaccia*, parce qu'elle est dépourvue de danger. Leurs prédécesseurs les Romains, moins craintifs, il paraîtrait, l'appelaient *malaccia* parce qu'elle donnait lieu à des délais ennuyeux. Cette période de calme a lieu en hiver entre huit et onze heures le matin, et entre trois et six le soir, ou à peu près, selon la longueur de la journée et selon la force du soleil. Les malades doivent surtout choisir le calme matinal pour se promener sur le rivage.

Ceux qui se portent bien, les personnes saines et vigoureuses n'ont pas besoin d'y faire attention. Pour elles une promenade en plein vent, si elles sont chaudement habillées, est un agrément dont elles ne sont nullement tenues de se priver. Une des jouissances de la jeunesse, que je regrette, ce sont les promenades en plein vent sur les falaises de la Manche. C'était pour moi un plaisir inexprimable que de lutter avec un vent puissant ou de l'accepter comme un ami, qui vous pousse devant lui. Hélas! « *tempora mutantur.* »

Le vent qui « descend de la montagne » la nuit est le plus souvent à peine perceptible, surtout en hiver. Parfois, cependant, par suite de changement subit entre la température de la terre et celle de la mer, les vents de terre descendent subitement et avec une grande impétuosité, n'importe à quelle heure, comme dans toutes les parties de la Méditerranée bordées de grandes montagnes. De là l'emploi universel de voiles triangulaires, dites latines, attachées aux mâts de manière à ce qu'on puisse les lâcher instantanément. Ce sont les voiles usitées dans les xebecs, felouques et autres petits vaisseaux et barques dont on se sert sur les rives de cette mer, exposées à l'influence de ces bourrasques.

Ce vent de terre qui descend des hautes montagnes le soir, au coucher du soleil, est nécessairement froid, ce qui explique la chute soudaine du thermomètre à cette heure de la journée. A Menton cet abaissement du thermomètre au coucher du soleil est plus grand dans la baie occidentale que dans la baie orientale, de plusieurs degrés. Celle-ci étant séparée de la haute montagne par le contrefort à l'extrémité duquel est construit la ville de Menton, est protégée contre cette chute d'air froid. Aussi jouit-elle d'une température plus élevée la nuit que la baie occidentale. C'est surtout au moment des grands froids européens que cette différence en sa faveur est sensible. Dans la baie occidentale, la vallée de Gorbio jouit du même avantage. La colline de Santa-Lucia la protège de la même manière, mais pas si efficacement. La végétation luxuriante et hâtive de la vallée de Gorbio indique une protection exceptionnelle, même pour le pays. Les grands ravins de la baie occidentale sont des espèces d'entonnoirs communiquant avec les hautes montagnes, par lesquelles l'air froid descend comme l'eau. Dans le lit de ces ravins la température tombe toujours à plusieurs degrés plus bas que sur les bords. Aussi l'on y voit quelquefois en hiver des flaques d'eau gelée quand le thermomètre est à plusieurs degrés au-dessus de zéro sur les bords et ailleurs.

En été les courants frais qui descendent la nuit de la montagne contribuent, avec la brise de mer le jour, à diminuer la chaleur, et à rendre la température moins élevée et plus uniforme que dans l'intérieur des terres aux mêmes latitudes. Aussi la température d'été est rarement au-dessus de 27°, tandis qu'à Paris, et même à Londres, la température monte plus haut presque tous les étés. D'un autre côté, pendant les mois de juin, juillet, août et septembre, il y a peu de différence entre les températures maxima et minima. C'est cette uniformité de température, jour et nuit, qui rend le climat pénible en été. Dans le nord-ouest de l'Europe les nuits sont presque toujours fraîches, en plein air ; aussi se remet-on la nuit de la chaleur du jour. Une chaleur uniforme jour et nuit, même lorsqu'elle n'est pas très élevée, devient bientôt très accablante et occasionne, à la longue, les maladies des pays chauds. Ainsi à Singapore en Asie, sous l'équateur, la température toute l'année n'est que de 28 à 30°, jour et nuit, ni plus élevée, ni plus basse. Néanmoins c'est un climat pernicieux pour la race caucasique, dans lequel se développent toutes les maladies des pays chauds.

DIRECTION DES VENTS

Il est très difficile de reconnaître, à Menton, de quel côté vient le vent dominant quand le calme existe dans les couches atmosphériques inférieures, ou quand des courants du nord-est ou du nord-ouest sont détournés par les montagnes qui forment la baie. Quand il en est ainsi et sous l'influence aussi, de la brise de mer, toutes les girouettes se dirigent au sud, quand en réalité, le vent qui prédomine, et qui règle le temps et le climat, vient du nord. Toutes mes premières observations furent faussées par la non-reconnaisance de ces faits, et je pense que la plupart de celles qui ont été publiées ont peu ou point de valeur par suite de cette même erreur. Très souvent ce n'est qu'en consultant les thermomètres hygrométriques que je puis résoudre mes doutes quant à la direction du vent. Ils sont d'une très grande utilité, car les vents au nord sont essentiellement secs, et ceux du sud sont essentiellement humides.

Le fait que souvent les grands vents du nord-est contournent pour entrer dans la baie de Menton comme des vents du sud-est, tandis que les grands vents du nord-ouest contournent pour entrer dans la baie comme des vents de sud-ouest, ainsi que la brise de mer journalière, tout contribue à donner aux vents quels qu'ils soient l'apparence de vents du sud presque continuels. Cette erreur comme je l'ai dit a été commise par presque tout le monde. Un auteur très recommandable a même publié qu'après des années d'observations il en était venu à noter le vent du sud comme existant à Menton plus de trois cents jours dans l'année ! Je dois ajouter aussi que, dans l'amphithéâtre de Menton, il y a beaucoup de courants locaux, de tourbillons qui sont insignifiants par rapport au temps et au climat quoiqu'ils agissent sur les girouettes. Ce sont les courants supérieurs seuls qui règlent et déterminent le temps et le climat, et on ne peut s'assurer de leur direction qu'en examinant avec soin la position et la direction des nuages par rapport aux cimes des plus hautes montagnes. Les girouettes locales ne servent absolument à rien et il est tout à fait inutile de les consulter ; on ne peut pas se baser sur elles.

Un autre fait important qui augmente la difficulté de décider de quel côté vient le vent supérieur, c'est que, constamment, on voit deux vents souffler en même temps de points différents de l'horizon, du sud et du nord, et cela par un très beau temps. On peut même dire que la Rivière de Gênes est un vrai champ de bataille, où les vents du nord et les vents du sud se rencontrent constamment, pour se livrer un combat à outrance, et que le temps qu'il fait dépend de celui qui remporte la victoire.

CLIMAT DE L'ENCEINTE DE MENTON

Le climat de l'amphithéâtre de Menton et de la Rivière en général, est un exemple typique de ce que les botanistes appellent la « zone tempérée chaude ». Les plantes que la gelée au nord détruit l'hiver y continuent à vivre indéfiniment, y deviennent vivaces et beaucoup de plantes inconnues à la flore du nord y apparaissent. C'est le climat de la Méditerranée, mais de ses régions les plus favorisées. En Italie par exemple il faut atteindre les régions les plus méridionales pour trouver la même immunité du froid. Sur les rives méridionales de la Méditerranée, dans l'Algérie, dans la Tunisie il y a la même immunité habituelle de la gelée, mais par suite de la présence des monts Atlas et de la persistance des vents du nord l'hiver, il y a là, aussi bien qu'en Europe, des pluies fréquentes et fraîches pendant une grande partie de cette saison.

Menton est aussi plus chaud, plus protégé contre les vents du nord que sa voisine Nice, ou que Cannes, quoique les caractères généraux du climat soient les mêmes. En effet les trois villes sont trop voisines, situées seulement à quelques kilomètres de distance, pour que les conditions climatologiques ne soient pas à peu près les mêmes. C'est la situation d'arbres fruitiers dans un même verger, dans une même région. Ceux qui sont plantés le plus près des murs, et des murs les plus élevés, seront ceux qui seront le mieux protégés. A Nice il y a des positions, telle que Cimiez, Carabacel, Villefranche, qui sont plus à l'abri que la ville même, et qui se rapprochent d'autant de Menton. Il en est de même à Cannes.

Il est bon de savoir et de se rappeler, que dans un tel climat, dans la zone tempérée chaude, *on n'évite pas l'hiver*. Les descriptions du climat d'hiver de Nice, de Cannes, d'Hyères, de Menton, et de l'Italie en général, que l'on trouve dans la plupart des livres de voyage, ne sont que des fictions poétiques. Le printemps éternel, l'été perpétuel, l'atmosphère douce et embaumée du Midi, que l'on décrit sous des termes si enthousiastes n'existent que dans l'imagination des auteurs. Quoiqu'il y ait tant de soleil, tant de belles journées une immunité si grande de brouillard et de pluie fine et froide, on est toujours sur le continent de l'Europe, avec des milliers de kilomètres de froid, de neige, de glace derrière soi, entre soi et le pôle nord. L'hiver règne ; il faut se résigner à affronter le vent, la pluie, une atmosphère fraîche, de temps en temps froide, avec de la neige sur les montagnes, et parfois même des paillettes de glace dans les endroits exposés sur le littoral.

Puisqu'il en est ainsi, le voyageur malade doit s'y préparer. Autrement s'il s'attend à trouver un Eldorado, un soleil perpétuel, une nature toujours souriante, il est désappointé. D'après mes études, mes lectures, mes voyages et mon expérience personnelle, je pense qu'un beau temps non interrompu, et une absence complète de froid jour et nuit en hiver, ne se trouvent pas dans les zones tempérées de l'hémisphère boréal. Pour les trouver il faut traverser l'équateur et descendre à l'hémisphère austral. Si donc un tel climat est nécessaire pour un malade il doit se diriger vers ces régions, ou du moins vers Madère qui est la station qui s'en rapproche le plus dans notre hémisphère. On ne le trouvera pas dans la Méditerranée. Aux antipodes, en Australie, à la Nouvelle-Zélande, au cap de Bonne-Espérance, à Buenos-Ayres, on trouve véritablement l'été, au moment même où règne notre hiver.

La présence de Citronniers, d'Orangers, de Géraniums, d'Héliotropes, de Verveines, de Roses, fleurissant pendant tout l'hiver, n'indique pas nécessairement l'absence du froid, mais seulement l'absence de la gelée, là où ces fleurs continuent à fleurir sans cesse. Ce fait est bien connu de tous ceux qui ont des serres ou des jardins d'hiver au Nord. Une fois que les plantes rassemblées de tous les climats, qui font d'une serre d'hiver à Paris ou à Vienne un lieu si ravissant, sont en fleur, il leur faut peu de chaleur. Les jardiniers savent bien que, même s'il faut un certain degré de chaleur pour les faire arriver à ce point, dans les serres de travail, destinées à leur culture, une température un peu basse prolonge la floraison et la rend plus belle dans la serre de montre. Les Primevères de Chine, les

Bruyères du Cap. Les Épacris, les Camélias, les Azalées, les Correa, les Chorozemas, les plantes bulbeuses, continuent à ouvrir leurs fleurs, et à se bien porter à une température nocturne de 5° ou 6° centigrades. C'est la gelée qu'elles craignent.

A quelques kilomètres de Menton, à Bordighera, il y a des forêts de Palmiers pleins de vie et de santé que tous les voyageurs regardent comme la preuve d'un climat presque tropical. Il en est de même des beaux Palmiers de la place d'Hyères, qui ont fait la fortune de cette jolie petite ville. Il n'en est rien cependant, car ce Palmier, le *Phœnix dactylifera*, peut supporter plusieurs degrés de froid, et une température nocturne de 5° à 6° centigrades pendant plusieurs mois l'hiver. Ces Palmiers viennent bien sur toute la Rivière de Gênes, pourraient être partout cultivés, et le seraient si leur culture était profitable. Mais ce n'est qu'à Bordighera qu'on peut en tirer un revenu, et cela parce que les habitants de ce pays ont le monopole de la fourniture de feuilles de Palmier pour Rome le dimanche des Rameaux.

Sur la Rivière, ils ne produisent pas de fruits bons à manger, si ce n'est dans des situations exceptionnelles comme dans mon jardin, à Grimdaldi, un vrai four l'été, où j'ai vu des dattes mûrir parfaitement. Sur la Rivière de Gênes en général la chaleur de l'été n'est pas assez grande. Il leur faut celle de la côte orientale de l'Espagne, celle de l'Égypte, ou celle du désert de Sahara. Même en Égypte les Arabes ont l'habitude de mettre les dattes sucrées dans des vases, et de les enfouir dans le sable pour achever la maturation. Dans l'Espagne méridionale, dans la province de Murcie surtout, on cultive une datte farineuse, qui se mange comme aliment, et que l'on voit sur tous les marchés. A Elche, à moitié chemin entre Alicante et Murcie, j'ai vu une forêt qui a 15 ou 20 kilomètres de tour, uniquement composée de splendides Dattiers (*P. dactylifera*). C'est bien beau ! je n'en ai pas vu de semblable en Algérie. Un compagon de voyage avait vécu vingt ans dans les Indes sans en avoir vu de pareille.

On peut comparer le Datier dans le midi de l'Europe au Châtaignier doux dans le nord. Comme arbre, il vient très bien, mais le fruit est insignifiant, sans valeur. Le centre et le midi de l'Europe seuls ont une chaleur estivale assez forte pour permettre au fruit d'arriver à la perfection. La présence de beaux Châtaigniers dans nos climats n'indique donc pas que le climat soit chaud ; j'ai vu de très beaux châtaigniers jusque dans le centre de l'Écosse, mais ils ne mûrissaient pas leurs fruits. Il en est de même des Dattiers dans le Midi.

La proximité de la mer exerce une influence considérable sur le climat de Menton, car la température de l'eau de la Méditerranée n'est jamais très basse, à peu près à 13° ou 14° centigrades pendant tout l'hiver. Par suite de cette influence calorifiante, quand le soleil est obscurci et que la température atmosphérique est basse, la mer, vrai réservoir de chaleur, chauffe l'air. Il fait alors plus chaud sur le bord de la mer que sur la montagne. Quand, au contraire, comme cela arrive le plus souvent, le soleil brille, l'évaporation qui a lieu refroidit l'air au niveau de la mer, et il y fait plus frais que sur les collines et sur les basses montagnes. Il y a des endroits très protégés, comme dans les environs du village de Castellar (qui a une élévation de 400 mètres), dans lesquels, par suite de la concentration et de la réverbération des rayons du soleil, le climat est si exceptionnellement chaud que les Violettes et les Anémones apparaissent dix jours plus tôt que dans les endroits les plus protégés au niveau de la mer.

LE CLIMAT D'ÉTÉ DE L'ENCEINTE DE MENTON

Le climat d'été de Menton, et de la Rivière de Gênes en général, peut, comme nous l'avons vu, se comparer avantageusement avec celui du midi de la France et de l'Italie méridionale. Il est plus frais par suite de la brise de mer qui souffle le jour, et du vent de la montagne qui descend à la côte la nuit ; tous les deux rafraîchissent l'atmosphère. D'un autre côté, comme je l'ai déjà dit, pendant plusieurs mois la température varie peu du jour à la nuit. Dans les tropiques sur le bord de la mer, dans les Indes occidentales par exemple, il y a cette brise de mer qui rend le climat très supportable, agréable même pour quelques personnes ; mais elle n'empêche pas la température élevée de produire ses effets physiologiques et pathologiques ordinaires sur l'économie humaine.

Quand l'air est immobile et humide, la chaleur est difficile à supporter ; la transpiration insensible s'accumule sur la peau, et n'est pas enlevée. C'est ce qui rend la chaleur désagréable l'été dans les îles Britanniques, car l'air y est presque toujours plus ou moins saturé d'humidité. Quand, au contraire, il y a un léger vent qui fouette le corps, comme il y en a presque toujours sur le bord de la mer pendant les chaleurs, la transpiration est enlevée, absorbée, à mesure qu'elle se forme, et le corps est ainsi refroidi par évaporation.

Je me suis trouvé une fois vers la fin d'avril, sur le bord du désert de Sahara en Algérie, à Teniet-el-Haïd et ses environs, par une chaleur de 36° c. sans aucune sensation pénible. Mais moi et mes compagnons nous étions toujours en nage, et un vent sec du désert, le vrai siroco, évaporait constamment la sueur qui coulait sur la peau, et nous rafraîchissait ainsi. Une autre fois, je me suis trouvé, à bord d'un bateau à vapeur sur le Danube, à la même température. La chaleur était insupportable à moins qu'on ne se plaçât à l'avant du navire. Dans cette position, le courant d'air que notre course rapide occasionnait produisait sur nous le même effet. Il est certain que ce qui rend le climat de Menton en été pénible, fatigant pour la plupart des personnes, ce n'est pas tant le degré élevé de la chaleur que sa continuité, nuit et jour, pendant plusieurs mois ; de la fin de mai, jusqu'à la fin de septembre.

STATION D'ÉTÉ

Avec ces conditions climatologiques, je ne conseille pas aux malades de passer l'été à Menton, quoique les personnes bien portantes puissent le faire et s'en bien trouver. Si les malades du Nord ne désirent pas rentrer chez eux en été, le meilleur parti à prendre s'ils habitent un climat sain et frais, ils devront chercher un refuge contre la chaleur estivale de l'Europe centrale et méridionale dans quelque station de montagne. Depuis quelques années, on a fondé dans les montagnes qui avoisinent Nice, à six heures de chemin de cette ville, une station, Saint-Martin Lantosque, qui semble réunir les indications voulues, fraîcheur de température et air sain. Plus loin, il y a encore Saint-Dalmas dans les Alpes-Maritimes, et la Grande-Chartreuse près de Coni en Piémont. Plus loin encore, il y a le Grand-Cormayeur, situé dans une vallée abritée et pittoresque, sur le versant sud du mont Saint-Bernard, près d'Aoste Il y a des eaux sulfureuses dans cette station très fréquentée par les habitants de Turin. Au-dessus des lacs Majeur et Lugano on trouve dans la haute montagne une station assez fréquentée, celle de Monte-Generoso.

J'ai cherché un refuge dans la Corse, qui est en communication hebdomadaire avec Nice, mais, jusqu'à présent, sans succès. Le beau climat, frais en été, existe à la haute montagne, mais il n'y a pas d'habitations. Les Corses ne semblent pas sentir eux-mêmes le besoin de la fraîcheur de la haute montagne l'été; ce n'est pas leur habitude d'y aller. Ils se contentent de leurs stations d'eaux minérales, telles que Guagno, Orezza, et de la fraîcheur relative des forêts de Châtaigniers qui les entourent.

Plusieurs des montagnes qui environnent Menton immédiatement ont une élévation de 1,300 mètres, et on pourrait y arriver facilement en quelques heures, par de bons sentiers de mulet : l'Aiguille et le Grand-Mondo par exemple. Il y a sur ces montagnes de beaux plateaux, de belles forêts de Pins, et il semblerait qu'un hôtel ou une pension de montagne, qui y serait admirablement bien placé, serait un refuge délicieux contre la chaleur et ferait de bonnes affaires. En Suisse on l'aurait bientôt établi.

Je me demande toutefois si les nuages que j'ai vus tous les jours en juin 1878 s'accumuler sur ces cimes élevées dans l'après-midi y sont constants. Dans ce cas, ce serait peut-être une contre-indication. Mon confrère et ami le docteur Farina de Menton s'occupe, dans ce moment, de fonder une station de montagne au-dessus de la vallée de la Nervia, au delà d'Acqua-Dolce, à une grande élévation, dans un endroit charmant, me dit-il. Je lui souhaite tout le succès possible, car un tel refuge d'été, établi dans de bonnes conditions hygiéniques et sociales, serait un bienfait pour Menton.

Il est bien à désirer qu'il y ait des stations de montagne facilement accessibles dans le voisinage immédiat de cette ville, des stations où les malades qui y ont passé l'hiver, et qui veulent revenir, pourraient se réfugier pendant l'été. Les localités où on peut trouver ce refuge contre les grandes chaleurs existent, avons-nous dit, dans les environs de Menton, comme en Corse, mais à présent, comme en Corse, elles sont abandonnées aux bergers et à leurs troupeaux. Les habitants de Menton eux-mêmes prolongeraient leur existence si, au lieu de rester tout l'été dans leur ville torréfiée, ils prenaient l'habitude d'aller chercher la fraîcheur à leurs montagnes, en Suisse ou en Tyrol.

STATIONS D'ÉTÉ EN SUISSE

La Suisse est parsemée de stations de montagne, à des élévations plus ou moins grandes, où on peut échapper aux chaleurs de l'été continental. L'été dernier (1878), j'y ai passé six semaines à étudier ces stations de montagne. Dans les environs du lac de Genève, il y en a plusieurs qui sont charmantes. Au-dessus de Clarens et de Vevey, il y a Glion et les Avants; au-dessus d'Aigle (vallée du Rhône), il y a Corbeyier, Villard, Grand Muverain, les Diablerets et la Rossinière ; de l'autre côté de la vallée du Rhin, il y a Champery et Morgins.

Au bord et dans les environs du lac de Lucerne, il y a Burgenstock, Axenstein, Axenfels, Sonnenberg, Engelberg, Righi-Culm. Dans les environs du lac de Thun, il y a Giesbach, Weissenberg, St. Beatenberg et Gurnigel.

Dans le canton de l'Engadine il y a plusieurs stations très fréquentées aujourd'hui dans la haute montagne : Saint-Moritz, Davos, Pontresina. Elles sont toutes les trois à une grande élévation.

Si ceux qui ont passé l'hiver sur la Rivière de Gênes se décident à chercher la fraîcheur dans la Suisse pendant l'été, ils doivent quitter les bords de la Méditerranée vers le milieu de mai, mais pas avant. C'est à grand tort que l'on quitte le Midi plus tôt, allant en Suisse. Tous les lacs, Genève, Lucerne, Thunn, Constance, sont à trois ou quatre cents mètres au-dessus de la mer, et il peut y faire très froid et humide jusqu'au milieu du mois de mai. Aussi les malades qui y arrivent trop tôt peuvent perdre, en quelques jours, tout le bénéfice de plusieurs mois de soins au midi. Il y a une foule de beaux endroits et de beaux hôtels autour de ces lacs. On peut y rester jusqu'à ce que la chaleur commence à se faire sentir, au mois de juin; alors on peut monter aux stations de montagne. Il faut choisir d'abord une station peu élevée, et puis, à mesure que la chaleur arrive, en juillet et août, on monte à des stations plus élevées pour descendre de la même manière en automne. Il y a partout des hôtels et des pensions à des prix raisonnables. On a construit dans beaucoup de ces stations des hôtels somptueux, qui sont nécessairement coûteux, mais les petits hôtels et pensions d'autrefois sont toujours là, dans les mêmes conditions que primitivement. Aussi ceux qui regardent à la dépense n'ont qu'a laisser de côté les hôtels-palais des touristes modernes, et à se rabattre sur les établissements que fréquentaient leurs pères.

Pour ceux qui souffrent de maladies de poitrine, et ce sont ceux-là surtout qui viennent passer l'hiver au Midi, les grandes chaleurs l'été, sont aussi pernicieuses que les grands froids l'hiver. Il en est surtout ainsi dans la Phthisie pulmonaire. Le malade ne doit pas vivre dans une température au-dessus de 21° ou de 22° centigrades, et cette température ne s'obtient, pendant les chaleurs ordinaires de l'été dans l'Europe continentale, qu'en quittant les plaines pour s'élever à une hauteur considérable dans les montagnes, à 1,300 mètres au moins.

Il y a toutefois des risques à courir en tâchant d'échapper ainsi à la chaleur. Si l'été est sec et beau dans ces pays montagneux, tout va bien ; l'air de la montagne est pur et tonique, le paysage est enchanteur, et la santé s'améliore rapidement. Mais, si un temps de pluie survient, comme cela arrive souvent, les stations de montagne sont de suite enveloppées dans des nuages (brouillards), et peuvent continuer à être ainsi enveloppées pendant des semaines entières. Un tel état de choses est très pernicieux pour les phtisiques. D'un autre côté, le malade se trouve au milieu de touristes sains, enthousiastes, avides d'explorer les beautés majestueuses des Alpes qui les entourent, qu'ils sont venus voir et admirer. Leur exemple est contagieux, et il est bien difficile pour les personnes les plus raisonnables de ne pas se laisser entraîner, de ne pas se laisser aller à faire plus qu'il n'est prudent ou à désirer.

J'ai connu beaucoup de personnes convalescentes qui, sous l'influence de l'une ou de l'autre de ces causes, et par suite de maladies accidentelles qu'elles ont déterminées, ont eu des rechutes graves. C'est le souvenir de ces cas malheureux qui me fait conseiller aux personnes que j'ai soignées pendant l'hiver, surtout les grands malades, de laisser là les voyages de plaisir, pour des temps plus heureux, et de remonter tranquillement au

Nord, s'ils le peuvent. Je conseille aux Français de passer l'été sur les côtes de la Normandie ou de la Bretagne (Dieppe, Étretat, etc.) ; aux Belges et aux Allemands du nord, je recommande les côtes de la Belgique (Ostende, etc,) ; aux indigènes des îles Britanniques leur propre pays ; ou, à tous, une campagne fraîche quelconque, s'ils peuvent la trouver avec une température au-dessous de 22° centigrades.

Depuis quelques années, on envoie beaucoup de malades dans l'Engadine passer l'hiver à la très haute montagne, à Davos (2,000 m.) à Saint-Moritz (2,100 m.) à Pontrésina (1,800 m.). Il me semble que les idées qui dirigent ce mouvement médical ne sont guère qu'une réaction contre les idées d'autrefois. Il y a vingt ans encore, l'on envoyait les phthisiques dans les pays chauds, aux Indes orientales et occidentales, à Madère, pour conjurer une maladie que l'on regardait, et que beaucoup de personnes regardent encore, comme inflammatoire. Cette doctrine est maintenant discrédité aux yeux de beaucoup de médecins, et je pense pouvoir dire que j'ai contribué à l'affaiblir (1). Pour moi, et pour ceux qui acceptent ces idées, la Phtisie contient bien l'élément inflammatoire, mais cet élément est absolument secondaire. Ce qui domine l'état pathologique, c'est une faiblesse organique, un défaut de vitalité auxquels il s'agit de remédier. On y parparvient, quand c'est possible, par un traitement

---

(1) *Recherches sur le Traitement de la Phthisie pulmonaire par l'Hygiène, les Climats et la Médecine dans ses rapports avec les doctrines modernes.* 1 vol. in-8°, reproduit par l'auteur sur la troisième édition anglaise. Asselin, Paris.

tonique général qui comprend l'alimentation, l'hygiène, les climats, la médecine. En exagérant ces idées, on est arrivé à envoyer les malades dans les glaces et les neiges des hautes Alpes « au cœur de l'hiver». Pour moi, c'est tout simplement«la pendule doctrinale », qui remonte du côté opposé qui ne peut ou ne veut s'arrêter au juste milieu.

Au mois d'août dernier (1879), j'ai lu un mémoire au Congrès médical britannique qui s'est réuni à Cork, en Irlande, « sur l'influence du climat des montagnes sur le traitement de la Phtisie pulmonaire ». M'appuyant sur des statistiques rédigées par le Dr Emile Müller intitulées : *Der Verbreitung der Lungenschwinddsucht in der Schweitz,* Winterthur, 1876, j'ai prouvé qu'on mourait de phthisie sur les montagnes de la Suisse jusqu'à une hauteur de 1,500 mètres dans des proportions presque aussi grandes, pour les occupations industrielles, que dans les plaines. M'appuyant aussi sur le grand et précieux ouvrage récemment publié du docteur Lombard de Genève : *Traité de climatologie médicale,* Baillière, Paris, 1877, j'ai prouvé que dans les régions les plus froides de la Russie, dans le gouvernement d'Arkangel, la mortalité par cause de phthisie était énorme, de 18 pour 100, tandis qu'elle n'est que de 12 à Londres.

Ainsi la diminution de la pression barométrique et le froid extrême ne préservent pas de la phthisie pulmonaire. Voyant s'écrouler l'échafaudage barométrique et glacial, on a invoqué la théorie des germes que le froid et l'altitude détruisent, dit-on ; mais ce n'est qu'une théorie non prouvée. Est-il raisonnable d'envoyer les pauvres malades, au milieu des glaces et des froids de l'hiver, vivre dans des chambres nécessairement mal ventilées et chauffées par des poêles? — Pour plus de détails quant à cette question, je renvoie mes lecteurs à mon ouvrage précité sur le traitement de la Phtisie pulmonaire.

CHAPITRE IV

FLEURS ET HORTICULTURE SUR LA RIVIÈRE DE GÊNES.

> O fortunatos nimium, sua si bona norint
> Agricolas ! ....
> VIRGILE, *Géorgiques*.
>
> Si j'avais un arpent de sol, mont, val ou plaine,
> Avec un filet d'eau, torrent, source ou ruisseau,
> J'y planterais un arbre, Olivier, Saule ou Chêne,
> J'y bâtirais un toit, chaume, tuile ou roseau.
> JOSÉPH SOLARY, *Rêves ambitieux*.
>
> Heureux qui doucement laisse couler sa vie,
> Sans chercher les honneurs, sans exciter l'envie,
> Dans les palais des grands, peu jaloux d'être admis,
> Et parmi ses égaux sait choisir ses amis.
> AUTEUR INCONNU.

Que de travailleurs il y a dans les villes, esclaves des devoirs sociaux, enchaînés à la galère des occupations, des soucis, des inquiétudes de la vie mondaine, qui ont un amour secret pour les fleurs et pour l'horticulture! Telle fut ma position, telles furent mes sympathies cachées pendant bien des années. Cette passion se fit jour, dans la première jeunesse, par un enthousiasme ardent pour la botanique, mais il fallut surmonter ce penchant, avec un soupir de regret, pour se consacrer à des études plus importantes. Quand, plus tard, je fus obligé par une maladie inexorable de renoncer aux devoirs d'une carrière active, *excelsior !* les goûts de ma jeunesse se réveillèrent, et je trouvai dans les fleurs et dans leur culture une consolation, presque une compensation.

Pour un médecin, l'étude des fleurs et des plantes, des lois qui règlent leur vie, de l'horticulture en un mot, a un charme, un intérêt exceptionnel. Il continue pour ainsi dire, dans le règne végétal, l'étude de la vie et de ses fonctions, ainsi que de la maladie. Le champ est nouveau, mais les faits observés et étudiés sont les mêmes. Aussi je puis affirmer que l'analyse des phénomènes de la vie dans le règne végétal a beaucoup agrandi et développé en moi la connaissance de ces mêmes phénomènes dans les êtres humains. Il y a bien des erreurs commises par des médecins savants, qui si elles étaient commises par un jardinier dans son jardin et dans ses serres, lui feraient perdre sa place en trois mois de temps. Les plantes confiées à ses soins jauniraient ou périraient et on le renverrait comme un jardinier incompétent.

Un écrivain d'autrefois, et dont le nom m'échappe, parlant jardinage, remarque avec une vérité touchante et grave, qu'une fleur est comme un être humain organisé délicatement. Si on la traite avec soin, avec tendresse, elle rend au centuple le temps et l'affection qu'on lui a consacrés, et devient un objet d'admiration pour tous, produisant une foule de fleurs charmantes qui réjouissent le cœur du propriétaire bienveillant. Mais s'il la néglige et l'abandonne, ou la traite avec une tendresse capricieuse, elle se fane, se penche sur sa tige, et meurt !

Depuis bien des années, je possède un jardin (l'ar-

L'ENTRÉE DE MON JARDIN DE GRIMALDI. (Page 175.)

pent de ce pauvre Solary) à trente kilomètres de Londres, dans le comté sablonneux de Surrey, couvert de Conifères et de Bruyères. C'est là que mes fleurs chéries m'ont reçu, en me souriant, chaque printemps, lors de mon retour de la Méditerranée. Il y a une quinzaine d'années, l'idée me vint de former un jardin sur les rives ensoleillées de la Rivière de Gênes. Dans les premières années de mon séjour dans ce beau pays, je fus satisfait de sa végétation sauvage, de ses belles plantes indigènes, de la lumière éclatante du soleil. A mesure que je devins de plus en plus familiarisé avec mon refuge d'hiver, je commençai à regretter que la chaleur et la lumière radieuse de ce soleil que nous voyons presque toujours sur l'horizon, fussent si peu utilisées pour l'horticulture. Dans ces régions méridionales, on laisse la nature faire à peu près ce qu'elle veut quant aux fleurs, et on est tout étonné de voir ce qu'elle sait accomplir sans aide. Puis survint le désir de voir ce que je pourrais faire moi-même avec les petites connaissances horticoles acquises dans mon jardin du Nord.

J'achetai donc, à Grimaldi, quelques terrasses plantées de Citronniers et d'Oliviers, quelques rochers nus, et une vieille tour en ruines, la tour de Grimaldi. Tout cela se trouve à cent mètres au-dessus de la mer, sur les flancs des rochers qui dominent la route de Gênes, à quelques centaines de mètres au delà du pont Saint-Louis, la frontière italienne. Mon jardin est donc en Italie, au delà du ravin de Saint-Louis. Il est tourné au sud-ouest, protégé contre tous les vents du nord, et présente, peut-être la plus belle vue de l'amphithéâtre de Menton qu'on puisse trouver. Dans cet endroit charmant, dominant de l'œil la grande et poétique mer d'un côté, et de l'autre le magnifique amphithéâtre de Menton, suspendu, pour ainsi dire, dans l'air, sur le flanc d'une montagne, qui, d'en bas, paraît presque perpendiculaire, je commençai mon jardin comme un Robinson Crusoé moderne. Mon Vendredi était un paysan intelligent et tant soit peu philosophe, natif du village voisin de Grimaldi, qui avait passé sa jeunesse à naviguer dans la Méditerranée, et avait tenu un magasin dix ans à Tunis, au milieu des Maures et des Arabes. Je réussis à lui inculquer la passion des fleurs, et, à nous deux, nous commençâmes nos travaux, moi dirigeant, assis ou couché sur les rochers, lui exécutant ou commandant la manœuvre en mon absence.

Peu à peu, nous créâmes un vrai jardin au milieu des rochers. Il me fallut alors des serres de travail, et un lieutenant horticole sérieux et capable. Mon pauvre Vendredi aussi devenait vieux, et il dut céder la place à un homme instruit, capable d'aller franchement en avant. Mon expérience horticole jette tant de jour sur le climat de cette région que je me propose d'en donner un aperçu. Je suis encouragé dans ce dessein par la réflexion que, si cet ouvrage tombe entre les mains de ceux qui, comme moi, veulent former un jardin d'hiver dans le midi de l'Europe, ce résumé pratique pourra leur être utile.

Je répéterai ici que je crois avoir découvert pourquoi l'horticulture est si négligée dans le midi de l'Europe, et dans les pays chauds en général. Dans le Midi le jardinage le plus ordinaire, la culture des fleurs les plus communes entraînent des dépenses considérables, par suite de la nécessité absolue d'arroser, de faire une irrigation régulière si l'on veut exceller, ou même arriver à des résultats satisfaisants. Dans des climats comme celui de la Rivière de Gênes, où le plus souvent, il ne pleut pas depuis le mois d'avril jusqu'au mois d'octobre, où la pluie tombe tropicalement, en cataractes, aux équinoxes d'automne et de printemps, et où souvent au milieu de l'hiver il y a des sécheresses de six semaines consécutives, sous un soleil ardent, un arrosage fréquent devient indispensable pour la plupart des fleurs de jardin. Par suite, outre le travail ordinaire, il y a un surcroit considérable de travaux et de frais.

D'un autre côté, les habitans du Midi, qui appartiennent aux classes supérieure et moyenne, sont, pour la plupart, par rapport à nos idées, économes à l'extrême. Ils sont indolents, peu disposés à se donner de la peine pour un but qui leur semble inutile, frivole. Ceux qui ont du bien vivent habituellement sur la moitié, ou le tiers de leur revenu et mettent de côté le reste. De cette manière ils pourvoient largement à l'avenir de leurs enfants, et peuvent en même temps prendre la vie tranquillement, passer leurs jours dans un agréable « dolce far niente ». Pour les personnes qui ont de telles idées, de fortes dépenses en vue d'horticulture seulement sont regardées comme une extravagance, et ceux qui s'y livrent sont réputés être atteints presque de folie. Si leur position financière s'embarrasse par une cause quelconque, on l'attribue toujours à leur amour effréné du jardinage. On comprend des dépenses faites pour la plantation et la culture d'Orangers ou de Citronniers, de Céréales, de Pois, de Choux, et d'autres légumes, parce qu'il y a un profit, une rentrée dans l'affaire ; mais dépenser de l'argent pour la culture de Roses ou de Jasmins, à moins que ce ne soit pour faire des parfums, cela passe leur compréhension. Aussi, même mes amis de Menton ne comprennent guère pourquoi je me suis avisé de faire un jardin coûteux, au milieu des rochers, à deux kilomètres de la ville. On pense que je veux y construire une villa (ce qui n'est pas), et par suite les propriétaires voisins me demandent des prix exorbitants, fabuleux, pour les terrasses, pour les rochers nus qui m'environnent, ce qui m'empêche d'étendre mon domaine horticole comme je l'aurais voulu.

Le sol du jardin est le sol calcaire ordinaire du pays, formé par l'usure, la pulvérisation des rochers oolithiques qui forment le squelette de l'amphithéâtre. Riche en ce qui regarde les éléments minéraux que demande la végétation, il est pauvre en *humus* ou terre végétale, dans les constituants organiques, de sorte que l'addition de fumier est indispensable pour en développer la capacité végétative. Le climat de Menton est, comme nous l'avons vu, un climat spécial, et quoique j'aie donné, dans le chapitre précédent, un exposé complet de son caractère météorologique, il sera utile d'en récapituler, en peu de mots, les principaux caractères sous le point de vue horticole.

RÉSUMÉ DU CLIMAT.

Depuis le commencement d'avril jusqu'à la fin de septembre, ou le commencement d'octobre, les années ordinaires, il n'y a pas de pluie, ou seulement quelques pluies orageuses de peu de durée. Quand ces orages ont lieu en été, et quelquefois en hiver, la scène, vue de mon jardin ou de la montagne, est grandiose, sublime ; on se croirait dans un pays des tropiques. Les cimes des montagnes sont cachés sous d'épais nuages, l'éclair en zigzag, en gerbes, en nappes, illumine le ciel et les profondeurs des montagnes, qu'il révèle, ainsi que le contour et les formes des nuages. En même temps, le tonnerre, grondant comme l'artillerie un jour de grande bataille, roule de montagne en montagne comme si la voûte des cieux allait crouler, et se reproduit par cent échos.

Ordinairement le ciel est clair l'été, le soleil est ardent, la lumière intense et la température variant de 22° à 29° C., est presque la même jour et nuit.

Entre septembre et avril tombe presque toute la pluie de l'année, en moyenne 649 millimètres, et le maximum a lieu vers les équinoxes d'automne et de printemps. Depuis le milieu de décembre jusqu'au milieu de février, la température minima la nuit, est à peu près 7° centigrades, et 12° centigrades, le jour. Deux, trois, ou quatre fois chaque hiver, le thermomètre descend la nuit jusqu'à 4°, 3°, 2° centigrades ou même jusqu'à 0°, soit pour une nuit, soit pour plusieurs nuits consécutives. Cela arrive surtout dans des localités exposées, à l'embouchure des ravins ou des torrents, sur le bord de la mer, mais il est rare qu'il gèle dans les endroits protégés, abrités.

Le thermomètre arrive à ces températures en hiver par une descente graduelle depuis l'automne, à mesure que les jours se raccourcissent, et il remonte par une élévation graduelle au printemps, à mesure qu'ils se rallongent. Toute la région est protégée par un amphithéâtre ou hémicycle de montagnes d'à peu près 1,300 mètres d'élévation, qui la garantit des vents nord, nord-est et nord-ouest. Les habitants, plantes et animaux, peuvent être comparés à des assiettes que l'on chaufferait devant un feu de cuisine (le soleil) avec un paravent derrière elles pour concentrer la chaleur. Ou encore on peut les comparer à des arbres en espalier sur un mur semi-circulaire, tourné au midi. Telles sont les données sur lesquelles la végétation de cette région est basée : une grande sécheresse avec une température élevée en été, comme au Mexique ou au cap de Bonne-Espérance ; des pluies presque tropicales du sud-ouest ou du sud-est en automne et au printemps, un temps ordinairement clair et radieux en hiver ; et pendant deux ou trois mois d'hiver une température nocturne de 7° centigrades ou moindre encore.

Ces conditions de climat conviennent évidemment aux Oliviers, aux Citronniers et aux Orangers, qui couvrent la basse montagne jusqu'à 700 mètres, remplissent les vallées et les ravins, et qui constituent la grande richesse agricole du pays.

Il y a aussi un certain nombre de fleurs et de plantes qui croissent et fleurissent avec peu ou point de soins. Les plantes dont les noms suivent se trouvent bien du climat exceptionnel de Menton, sont vivaces, viennent bien, fleurissent l'hiver, et supportent la grande sécheresse de l'été. La plupart d'entre elles appartiennent à l'hémisphère austral, à l'Amérique méridionale, au cap de Bonne-Espérance, à l'Inde, à l'Australie : Agaves, Aloès, Cactées en général, telles que les Mesembryanthemum; Iris, Scille maritime, Cinéraire maritime, Alyssum, Romarin, Thym, Viburnum, Tinus ou Laurier-tin, Giroflée, Quarantaine, OEillet, Silène, Primevères des prés et de Chine, Violette, Souci, Némophile, Hépatique, Roses, Chrysanthème, Salvia en général de nombreuses espèces, Lavande, Réséda, Fabiana imbricata, Justicia alba et rosa, Tabac, Valériane rouge, Daphné, Teucrium fruticans, Cobæa scandens, Sparmania africana, Sutherlandia frutescens, Spirea, Achillea, Veronica, Erica mediterranea, Swainsonia coronillafolia, Indigofera australis, Cuphea miniata, C. eminens, Capucine, Habrothamnus elegans, Lantana, Abutilon, Callistemon lanceolatum, Saxifraga crassifolia, Libonia floribunda, Datura stramonium, Linum trigynum, Ipomea Lindleyi, Vinca major, V. rosea, Bouvardia diverses, jusqu'à Noël : Pétunia, Cyclamen, Camélia, Azalée, Mélianthus major et minor, Achania malvaviscus, Lachnea eriocephala, Solanum pseudo capsicum, S. marginatum, Ageratum, Calla ethiopica, Wigandia caracasana, Pittosporum diverses; Bignonia australiensis, B. capensis, Cinéraire des Indes, Agathea amelloïdes ou Aster d'Afrique, Verveine, Cytises divers, Passiflora cerulea et autres, Tacsonia mollissima et autres, Chorozema, et beaucoup d'arbustes, d'arbres et de fleurs de l'Australie, surtout les Mimosées et les Acacias ; les bulbes de printemps : Crocus, Perce-neige, Jacinthe, Renoncule, Narcisse, Ixia, Sparaxis.

La plupart de ces plantes peuvent se reposer pendant les chaleurs et la sécheresse de l'été sans souffrir. Elles viennent pour la plupart de climats plus ou moins pareils où elles ont l'habitude de se reposer ainsi, et deviennent toutes vivaces sur la Rivière de Gênes. Assoupies pendant l'été, pour la plupart sans feuilles, elles se réveillent avec les pluies d'automne, et fleurissent plus ou moins tôt dans le courant de l'hiver. La plupart sont en fleur à partir de novembre, décembre ou janvier, jusqu'en avril, mois qui correspond, sous le point de vue horticole, avec le mois de juin à Paris.

Presque tous les hivers, on voit dans les journaux à la fin de l'année des paragraphes qui racontent comment, dans la Bretagne, dans les îles Normandes, dans le sud de l'Angleterre, une foule de plantes et de fleurs survivent, et sont en fleur dans les jardins. On peut remarquer toutefois que ces récits ne se lisent jamais après Noël ou la fin de l'année, au plus tard. Le fait est que dans le sud et l'ouest de la France, et dans le sud de l'Angleterre, les mois de novembre et de décembre sont ordinairement des mois pluvieux, et que les froids de l'hiver n'ont pas encore commencé. Quoique le temps soit souvent mauvais, qu'il fasse froid et humide, qu'il y ait des brouillards, et que la saison soit défavorable à la santé humaine, dans les années ordinaires il est rare qu'il y ait des gelées assez fortes pour détruire la vie végétale avant cette époque. Les grands froids de l'hiver commencent, d'habitude, peu après Noël, à la fin de décembre, et alors les fleurs d'automne sont toutes anéanties jusqu'à terre, et ces « péans horticoles » ne se lisent plus. Il y a des années exceptionnelles cependant, comme celle de 1870, l'année funeste de la guerre franco-allemande. La plupart des grandes batailles se livrèrent quand la terre était déjà couverte de neige gelée et durcie. Les grands froids commencèrent en novembre, en 1879, en décembre.

Sur la Rivière de Gênes, au contraire, après Noël, si les pluies ont été assez abondantes, la végétation continue à se développer et à se fortifier. Cette persistance d'activité végétale n'est pas la conséquence d'une augmentation de chaleur en janvier, car les nuits restent aussi froides et sont souvent plus froides en janvier qu'en décembre. Elle semble être plutôt le resultat de l'allongement des journées et de la lumière éclatante et radieuse qui dore et échauffe la nature, avec un ciel pur, sans nuage.

L'accroissement de la durée des jours est un élément important dont on ne tient pas assez compte en étudiant l'influence de la température sur la végétation. Je l'ai souvent étudiée avec soin et surtout pendant l'été de l'année 1867. Les journées en Angleterre furent plus froides et plus pluvieuses que d'habitude jusqu'au mois d'août, et très souvent, la nuit, le thermomètre descendait jusqu'à 0°. La végétation, néanmoins, marcha comme d'habitude, chaque plante et chaque fleur venant à maturité à peu près à l'époque habituelle. Evidemment, la durée beaucoup plus longue de la journée, et la durée beaucoup moindre de la nuit, favorisaient le progrès de la végétation, et contre-balançaient l'influence pernicieuse du froid. J'ai fait la même remarque cette année-ci (1879) pendant laquelle l'été resta très pluvieux et très froid. Néanmoins, chaque fleur est venue à sa saison, avec un délai seulement de huit ou dix jours. Les longues journées de l'été ont fait contrepoids. Il n'en a pas été de même des fruits, dont la maturité semble exiger plus de chaleur. Cet été, en Angleterre, leur maturité a été très retardée par le froid, ou même elle n'a pas eu lieu.

Sur le rivage septentrional de la Méditerranée, quoique les journées en décembre et en janvier soient ordinairement des journées radieuses et presque chaudes au soleil, elles sont si courtes, ne durant que huit ou dix heures, comparativement aux nuits qui durent quatorze ou seize heures, que la végétation, sans être arrêtée, s'avance lentement. La plupart des plantes à fleurs, malgré l'absence de gelée, et la protection contre les vents du nord, restent presque stationnaires, n'ouvrant guère que les boutons déjà formés, à part quelques exceptions, surtout si la richesse domine.

Beaucoup des plantes que j'ai énumérées ont été longtemps cultivées dans les jardins de cette région. Evidemment le climat et le sol leur conviennent. Toutes survivent à la sécheresse et à la chaleur de l'été, et ne demandent que des soins ordinaires, et à être arrosées en automne si les pluies manquent, ce qui peut arriver, pour devenir robustes et florissantes et pour fleurir l'hiver en plein air.

Je commençai mes opérations de jardinage avec les plantes connues dans le pays, et bientôt j'eus des fleurs pour tous les mois de l'hiver, en assez grande abondance pour tromper la vue, et pour faire ressembler l'hiver à l'été du nord de l'Europe, et cela aussi bien en plein air que dans mon salon. Beaucoup des fleurs et des arbustes que j'ai nommés comme établis dans le pays appartiennent à l'hémisphère austral. Ces plantes évidemment se trompent, et croient être chez elles « en été ». Aussi j'ai essayé d'en augmenter le nombre et de reproduire la flore de l'Australie, du cap de Bonne-Espérance et du sud de l'Amérique méridionale. Dans ces pays, notre hiver est leur été, et l'époque naturelle de la floraison de la plupart des fleurs. Aussi nous n'avons qu'à leur donner la dose de chaleur qui leur convient pour qu'elles fleurissent au cœur de l'hiver chez nous. Nos serres d'hiver au nord sont surtout, et presque uniquement, remplies de la flore de l'hémisphère australe. Le but que je me proposai était donc d'acclimater en plein air à Menton l'hiver, sur mes rochers chauffés par le soleil, et protégés contre les vents du nord, les plantes cultivées dans les serres d'hiver au nord, à Paris ou à Vienne.

Les plantes de l'hémisphère austral que nous réussissions à faire fleurir en plein air sur la Rivière de Gênes sont surtout celles de la partie la plus méridionale ou la plus froide de cet hémisphère, celles par exemple qui viennent au-dessus du quarantième degré de latitude. Celles qui fleurissent plus près de l'équateur, quoique donnant des fleurs chez elles pendant notre hiver, demandent plus de chaleur que nous n'en avons, et nous ne parvenons guère qu'à les faire fleurir un peu plus tôt qu'au nord ; au mois d'avril et de mai, au lieu du mois de juin et de juillet. Il semble en être ainsi des Fuchsias qui viennent naturellement dans le Brésil et le Chili, dans les forêts et sur les montagnes à l'ombre, dit-on, et qui ne fleurissent en plein air à Menton qu'au mois d'avril-mai. La flore de la Patagonie nous conviendrait tout à fait sous ce rapport, mais, au lieu d'avoir un climat sec comme le Chili et le Pérou, qui nous ont donné beaucoup de fleurs pour nos serres d'hiver, le climat est pluvieux et humide. J'ai essayé la jolie *Lapagerea rosea*, plante grimpante de ce pays, ainsi que le *Desfontanea spinosa*, mais sans succès jusqu'à présent ; peut-être que l'été de la Rivière est vraiment trop sec pour elles.

Les plantes des régions nord de l'hémisphère boréal, le nôtre, fleurissent deux mois plus tôt qu'au nord ; c'est-à-dire qu'on en hâte la floraison, mais qu'on ne peut guère les faire sortir de leurs habitudes, les faire fleurir au mois de janvier au lieu du mois de juin. Probablement que ce serait très difficile même en serre. Ce serait demander un trop grand changement à leur nature, à leur manière d'être, même quand on les prend dans des régions dont l'été est aussi froid que le mois de janvier sur la Rivière de Gênes. Ainsi la Perce-neige laissée en terre fleurit en février comme au Nord.

Les bulbes du Cap, Ixias, Sparaxis, Babiana,

Bulbocodium, les Clinia, viennent parfaitement bien en plein air dans un terrain préparé, sable et terre de châtaignier mêlés à la terre du pays, et fleurissent au printemps, en avril. Les Chorozemas d'Australie viennent bien en plein air dans les mêmes conditions, ainsi que les Gardenias (Cap).

Les Fuchsias originaires, comme nous l'avons vu, des forêts et des montagnes du Brésil et du Chili, où ils croissent à l'ombre, ne fleurissent à Menton qu'aux mois d'avril et de mai, je n'ai pas encore réussi à les faire fleurir en plein hiver.

Peut-être est-ce impossible, mais ce que j'ai vu cet été (1879), en Angleterre, m'en donne l'espoir. J'ai là une collection de Fuchsias de deux ou trois mètres de haut, en pots, âgés de dix ans, qui ont passé l'été le plus pluvieux et le plus froid que nous ayons eu depuis vingt ans, exposés au nord sans un rayon de soleil, et ils ont été plus beaux que jamais, couverts de fleurs. Mais ils se reposent entièrement, sans eau, sans feuilles, pendant trois mois de l'hiver; au midi les Fuchsias croissent pendant tout l'été. Est-ce raisonnable de leur demander des fleurs l'hiver? Si on pouvait les faire reposer en été comme les Rosiers, par la sécheresse, peut-être qu'ils fleuriraient en hiver. Il me semble que cela ne peut être une question de température après ce que j'ai vu cet été, car l'hiver c'est leur époque naturelle de floraison. Peut-on les faire reposer en été sans les tuer? voilà la question à résoudre.

Les Kennedyas (Australie), plantes grimpantes, viennent parfaitement dans la terre calcaire sans mélange, montent à trois ou quatre mètres, et portent dès le commencement de janvier des masses de fleurs comme des Lilas, de diverses couleurs, selon l'espèce, dont la durée est très longue. C'est une grande ressource pour les jardins d'hiver. J'ai essayé à plusieurs reprises de cultiver les Épacris et les Bruyères du Cap, les faisant venir de Paris ou de Londres. Elles vont parfaitement bien tout l'hiver en plein air, grandissent, se fortifient et fleurissent, mais se sont toujours flétries l'été. Est-ce défaut de soins bien entendus ? Je remarque que les catalogues des horticulteurs de Nice et de Marseille ne les portent pas. Probablement leur expérience est la même que la mienne ; c'est dommage, car ce serait une grande ressource pour l'hiver.

En arrivant à mon jardin de la Rivière dans les derniers jours d'octobre, je suis à même, en le parcourant, de me former une idée assez juste de la manière dont les plantes ont résisté à la chaleur de l'été. Cinq mois de soleil brûlant, qui échauffe tellement la terre et les rochers que les paysans ne peuvent les toucher à pied nu sans que la plante ne soit brûlée, cinq mois sans nuage ou pluie, si ce n'est une averse d'orage exceptionnelle, doivent éprouver l'idiosyncrasie, la constitution spéciale d'une plante quelconque. La situation exceptionnellement protégée de mon jardin exagère les difficultés du climat. Il est placé dans un angle de rochers calcaires, ouvert au sud-est et au sud-ouest et exposé, par conséquent, aux rayons du soleil toute la journée. Mon vieux jardinier de Grimaldi me disait autrefois : « Monsieur, votre jardin en été c'est l'enfer, on ne peut y tenir le jour. »

L'histoire des plantes que je viens de nommer s'explique par les données climatologiques que j'ai indiquées. Ainsi les bulbes du Cap de Bonne-Espérance, où il fait chaud l'été, ne fleurissent chez nous et à Alger, où je les ai vues très bien acclimatées, qu'en avril; les Kennedyas, au contraire, qui viennent des régions méridionales ou froides de l'Australie fleurissent en février. Le *Phormium tenax*, qui appartient à la Nouvelle-Zélande, croît avec vigueur malgré la sécheresse de notre climat. La *Fabiana imbricata* (Chili du Sud) vient avec vigueur et donne ses épis de belles fleurs blanches, semblables à une Bruyère, en février. La *Sutherlandia africana* (Cap) fleurit très abondamment dans la terre calcaire, se couvrant de fleurs rouges en janvier; la *Sparmania africana*, grand buisson du Cap qui fleurit en hiver, se reposant l'été, devient chez nous presque un arbre et se couvre aussi de fleurs pendant tout l'hiver.

Les plantes qui supportent le mieux cette chaleur et cette sécheresse, sans irrigation, sont les plantes indigènes du pays, ou introduites depuis très longtemps. Elles y trouvent, évidemment, les conditions les plus propices à leur existence. Telles sont : le Thym, le Romarin, la Cinéraire maritime l'Abyssum, la *Lavatera maritima*, les Iris, la *Scilla maritima*, le Juniper, plusieurs espèces, la Lavende, les Géraniums, les Euphorbes, ainsi que les Agaves, les Aloès, les Cactées en général. Après avoir été ainsi rôties, grillées pendant de longs mois, ces plantes sont bien portantes, et si même quelques-unes sont flétries ou ont perdu la plupart de leurs feuilles, elles se remettent et les regagnent en huit jours après les premières pluies d'automne. Presque toutes ces plantes ont des racines longues et fibreuses qui pénètrent dans les fentes, les crevasses des roches, et y trouvent probablement l'humidité et la nourriture qu'elles cherchent. Sous ce rapport, toutefois, les Géraniums et les Pélargoniums, sans avoir de ces longues racines, semblent rivaliser avec celles qui en ont. C'est une merveille que de voir comment elles supportent la chaleur et la sécheresse. Elles se trouvent bien dans les parties les plus rocailleuses, les plus chaudes, les plus sèches du jardin, et quand, à la fin de l'été, même les Agaves et les Aloès donnent des signes de langueur, d'épuisement, laissent tomber leurs feuilles charnues flétries, les Géraniums se portent aussi bien que jamais ; seulement ils ont perdu la plupart de leurs feuilles, ne gardant guère qu'une touffe terminale.

Nous avons plusieurs fois répété cette expérience. Nous avons laissé tout l'été, sans eau, des Agaves et des Géraniums plantés à côté l'un de l'autre dans quelques centimètres de terre, sur des rochers brûlés par le soleil, dans les coins les plus chauds du jardin et des rochers. En automne, les Agaves et les Aloès paraissaient avoir presque succombé, leurs feuilles flasques tombant à terre, tandis que les Géraniums se portaient tout à fait bien, étaient triomphants. Il faut ajouter que, le surlendemain d'un bon arrosage, Agaves et Aloès avaient relevé leurs feuilles devenues charnues de nouveau, et qu'en moins de quinze jours de temps ils se portaient aussi bien que jamais. Sans doute c'est de cette manière que ces plantes passent à travers les épreuves et les misères de l'été sec et chaud de leur pays natal, l'Afrique méridionale. Les Géraniums fleurissent tout l'hiver, mais sans profusion ; au mois de mars et d'avril ils se couvrent d'une masse de fleurs qui colorent les haies qu'ils forment d'un beau rouge écarlate que l'on voit de très loin.

Les Pélargoniums fleurissent avec vigueur et profusion en plein air au commencement de mai. Dans ce pays, on n'a que quelques espèces anciennes et insignifiantes ; nos belles espèces hybrides n'y ont pas pénétré, probablement parce qu'elles ne fleurissent qu'en mai après le départ des étrangers.

Le Pélargonium à feuilles de lierre, *P. peltatum*, se développe avec vigueur dans la terre calcaire du pays. C'est une plante précieuse pour recouvrir les murs, tombant gracieusement et en nappe du haut de la terrasse sur le mur qui la soutient. Elle donne quelques fleurs pendant tout l'hiver, mais, à la fin d'avril, elle se couvre d'une floraison tellement abondante qu'elle cache la verdure des feuilles presque entièrement ; on ne voit plus que les fleurs. Quoique celles-ci soient insignifiantes, leur masse fait un effet admirable. Chez moi j'ai des murs de trois mètres de haut qui sont entièrement cachés sur une largeur de plusieurs mètres par une seule plante ; je fus émerveillé la première fois que je vis cette floraison inconnue au Nord. Les fleurs doubles du Pelargonium lierre sont plus jolies que les simples.

Je ferai remarquer, en passant, que toutes les fleurs dans ce pays et au Midi en général, ont une coloration beaucoup plus vive, beaucoup plus éclatante que dans le Nord, surtout les fleurs rouges, bleues et jaunes. C'est sans doute un effet de la lumière, quatre fois plus éclatante à Nice, disent les photographes, qu'à Paris. Il y a quelques années, j'introduisis de l'Angleterre une collection de Géraniums qui avaient remporté le prix à une exposition horticole de Londres. Ces plantes formèrent la première année de gros buissons et fleurirent avec un éclat merveilleux, avec une profusion étonnante. Ces plantes, produites par l'hybridisation et le choix des graines, se couvrirent de fleurs de nouvelles nuances, pourpre, écarlate et saumon. Elles sont infiniment plus belles qu'en Angleterre et auraient réjoui la vue de leur créateur s'il avait pu les voir.

Les Agaves, les Aloes, les Scilles maritimes et les Iris appartiennent tous à la même catégorie. Peu leur importe d'être rôtis par le soleil et d'être privés d'eau. La grande Scille maritime ou Oignon de mer, et l'Iris peuvent être arrachés de terre et laissés exposés à un soleil ardent pendant des mois sans en souffrir. Plantez-les et arrosez-les et ils commenceront à végéter comme si rien n'était arrivé. Un autre caractère qu'ils possèdent en commun, c'est qu'ils sont, comme disait mon vieux jardinier « *des mange-tout* »; c'est-à-dire que, si on les laisse tranquilles, surtout les Agaves, ils prennent possession complète et entière du terrain, affament et détruisent toutes les autres plantes. Si les Agaves sont plantés dans un endroit où il y a peu de sol, ils y vivent et sont florissants, mais n'arrivent pas à un grand développement. S'ils sont plantées dans un endroit où il y a une bonne profondeur de la terre calcaire du pays, elles se mettent à pousser et à croître de suite, et cela avec une vigueur presque féroce, envoyant de fortes racines de trois à cinq mètres de long dans toutes les directions, à travers les allées et même les murs, et étouffant toute autre végétation. L'extrémité de ces racines donne naissance à de nouvelles plantes qui, sortant de partout, rivalisent avec leur mère affamée et, si on ne les enlève pas, l'aident à tout détruire, à saccager la plate-bande. Si on les laisse tranquilles dans ces conditions, dans un bon terrain profond d'un ou deux mètres, les agaves deviennent énormes, surtout l'Agave aloéforme. J'en ai une plantée dans un remblai profond de trois mètres qui est devenue monstrueuse en peu d'années. C'est un plaisir que de la voir se développer et s'allonger. Nous avons été obligé, mon jardinier et moi, d'enlever la plupart de nos Agaves, Aloès, Scilles et Iris et de les planter à part dans des coins de rochers, sur des murs, dans des endroits isolés, où ils ne peuvent attaquer et dévorer leurs voisins. Nous les avons mis en pénitence, comme disait mon vieux jardinier. Dans mon jardin j'ai beaucoup d'Agaves d'espèces différentes, se développant avec vigueur, venues de chez M. Pfersdorf de Paris, dont la collection de plantes grasses est très belle. La collection de mon ami et voisin M. Hanbury, dans son beau jardin, Palazzo Orengo est encore plus belle.

Sans nul doute, on pourrait cultiver l'Agave avec profit sur les flancs arides des montagnes de la Rivière. Ses feuilles contiennent en abondance de fortes fibres élastiques qu'on en extrait facilement par la macération dans le Mexique, son pays natal. On les importe en Europe en quantité considérable pour la fabrication de brosses. Au Mexique on s'en sert pour faire des cordes, des filets, des paillassons. On cultive aussi une espèce spéciale de l'Agave pour la fabrication d'une boisson alcoolique qu'on appelle Pulque. On coupe la grande tige de floraison à sa base, on recueille le suc qui en sort en abondance, et on le fait fermenter.

La capacité que présente la Scille maritime pour résister à la chaleur est très remarquable. Je l'ai trouvée dans les parties les plus arides et les plus brûlées de l'Algérie, et on me dit qu'elle pénètre jusque dans le désert de Sahara, étant une des dernières plantes à céder, à succomber à la chaleur sèche du désert.

La même observation peut se faire, à un moindre degré peut-être, sur toutes les plantes indigènes du pays. La Cinéraire maritime plantée dans une plate-bande en bonne terre devient un buisson au lieu d'être un petit arbuste sortant des crevasses des rochers, ou croissant dans des amas de pierres, comme cela se voit d'habitude. Après les grandes pluies qui pénètrent dans ces crevasses, on peut facilement arracher les plantes avec leurs racines qui ont souvent une longueur prodigieuse. « Je ne sais jusqu'où elles vont, me disait mon jardinier Antoine, cela n'en finit pas, elles doivent aller jusqu'en purgatoire. » Il en est tout à fait de même avec la *Lavatera maritima*, cette jolie Malvacée de la montagne et du rivage. Le Thym et le Romarin qu'on trouve sur les rochers viennent aussi avec une vigueur sauvage quand on les plante en bordure dans des plates-bandes, au point même d'étonner les habitants du pays. Le Thym contribue à recouvrir les montagnes ; c'est un arbuste nain, épais, entièrement couvert de fleurs au printemps, qui alors charment l'œil et l'odorat. J'écris ces lignes, dans un petit kiosque, émaillé de fleurs, entouré de buissons de Thym qui embaument l'air et écoutant le bourdonnement de véritables abeilles liguriennes.

Diverses espèces de *Mesembryanthemum* viennent presque sans soin dans les endroits les plus chauds, pendant sur les murs brûlés par le soleil, le long des talus et collines, en grappes énormes, en guirlandes de verdure. Quand ces plantes pendent perpendiculairement du haut d'un mur qu'elles tapissent, elles viennent bien pendant un certain temps. Puis il arrive un moment quand le poids énorme de cette masse de verdure succulente tiraille, étrangle la tige, et la plante périt. Aussi vaut-il mieux les planter sur des talus inclinés, qui supportent en partie leur poids, et leur permettent de s'enraciner par ci par là. Elles commencent à fleurir à la fin de mars et sont en pleine floraison en avril. La variété écarlate est très belle ; elle produit des milliers de fleurs qui sortent de la base de chaque feuille, et recouvrent les murs et les talus d'un manteau écarlate admirable à voir.

Toutes sortes de Cactées viennent avec vigueur en plein air ; le climat convient, évidemment, aux plantes grasses. Comme les Agaves et les Aloès, les

Cactées peuvent vivre dans très peu de terre ; elles semblent n'en avoir guère besoin que pour s'y attacher, mais elles restent petites. Si on leur en donne tant qu'elles veulent, elles se développent rapidement. J'ai fait venir il y a quelques années deux cents espèces de la maison Pfersdorf, que j'ai plantées en pleine terre, et la plupart survivent. L'*Opuntia vulgaris*, ou Figue de Barbarie, un dicotylédon quoiqu'elle n'en ait pas l'air, se développe avec vigueur sur la Rivière, et devient en peu d'années une espèce d'arbre grotesque. Mais on ne la cultive pas pour son fruit comme en Corse, en Sardaigne, en Sicile, en Majorque ; ce fruit est peu estimé sur la côte ligurienne. En effet, quoique légèrement acide, il est insipide. Dans ces pays on l'accepte probablement faute de mieux au moment des grandes chaleurs.

Les Roses, Hybrides, Thés, Bengales, Multiflores, Banksias, Centfeuilles, commencent leur floraison de printemps en mars, et fleurissent aussi librement en avril et en mai, qu'avec nous en juin et en juillet. Si on ne leur permet pas de s'épuiser, si on les tient au repos pendant les grandes chaleurs d'été, et qu'on commence à les arroser en septembre, les Bengales et les Thés, les Noisettes font une nouvelle croissance, et fleurissent de nouveau en automne, et pendant l'hiver dans les localités chaudes et protégées. Les Roses qui me réussissent le mieux en hiver sont Safrano, M^{mo} Falcot, Gloire de Dijon, maréchal Niel, Chromatelle, Souvenir de Malmaison, Mlle Nabonnard, La Belle Lyonnaise, Lamarque, les Bengales et Banksias. Mon sol étant calcaire n'est pas propice aux Roses ; en général, pour réussir dans leur culture, nous sommes obligés de modifier beaucoup le terrain en fumant. Les Bengales, la Safrano et la Gloire de Dijon fleurissent assez abondamment tout l'hiver : aussi nous avons toujours des Roses, quelque temps qu'il fasse.

A mon arrivée fin d'octobre, je trouve les Chrysanthèmes dans toute leur gloire. Ils continuent à fleurir jusqu'à Noël, Pompons et autres. La chaleur de l'été ne leur fait pas plus de mal que le froid de l'hiver au nord ; comme au nord on les propage en divisant la racine en motte. Il y a une belle espèce blanche commune dans le pays, très florifère, qui se traîne sur la terre qu'elle couvre dans l'étendue d'un mètre à peu près de ses jolies fleurs blanches ; on dirait un bouquet de mariage. A la fin de janvier on voit fleurir le *Linum trigynum* (Indes Orientales) qui croît ici aussi bien, sinon mieux que dans son pays natal. Le sol et le climat doivent lui convenir en tout point, car il vient sans soin ; de simples boutures mises en terre forment de vigoureuses plantes sans fumier, et portent des myriades de jolies fleurs jaunes, qui continuent à se former jusqu'en avril. A cette époque le buisson entier est couvert de gousses à graines.

L'*Eupatorium tetragonum* (*Mexique*) se trouve bien du climat et fleurit brillamment pendant tout l'hiver. Une des plantes qui réussissent le mieux est le *Habrothamnus elegans* (Mexique). Il devient un grand arbuste de quatre ou cinq mètres de haut et donne des masses de fleurs pendant tout l'hiver. L'*Agera-*

tum (Mexique, Montevideo) ne craint pas la chaleur de l'été, devient buisson et fleurit aussi tout l'hiver, dans les endroits les plus secs et les plus rocailleux du jardin. On peut dire la même chose de l'*Osteospermum Moniliferum* (cap de Bonne-Espérance) et du *Datura Stramonium*, ou *Brugmansia* (Amérique du Sud). L'*Hexacentris coccinea* (Mysore) plante grimpante, vient admirablement et fleurit en profusion.

Les *Dasylirium* (Mexique, Pérou) sont rustiques, se fortifient, deviennent des plantes majestueuses, et fleurissent comme chez eux. J'en fis venir il y a quelques années d'Algérie; plantées dans une rocaille elles sont devenues de grandes et belles plantes.

L'Héliotrope (Pérou) aime le sol calcaire, et le climat rocheux, sec et chaud, car il vient comme une ronce et fleurit à profusion pendant tout l'hiver dans des endroits protégés, exposés aux rayons du soleil. Les tiges et branches deviennent ligneuses, et développent des fleurs odorantes sur les plus petits rameaux. Aussi l'Héliotrope constitue un élément important dans tous les jardins d'hiver de la Rivière. Il n'y a pas, de meilleur guide dans le pays même pour reconnaître la valeur d'une position quelconque par rapport à la protection et à la chaleur. A la première gelée les feuilles se noircissent et les fleurs se flétrissent. Aussi si, au mois de janvier et de février, on le trouve florissant et fleurissant dans un jardin ou sur les murs d'une maison, l'on sait qu'il n'y a pas gelé. Les petites gelées ne le tuent pas, mais lui enlèvent ses feuilles.

Les Lantanas (Mexique, Amérique méridionale) deviennent de grands arbustes, presque des arbres et fleurissent abondamment pendant l'automne et l'hiver. Elles semblent demander peu de soins ou de culture, et se trouvent bien de la chaleur et de la sécheresse. Elles viennent dans les positions les plus rocailleuses et les plus chaudes. Mais au printemps elles deviennent un peu nues et disgracieuses.

Quand la *Bougainvillea* fut d'abord introduite, comme elle vient de pays chauds (Brésil, Indes Orientales), on crut qu'une chaleur de serre chaude lui était nécessaire, et on eut de la peine à la fleurir. Depuis qu'on la cultive avec moins de chaleur la floraison s'obtient facilement ; je la trouvai à Alger en avril 1870, couvrant de grands murs de ses belles bractées rouges, au jardin d'acclimatement et ailleurs. Depuis je l'ai vue presque partout dans la Méditerranée, à Malte, à Valence en Espagne, à Majorque. Il y a quelques années je trouvai la maison de M. Thuret, à Antibes, couverte jusqu'au troisième étage par une seule plante, en pleine floraison. Sur notre côte, à Monaco et à Menton, elle fleurit bien sur des murs et sur les maisons au midi, dans des endroits protégés. J'ai plusieurs plantes prises à Alger lors de ma visite qui ont continué à fleurir toutes les années. J'avais lu qu'à Rio-Janeiro beaucoup de maisons ont des toits en zinc couverts de Bougainvilleas, resplendissants de fleurs. Cela me donna l'idée de diriger une Bougainvillea sur le toit en tuiles d'un hangar. Le succès a été complet, et depuis quelques années la plante a été en fleur tout l'hiver depuis le mois de décembre. C'est une des plantes grimpantes les plus communes dans les Indes Orientales et dans le Brésil, couvrant treillages et arbres. Aussi est-ce un fait curieux d'horticulture qu'une plante appartenant à de tels pays, des pays tropicaux, puisse vivre et fleurir exposée aux nuits relativement froides de la Méditerranée. Mes plantes souffrent, sont plus ou moins brûlées toutes les fois qu'il y a une nuit vraiment froide, si le thermomètre tombe à 0° ou à — 1° centigrades, mais elles se remettent quand le froid cesse. Elles sont brûlées, frisées, aussi par un vent froid quelconque.

Les *Pittospermun* (Australie) forment de grands buissons vigoureux, et donnent en abondance leurs fleurs odorantes en avril. Le *Ficus repens* (Indes Orientales), plante grimpante, qui ne ressemble en rien à un figuier, tapisse les murs en plein air ou en serre. Les *Eucalyptus*, les *Grevillea robusta*, la *Melaleuca*, et les *Casuarina*, arbres de l'Australie, viennent parfaitement bien, ainsi que beaucoup d'*Aralia* (Indes, Japon, Australasie) et de *Dracena* (Afrique, Maurice, Indes, Japon). L'*Aralia Papyrifera* vient comme une plante sauvage, et jette à droite et à gauche des racines qui sortent de la terre à distance, reproduisent des rejetons, et étouffent tout ce qui croît à l'entour. Ses fleurs énormes, monstrueuses, en grappes, ont une certaine beauté, mais il m'a fallu la reléguer, comme les Agaves, dans des endroits incultes. L'*Abutilon* (Brésil, Amérique méridionale) forme un grand arbuste, tant le jaune (Maréchal Malakoff) que le blanc (Nouvelle-Hollande). Le *Magnolia* (Chine) *grandiflora* (Caroline) devient un bel arbre s'il est en bon terrain et à l'abri du vent. Les Eucalyptus viennent aussi bien et aussi vite que dans leur pays natal (Australie), croissant à raison de trois, quatre ou cinq mètres par année pourvu qu'ils aient de la terre, et de la fraîcheur à leurs racines ; ils ne viennent pas bien dans des endroits secs, comme mes rochers. La *Grevillea robusta* (Australie), un bien bel arbre, à beau feuillage déchiqueté, vient presque aussi bien dans les mêmes conditions. La *Grevillea alpestris* réussit aussi, les *Correas* (Australie) viennent bien et fleurissent bien tout l'hiver en plein air, ainsi que les *Lechenaultias* (Australie).

Le *Coccoloba platycladon* (Mexique), avec ses singulières feuilles plates et ses fleurs microscopiques sur le bord, plante de serre, forme un buisson en plein air. Deux jolies plantes de serre, qui viennent parfaitement bien en plein air, sont le Bignonia jasminoïdes (Brésil), et le *Rhynchospernum jasminoïdes* (Chine). Le premier fleurit dans les endroits chauds au mois de mars, le second seulement au mois de mai ou de juin. Le *Mandevillea suaveolens* (Buesnos-Ayres) fleurit à la fin de mai et, ainsi que le Rhynchospermum, embaume le jardin. Le Mandevillea perd ses feuilles en hiver, et reste à l'état de liane nue, aussi je ne le cultive presque pas, d'autant plus que je quitte toujours le pays vers la fin de mai. Le Bignonia jasminoïdes, au contraire, a un très joli feuillage vert et persistant ; comme plante il est toujours gracieux, en fleurs ou non. Les *Spiræas* (Sibérie) fleurissent avec profusion de très bonne heure au mois de mars, et forment alors des buissons admirables à voir. Mais elles perdent leurs feuilles en hiver, et sont alors nues et tristes, de sorte que je les ai à peu près éliminées.

Dans mes essais de jardinage, en créant un jardin d'hiver en plein air, dans l'hémisphère boréal, je n'admets que les plantes à feuilles persistantes, ou des plantes qui, si elles sont à feuilles caduques, les perdent en été et les gardent en hiver. Je suis impitoyable pour toute plante ou arbre qui a la malhonnêteté de se débarrasser de ses vêtements en hiver ; je n'en veux pas à aucun prix. Aussi j'ai arraché Figuiers, Sorbiers, Pêchers, Amandiers et tous les arbustes ou plantes de même nature. Je veux me tromper toutes les fois que je vais à mon jardin, me faire croire et faire croire à mes amis que nous sommes en plein été, et non pas au milieu de l'hiver. Je ne veux voir rien, absolument rien, qui me rappelle le triste et frileux nord, et d'après ce qui précède on voit que je suis obligé dans ce but de m'adresser à l'hémisphère austral. On ne peut guère changer la nature d'une plante ; tout ce qu'on peut faire c'est de hâter ou d'arrêter sa marche.

Donnez la chaleur à une plante de l'hémisphère austral elle fleurira à son époque habituelle, naturelle, en décembre, janvier ou février, son été chez elle. Donnez de la chaleur à une plante du nord vous la faites fleurir plus tôt, au mois de février au lieu du mois d'avril, en mars au lieu de mai, et voilà tout. Ainsi les Spirœas qui viennent de la Sibérie, au nord, fleurissent sur la Rivière au mois de mars au lieu du mois de mai, mais pas plustôt, quelque grande que soit la chaleur. J'ai vu ce fait démontré d'une manière remarquable par la Perce-neige (*Galauthus nivalis*), j'en ai apporté avec moi il y a dix ans, et je les ai plantées au pied d'un mur, un peu à l'ombre. Elles doivent avoir formé, même dans ce climat brûlant l'été, de nouvelles bulbes, car tous les printemps au mois de mars ses fleurs apparaissent, c'est-à-dire au moment même auquel la neige se fond au nord, et la Perce-neige vient annoncer la fin de l'hiver. Malgré la chaleur de l'été, malgré un hiver doux comme leur été, elles restent fidèles à leurs traditions, à leur manière d'être et ne commencent à croître, ne marchent en avant, qu'à la même époque que leurs sœurs en Angleterre ou en Russie.

Un fait remarquable dans le jardinage de la Rivière, c'est que beaucoup de fleurs qui au nord sont annuelles, et meurent, soit entièrement soit jusqu'à la racine, y sont vivaces, et arrivent à un développement considérable. Ainsi les Petunias fleurissent dès le commencement de l'hiver dans les endroits chauds, et pendant tout l'hiver, et deviennent la seconde année des buissons couverts de fleurs charmantes. Les Œillets à tige aussi ne souffrent nullement pendant l'hiver, deviennent de grandes plantes, donnent quelques fleurs sans désemparer, et ont une floraison énorme au mois de mai. Le sol calcaire leur convient, ainsi que la sécheresse et le soleil ardent. On les cultive partout dans la Méditerranée pour leurs fleurs que les jeunes femmes et les jeunes filles mettent dans leurs cheveux, derrière l'oreille. En Sicile, en Espagne, aux îles Baléares, on voit sur tous les balcons des pots, de vieilles marmites, dans lesquels on cultive avec amour des Œillets dont les fleurs rouges en panache se penchent sur les passants en avril et mai. Il y a quelques années je me suis trouvé à Valence, en Espagne, au mois de mai, et je suis allé voir le marché comme je le fais toujours, pour étudier les indigènes et les productions du pays. Il y avait partout des bottes énormes de beaux Œillets. J'en achetai plein les bras pour une pièce de trente sous, et puis je les distribuai parmi un groupe de femmes du peuple. De suite, jeunes et vieilles les placèrent coquettement dans leurs cheveux, et je fus fêté et acclamé par ces dames, dont j'avais gagné le cœur par mon petit cadeau. Il y a des espèces qui fleurissent mieux l'hiver que les autres. Les petits Œillets ne fleurissent qu'au mois d'avril. Les Giroflées et les Quarantaines (*Matthiola*) deviennent de grands et forts buissons, et fleurissent avec une vigueur et avec une profusion admirable. Quoique vivaces il est bon de les renouveler tous les deux ou trois ans, autrement ils deviennent irréguliers de forme, trop ligneux. Cette remarque s'applique aussi aux Géraniums, aux Solanées, aux Salvias et à beaucoup d'autres plantes, qui ne sont vraiment jolies que dans leur jeunesse. La vieillesse, la décrépitude d'une plante est presque toujours pénible à voir, comme celle des animaux et des humains, quoique, comme avec ces derniers, il y ait des exceptions à la règle. Telle est la vieillesse de l'Olivier et du Caroubier.

Les Narcisses et les Tulipes paraissent se trouver bien de la terre calcaire, et viennent avec une telle profusion dans quelques endroits, sur les terrasses agricoles, qu'elles sont un ennui pour les cultivateurs (Narcisse, le cap Martin ; Tulipes, la vallée de Latté, route de Vintimille). Les Narcisses commencent à fleurir à la fin de janvier, les Tulipes seulement à la fin de février. On trouve quelques Jacinthes à l'état sauvage, de sorte qu'elles doivent être naturalisées dans le pays dont le sol et le climat leur conviennent. Si on laisse tranquillement en terre celles que l'on apporte du nord, elles reproduisent de nouvelles bulbes qui à la troisième année donnent des fleurs aussi belles que les premières. La Jacinthe est originaire de la Perse et de l'Asie Mineure dont le climat ressemble beaucoup à celui de la Rivière, ce qui explique ce fait. Je trouve qu'elles viennent mieux dans le sol calcaire du pays bien fumé que dans la terre de châtaignier. Dans cette dernière le feuillage se développe trop, avec trop de vigueur, et la fleur en souffre.

Les Primevères et les Hépatiques viennent naturellement dans les vallées sablonneuses, comme celle qui tombe dans le torrent de Cabroles, à un kilomètre de la station du chemin de fer. Les visiteurs donnent à cette vallée le nom de « la vallée des Primevères » à cause de la profusion de ces fleurs, ainsi que des Hépatiques, qu'on y trouve à la fin du mois de février. Elles s'étiolent et meurent plantées dans la terre calcaire. Les Primevères de Chine viennent en plein air dans la terre du pays, mais mieux encore si elle est mélangée de sable et de terre de châtaignier. Cette fleur est une ressource précieuse pour les jardins de la Rivière. Avec un peu de protection, sous un hangar ouvert à l'air sur le devant, elles fleurissent dès le mois de janvier et restent en fleur tout l'hiver. Sur la rocaille, dans des cavernes dans lesquelles le soleil pénètre pendant quelques heures, en serre froide, elles deviennent ravissantes, la même touffe fleurissant, de plus en plus grande et de plus en plus belle, deux ou trois années de suite. Les Renoncules viennent avec vigueur dans le sol calcaire fumé, et sont très belles, fleurissant vers la fin de mars.

Les Camellias et les Azalées, et en général toutes les plantes à racines fibreuses fines, ne viennent pas bien dans le sol calcaire de ce pays qui ne leur convient nullement. Aussi on ne les cultive presque pas, si ce n'est en pots. Au nord on les plante dans de la terre de Bruyère : mais on ne peut guère l'obtenir dans le midi de l'Europe brûlé par le soleil, où la végétation des tourbières du nord est inconnue. On la remplace par la terre de Châtaignier, formée par la décomposition des feuilles qui s'accumulent dans la forêt aux pieds des Châtaigniers. Cette terre légère convient mieux, au dire de quelques horticulteurs, à ces plantes dans le midi que la vraie terre de bruyère. A Menton, et sur la Rivière en général, cette terre de châtaignier est difficile à se procurer. Il faut la faire venir des lacs italiens ou de la Corse, à grands frais. Dernièrement mon jardinier découvrit dans la haute montagne derrière nous, à trois heures de marche, une côte sablonneuse couverte de la Bruyère ordinaire du nord (*Calluna vulgaris*). Il y avait là un ou deux centimètres de terre végétale, bien vraiment de la terre de Bruyère, que nous avons recueillie précieusement. J'ai fait venir aussi du lac de Côme un wagon de la terre de Châtaignier telle qu'on l'emploie dans ce pays. Mélangeant les deux, j'ai réussi à former un terrain dans lequel les Camellias ont l'air de se plaire. Ensuite j'ai creusé pour mes Camellias dans le rocher même, avec la mine et la masse, deux terrasses de quinze mètres de long et d'un mètre cinquante de large. Ces précautions furent prises pour empêcher les racines des Oliviers qui les entourent d'y pénétrer. Elles sont si friandes de cette espèce de terre qu'elles semblent la sentir et accourir de n'importe où. Même après tout cela les racines d'un Olivier vivant de l'autre côté d'un rocher traversèrent des crevasses qui s'y trouvaient, et, se frayant un chemin à travers quelques fentes inaperçues d'un mur en maçonnerie, s'épanchèrent dans la terrasse et étouffèrent deux Camellias avant que je ne m'en fusse aperçu. Je voyais les Camellias périr peu à peu sans pouvoir m'en rendre raison. En les enlevant pour trouver la cause, ce qu'on devrait toujours faire quand une plante dépérit, je trouvai à cette extrémité de la terrasse une masse de racines d'Olivier.

Dans ces terrasses ainsi préparées je plantai une vingtaine de Camellias venus de Pallanza, Lac Majeur. Les espèces furent choisies de manière à avoir des fleurs tout l'hiver et sont surtout : l'*Iride*, l'*Alba plena*, le *Variegata plena*, l'*Anemonæflora* l'*Incarnata* et le *Sacco vera*, le plus hâtif de tous.

Après tous ces soins j'ai éprouvé une déception amère, dont la faute est à l'horticulteur qui me les envoya, que je ne nommerai pas. Dans la culture du Camellia on reproduit les plantes pour la vente de deux manières : 1° par bouture sur Camellias de graines (la bonne manière) ; 2° par marcottage, en posant des godets sur les branches du sujet mère (la mauvaise manière). De la première manière on a des sujets qui montent tout droit et font de beaux arbustes, de beaux arbres. De la seconde manière on n'a jamais que des branches, qui se développent horizontalement, comme des branches qu'elles sont, et ne font jamais de beaux arbres. Mais ce moyen est bien plus expéditif. On peut mettre cinquante godets à un grand Camellia, obtenir des racines, couper la branche et avoir de suite un méchant arbuste bon à vendre en ville, mais qui jamais ne pourra devenir beau. Malheureusement, au bout de plusieurs années je m'aperçois que les deux tiers de mes Camellias ont été fabriqués de la sorte, et ne pourront jamais devenir de beaux arbustes. On multiplie les Conifères de la même manière et avec le même résultat. Jamais la multiplication par branche ne réussit à faire de beaux sujets. Je dois ajouter que, craignant que la chaleur brûlante du soleil de Menton ne nuisît au bien-être de plantes qui ont la réputation d'aimer l'ombre, je fis faire au-dessus de mes terrasses un treillage à jour, en petites branches de Châtaigner fendues. Mes Camellias sont beaux, verts et se portent à merveille.

La Gardenia (Chine, cap de Bonne-Espérance) vient parfaitement bien dans ce terrain artificiel, en plein air, devient buisson et se couvre de ses belles fleurs à la fin du mois de mai ou au commencement de juin, trop tard pour moi malheureusement. Mon vieux jardinier Antoine me raconta que les fleurs de ces plantes étaient très belles, mais qu'elles sentaient si mauvais qu'elles empoisonnaient le jardin! Cette manière d'envisager la Gardenia est un bon exemple de l'indifférence, même de l'aversion de beaucoup de gens du midi pour les odeurs que nous trouvons les plus suaves, que nous apprécions le plus. D'un autre côté ces personnes souvent ne font pas attention aux odeurs que nous regardons comme les plus immondes, comme indiquant l'absence de toute civilisation.

La Capucine (Chili) est vivace, à tige ligneuse et fleurit pendant tout l'hiver dans des endroits exposés au soleil, couvrant des treillages comme en été chez nous. La grande Marguerite ou *Chrysanthemum fruticosum* est une des plantes qui réussissent le mieux en hiver, et dont on fait le plus de cas. Elle est très vivace et devient la seconde année un grand buisson. Flétrie en automne après les chaleurs, elle se couvre de belles feuilles vertes après les premières pluies, et forme un buisson, en boule aplatie, qui au mois de février se pare de milliers de jolies Marguerites blanches. La floraison devient tellement abondante que c'est à peine si on voit les feuilles; c'est une nappe neigeuse qu'on a devant les yeux. Au bout de trois ou quatre ans la plante devient vieille, trop ligneuse, et il faut la renouveler. L'enfant est devenu vieillard disgracieux, et il lui faut céder la place à une nouvelle génération.

Le sol de mon jardin et de mes rochers étant tout à fait calcaire n'est pas favorable aux Conifères en général. Il y en a, cependant, qui semblent se plaire dans des sols de cette nature, et qui fleurissent sur des rochers calcaires dans toutes les régions de la Méditerranée. Ce sont surtout le Pin d'Alep (*Pinus Halepensis*) et le Pin maritime (*P. maritima*). La plupart des Cyprès viennent bien, entre autres le *Cupressus pyramidalis*, le *C. horizontalis*, le *C. macrocarpa*, le *C. lambertiana*. Tous les Junipers viennent bien, le plus souvent en arbuste, mais quelquefois ils s'élèvent à la dignité d'un arbre. J'en ai un de 5 mètres de haut sur mes rochers, dans un bon coin.

L'*Araucaria excelsa*, le beau Pin de l'île Norfolk, dans l'océan Pacifique, comme je l'ai déjà dit, prospère dans le sol calcaire de toutes les régions protégées et chaudes de la Méditerranée ; j'en ai plusieurs beaux exemples, pour de jeunes arbres, dans mon jardin.

Les bananiers (*Musa sinensis*) viennent bien dans ce climat, et produisent des fruits qui mûrissent, mais seulement dans les endroits les plus chauds, comme dans la baie de Roquebrune, au jardin de M. le général Mouton. J'en ai planté qui prospèrent et donneront sans doute des régimes mûrs, si je les garde, mais ils sont vilains en hiver avec leurs feuilles noircies et déchirées par le vent.

Fidèle à mon système d'arracher tout ce qui dépare la vue ou rappelle l'hiver, j'ai l'intention de les éliminer. Même dans les tropiques, me dit-on, les Bananiers ont toujours les feuilles déchirées par le vent, ce qui les enlaidit. Ils sont bien plus beaux dans nos serres que chez eux, si on peut en croire les photographies des jardins tropicaux. Le Musa Ensèté, le beau Bananier abyssinien qui orne les jardins publics à Paris l'été, [vient parfaitement et souffre moins du vent. Hiver comme été il est parfaitement rustique et devient plus que beau, majestueux.

Il y a beaucoup de Palmiers qui sont rustiques dans le climat tempéré du bassin méditerranéen. Le *Chamærops humilis*, buisson et mauvaise herbe en Algérie, vient parfaitement bien. Autrefois il existait à l'état sauvage sur la Rivière et dans les landes sablonneuses de la Provence, mais il en a été extirpé. Je l'ai trouvé, couvrant les terrains sablonneux ou schisteux et déserts dans le midi de l'Espagne, Murcie, Andalousie, et sur toute la côte orientale, depuis Malaga jusqu'à Sarragosse et Barcelone. Il y a une variété de Chamærops, le *C. excelsa*, que l'on m'a dit à Alger y avoir eu son origine, dans le jardin d'acclimatement. Il arrive à une élévation de plusieurs mètres à Menton, assez rapidement, et il est tout à fait rustique.

Le *Phœnix dactylifera* est le palmier qui réussit le mieux dans ce climat. Il semble y prospérer aussi bien que dans les déserts de l'Afrique, arrivant à son entier développement, à une hauteur de 20 à 25 mètres. Comme je l'ai dit, à Bordighera il y a des forêts de ces palmiers, dont beaucoup ont atteint cette hauteur et sont âgés de plusieurs centaines d'années. Les fruits ne mûrissent pas à Bordighera, mais dans mon jardin j'ai un beau petit dattier de vingt ans, ou à peu près, qui produit tous les ans des dattes qui mûrissent et deviennent sucrées au mois de juin. J'ai aussi cultivé avec un certain succès le *Chamærops Palmetto*, le *Latania Borbonica*, le *Corypha australis*, le *Cocos nucifera*, le *Chamærops stauracantha*, le *Jubea sinensis* et le *Rhapis flabelliformis*.

Je ne suis pas très content, toutefois, de la venue des Palmiers chez moi, et je crois que la cause est double. Le sol est trop calcaire, et je n'ai pas assez d'eau. J'ai remarqué, partout où j'ai trouvé les Palmiers à dattes florissant en masses, en forêt, qu'ils étaient plantés soit dans un terrain sablonneux ou schistique, comme l'est le jardin d'acclimatement à Alger, soit dans un terrain où le sable était mêlé en grande quantité au calcaire, comme à Bordighera, à l'embouchure de la Roya qui amène le sable siliceux des hautes montagnes du col de Tende. Il en est de même dans les monts Atlas, qui sont en grande partie calcaires. Mais leurs bases méridionales où se trouvent les premiers oasis sont recouvertes de sable siliceux.

Il leur faut aussi en été une grande quantité d'eau. Les Arabes ont un proverbe : « pour que le Palmier florisse il faut qu'il ait la tête dans les flammes, les pieds dans l'eau. » Les oasis dans le désert de Sahara sont tout bonnement des endroits où il y a de l'eau au milieu des sables. Des pluies torrentielles et fréquentes tombent tous les hivers sur les monts Atlas, qui forment une lisière de chaînes de montagnes, sur trois lignes, le long de la côte de la Méditerranée, depuis le Maroc jusqu'à

LES PALMIERS DE BORDIGHERA. (Page 212.)

Tunis, sur une étendue de 2,000 kilomètres. Les eaux qui tombent sur le versant méridional se perdent dans les déserts de sable à sa base. Elles coulent souvent sous le sol, comme de vraies rivières souterraines, le long de la base, remontant de temps en temps à la surface. C'est dans ces endroits que se trouvent les oasis, et que l'on peut creuser des puits. Les Palmiers, dans ces régions, peuvent plonger leurs longues et fortes racines pivotantes jusqu'à l'eau, et par conséquent elles sont florissantes. Dans l'Espagne méridionale les Palmiers isolés sont toujours au bord d'un puits qui permet de les arroser. A la forêt de Palmiers d'Elché, en Murcie, il y a une rivière que l'on détourne, en tout ou en partie, dans la forêt, à diverses reprises pendant l'été. Au pied de chaque Palmier il y a un grand bassin de trois mètres de diamètre que l'on remplit d'eau dans ces occasions. Le terrain est en partie sablonneux, en partie calcaire, et ces deux conditions expliquent la vigueur des arbres et l'étendue de la forêt. Quand je visitai Elché j'avais un compagnon de voyage qui avait habité pendant vingt ans l'Inde, qu'il avait parcourue du nord au sud. Il me dit que jamais il n'avait vu dans l'Inde une forêt de Palmiers aussi grande ou aussi belle que celle que nous avions sous les yeux.

A Murcie, ville qui n'est pas très loin d'Elché, la capitale de la province de ce nom, je vis dans le jardin de Lord Howden, autrefois l'ambassadeur d'Angleterre à Madrid, une trentaine de très beaux Palmiers à dattes venus de graines, qui n'avaient que douze ans, quoique ayant au moins six mètres de haut. Ils étaient plantés au fond d'un fossé profond de deux mètres, large de trois. Le régisseur me dit que tous les quinze jours pendant les grandes chaleurs on y déversait un ruisseau, que l'on y laissait couler toute la journée. Il expliquait ainsi la croissance exceptionnellement rapide de ces Palmiers. Encore des exemples de ce fait tirés de mon jardin à Grimaldi. J'ai une ligne de Palmiers plantés sur une terrasse dans un sol peu profond. Un de ces Palmiers a devancé tous les autres, a grandi si vite, comparativement, qu'il a quatre fois leur volume ; c'est celui qui me donne les dattes qui mûrissent. Pendant longtemps moi et mon jardinier nous nous creusâmes le cerveau pour deviner la cause de ce développement exceptionnel, sans y arriver. Un beau jour le problème fut expliqué. A quatre mètres au-dessous de la terrasse il y a une serre, dans la serre il y a un petit réservoir d'eau. En le nettoyant on trouva une masse de racines du dattier qui avaient passé sous ou à travers un épais mur en maçonnerie. Le Dattier avait eu « les pieds dans l'eau » et avait bu à volonté.

Sur une autre terrasse j'ai une avenue de Palmiers tous plantés à la même époque. Trois d'entre eux, un *Phœnix dactylifera*, un *Corypha australis*, un *Chamærops excelsa*, ainsi qu'un *Cicas revoluta* sont arrivés en peu d'années à un développement énorme comparativement aux Palmiers plantés sur la même ligne. La cause est apparente. Un de mes voisins avait un service d'eau à travers cette terrasse, et une fois par semaine l'été l'eau coulait pendant plusieurs heures à leur pied. Ils en prenaient la dîme, et comme la terre était bien défoncée la dîme n'était pas peu de chose. Mon voisin fut tellement frappé et chagriné du développement prodigieux de mes Palmiers, évidemment survenu aux dépens de son eau, qu'il me somma de la détourner, ce que je fis, la faisant passer ailleurs.

En réalité les Palmiers, au lieu d'être des plantes délicates, sont très rustiques, excepté pour le froid. De quelque pays qu'ils viennent ils semblent demander très peu de soins, très peu de terre, seulement de l'eau pour leurs pieds et du soleil pour leur cime pendant leur croissance. En hiver ils sont au repos, et voilà pourquoi ce sont de bonnes plantes d'appartement, seulement il faut les mettre au soleil et leur donner beaucoup d'eau pendant les chaleurs de l'été. L'hiver on peut les fourrer presque partout, pourvu qu'ils soient à l'abri du froid.

Il y a dix ans, je fis venir d'Alger en Angleterre une collection des Palmiers que j'ai nommés, et depuis ce temps-là je les ai mis dehors dans mon jardin près de Londres pendant quatre mois, depuis le 1er juin jusqu'au 1er octobre, ce qu'on ne pensait pas pouvoir faire alors en Angleterre. Comme j'ai remarqué que les racines ont une tendance à descendre perpendiculairement, et qu'on les trouve dans les pots ordinaires enroulés au fond comme les racines d'une Jacinthe, je fis faire des pots de 80 centimètres de long, comme des tuyaux de cheminée. Ces pots réussissent très bien, les racines descendant tout à fait jusqu'au fond, et ils ont été généralement adoptée en Angleterre pour la culture des Palmiers et des Lis. J'enfonce ces longs pots dans la terre jusqu'au collet, ce qui entretient la fraîcheur. Au mois d'octobre je les place dans une remise que j'ai convertie en serre à Palmiers, en y faisant passer la cheminée d'une serre chaude, utilisant ainsi la chaleur perdue; le thermomètre n'y descend pas en hiver au-dessous de 8° C. Les beaux jours on ouvre les portes à deux battants. J'ai vitré la partie supérieure des portes, j'ai fait une grande fenêtre d'un autre côté pour donner de la lumière et j'ai établi une bonne et permanente ventilation. Nos Palmiers traités ainsi comme des plantes presque rustiques dans la pluvieuse Albion, au grand air quatre mois de l'année, sont devenus si beaux que mon jardinier remporte le prix chaque année dans les expositions horticoles du voisinage.

Les Cicas viennent parfaitement au grand air. J'ai un *Cicas revoluta* de dix ans, qui est énorme et de toute beauté. Il a fleuri cette année. La *Bonapartia juncea* vient aussi très bien, j'en ai une dans ce moment en pleine floraison. Elle a fait un arbre de trois mètres de long, comme aussi plusieurs de mes autres Dasylirions venus d'Alger il y a dix ans. Tous les Yuccas viennent bien, surtout le *Yucca draconis* qui est superbe.

Désirant, il y a quelques années, étudier personnellement, à l'aide de la végétation, le climat d'autres régions de la Méditerranée plus à l'ouest, j'y fis un voyage horticole, de Menton à Marseille, partant de Menton le 10 avril.

A Nice, je visitai les jardins du comte Margaria, de M. Gastaux, et du baron Vigier. Dans tous je trouvai, comme dans le mien, les fleurs ordinaires du printemps, à peu près passées : Salvias, Iberis, Silènes, Jacinthes, Narcisses, Renoncules, Giroflées, G. de Mahon, Quarantaines, tandis que les Roses commençaient à s'épanouir en masses.

Le jardin du comte Margaria était surtout remarquable par sa culture du Camellia en plein air. Il en avait un très grand nombre de cinq à sept mètres de haut, tels qu'on les voit sur les rives du lac Majeur et du lac de Côme, et couverts, comme ces arbres, de milliers de fleurs. Le comte me raconta qu'il cultivait les Camellias à Nice, avec succès, depuis nombre d'années, tous ses arbres venant du lac de Côme, mais qu'il lui avait fallu se donner beaucoup de mal et dépenser beaucoup d'argent pour réussir. Le sol calcaire de Nice étant impropre à ce genre de culture, il avait essayé toute espèce de terrains artificiels, un mélange de sable, de poussière de charbon et de terre végétale, ainsi que la terre de châtaignier, la terre usitée dans le midi de l'Europe pour les Camellias et les Azalées. Il ne fut jamais satisfait, toutefois, des résultats obtenus, jusqu'à ce qu'il fît venir de la terre des bords du lac de Côme. Cette terre, un mélange de terre de Bruyère, de terre végétale et d'humus résultat de la décomposition de feuilles, plus compacte que la terre de Bruyère du nord de l'Europe, semble convenir tout à fait à ce climat, à l'air sec, et au soleil brûlant de Nice. C'est le sol dans lequel les Camellias viennent avec tant de vigueur sur le lac de Côme et le lac Majeur et y deviennent tout à fait des arbres. Cette culture, toutefois, est très dispendieuse, car chaque wagon de terre rendu à Nice revient à plus de six cents francs.

Dans les commencements, le comte, se conformant aux idées ordinaires à ce sujet, plantait ses Camellias à l'ombre ; mais, se rappelant qu'au lac de Côme ils étaient plantés en plein air, et cela dans une localité presque aussi chaude l'été que Nice, il rejeta toute ombre naturelle ou artificielle. Il laissa ses Camellias exposés en plein à l'ardeur du soleil, sans aucune protection, et cela non seulement sans désavantage, mais avec bénéfice. Je me rappelle avoir été surpris moi-même de trouver les grands Camellias aux lacs italiens sans aucun abri, en plein soleil, ce que je n'ai jamais vu ailleurs, ni avant ni après. Il faut cependant se rappeler que l'air n'est pas aussi sec, ni le soleil aussi ardent, aussi brûlant aux lacs italiens que sur les bords de la Méditerranée. Je remarquerai que ces grands Camellias arbres, avec leurs milliers de fleurs, quelque beaux qu'ils soient, ont un grand désavantage, comparés à des plantes plus petites.

Comme les fleurs s'épanouissent en succession, et ne tombent pas de suite quand elles se flétrissent, il y en a toujours beaucoup sur l'arbre ; dans cet état les fleurs flétries et jaunies gâtent la beauté de la plante. Sur un arbuste de moyenne grandeur un jardinier ou un amateur peut les enlever, mais quand il s'agit d'un arbre couvert de milliers de fleurs cela devient impossible. Aussi, quoique la description d'un Camellia arbre, couvert de milliers de fleurs, donne l'idée de quelque chose de très beau, en réalité, une plante plus petite mais bien entretenue est beaucoup plus avenante. Les principales espèces cultivées par le comte étaient : l'*Iride*, l'*Alba plena*, le *Variegata plena*, l'*Anemonæ flora*, l'*Incarnata*, l'*Althœiflora*, le *Henri Fabre*, le *Rival rouge*, le *Pulcherrima*, *Printemps* et le *Grand Monarque*. Je trouvai dans ce jardin, situé dans la rue de France, et protégé de tous les côtés par des constructions, les plantes suivantes : *Dasylirium robustum*, *D. juncifolium*, *D. longifolium*, *D. gracile*, *D. glaucum*, *D. striatum*, *Alsophila excelsa*, *Ficus repens*, *Beaucarnea recurvata*, *Agnostus sinuatus*, *Grevillea robusta*, *G. alpestris*, *Chamærops excelsa*, *Bambusa Fortunei*, *Zamia villosa*, *Z. horrida*, *Phormium tenax*, *Bignonia Reevesiana*, *Philodendron pertusum*, *Bignonia jasminifolia*.

Le jardin du baron Vigier, situé sur une colline qui monte par une légère inclinaison de la base ouest de la montagne de Villefranche, à l'est du port, est ouvert en plein au sud-ouest, la montagne de Villefranche le protégeant complètement du côté du nord. Il contient la plupart des plantes trouvées chez le comte Margaria, et elles sont toutes remarquables par leur développement vigoureux et exceptionnel. Les Palmiers sont les plus beaux que j'aie vus sur cette côte, ce qui s'explique par l'abondance de l'eau et la présence d'un sol profond, riche en humus et en partie schisteux. On y voit un grand nombre d'espèces de Phœnix et de Chamærops fortement développées. On y trouve aussi de très beaux spécimens des plantes suivantes : *Dracæna draco* ; *D. guatemalensis*, *Greigia sphacelata* ; *Ficus Chauveri*, *Porteana* ; *Brahea dulcis*,

Dion edule, Chamærops Ghiesbreghtii, C. tomentosa ; Melaleuca ericifolia, et une très belle collection de Mimosées et d'Acacias.

Le jardin créé par M. Gastaux, qui appartient maintenant à M. Gambart, contient beaucoup de beaux arbres et de belles plantes, entre autres deux très beaux *Araucaria excelsa*, les plus beaux du pays. On y a formé des avenues d'*Eucalyptus globulus*, de *Schinus Mulli*, et de *Magnolia grandiflora*, qui sont devenues très belles. Les arbres ont prospéré d'une manière merveilleuse. L'Eucalyptus vient tout à fait bien dans le climat de Nice comme dans toute la Méditerranée, dans la Corse, la Sardaigne, l'Algérie. La chaleur de l'été, la douceur de l'hiver, et la sécheresse de l'atmosphère, semblent reproduire son climat natal de l'Australie, de sorte qu'il croît avec une vigueur et une rapidité étranges, un, deux ou trois mètres chaque année. Comme le bois, malgré cette croissance rapide, est dur, et bon pour la bâtisse et pour la pose des rails du chemin de fer, cet arbre semble devoir devenir une acquisition importante pour l'arboriculture dans toutes les régions tempérées. On a un bon exemple de la croissance rapide de l'Eucalyptus à Nice près de la gare du chemin de fer. Il y a là une avenue d'Eucalyptus globulus qui sont déjà de beaux et grands arbres, quoique plantés seulement depuis une douzaine d'années. L'Eucalyptus paraît posséder la propriété d'assainir les régions infestées de fièvre intermittente, probablement en drainant le sol. On l'a essayé dans les pays chauds et dans les terrains marécageux, mais il paraîtrait que ni les climats tropicaux, ni les terrains trop humides ne lui conviennent.

En quittant Nice, je me rendis au golfe Juan, à peu de distance de Cannes, pour étudier l'établissement de M. Narbonnard, horticulteur distingué. Je le trouvai très au fait de la valeur du climat de cette partie du rivage nord de la Méditerranée. Il me dit que la plupart des amateurs essayaient sans succès de cultiver des plantes presque rustiques dans ce climat, telles que : Palmiers, Dracænas, Dasylirions, Yuccas, parce qu'ils recevaient leurs plantes directement de serres dans lesquelles elles avaient été élevées. Chez lui les plantes propagées de graines dans une couche chaude, et gardées en serre pendant un ou deux hivers, étaient livrées au plein air graduellement, et gardées pendant deux ans entièrement sans protection avant d'être vendues à ses pratiques. En les préparant de cette manière il les rendait capables de résister au froid de l'hiver dans ces régions. Il me montra une grande collection de plantes qu'on regarde comme trop délicates pour le plein air même dans le midi de l'Europe, et qui selon lui supporteraient le froid de l'hiver, n'importe où entre Toulon et Pise. Dans presque toute cette région le thermomètre descend à 2, 3 ou 4 degrés au-dessous de zéro, à plusieurs reprises dans le courant de l'hiver. Parmi ces plantes étaient : *Phœnix pumila, P. leonensis, P. reclinata, Cocos campestris, C. flexuosa, C. australis, Jubea spectabilis, Seaforthia elegans, Corypha australis, Dion edule, Zamia horrida, Cycas revoluta, Cha-*

mærops elegans, *Drcæna cordylina*, *Yucca aloifolia*.
Y. gloriosa, *Casuarina tenuissima*, *C. astricta*. Il avait aussi toute une collection d'*Araucaria excelsa*.

Le lendemain, j'étais à Cannes, et je visitai avec soin le jardin du duc de Valombrosa, qui est situé sur une pente tournée au sud-ouest, et qui est protégé par sa position du nord. J'y trouvai la végétation tout aussi avancée qu'à Menton, Nice et au golfe Juan. Les *Mesembryanthum* tombaient le long des talus comme une rivière de pourpre et de lilas. Les Roses Banksia, Noisette et Multiflores, étaient en pleine floraison, surtout Rose Lamarque, et les Roses hybrides commençaient à s'ouvrir, comme aussi les *Spiræa*, *Fabiana imbricata* et *Erica arborea*. En plein air, on voyait en parfaite santé de grands exemples des plantes suivantes : *Cycas revoluta*, *Dion edule*, *Chamærops reclinata*, *Phœnix Leonensis*, *Araucaria Bidwillü*, *Aralia Sieboldi*, *Musa ensete*, *Dasylirium longissimum*, *Yucca tricolor*, *Alsophila*, *australis*, *Rhopala corcovadensis*, *Dracœna indivisa*.

Le résultat de l'étude consciencieuse de ces jardins à Nice, au golfe Juan et à Cannes, fut cette conclusion. Quoique quelques régions de cette côte méditerranéenne comme Villefranche, Beaulieu, Monaco, Menton, San-Remo, soient beaucoup mieux protégées contre les vents du nord que la partie de la côte qui s'étend de Toulon à Villefranche, soient moins exposées aux nuits froides, aux grandes gelées, toutes doivent recevoir, dans les endroits protégés, à peu près la même quantité de chaleur solaire en été et au printemps. Il doit en être ainsi, puisqu'à peu près les mêmes plantes y vivent et florissent, fleurissant à peu près à la même époque. Cette région un peu moins favorisée de la nature, quoique dans presque les mêmes conditions climatologiques, comprend Hyères, Cannes, le golfe Juan et Nice.

Dans un voyage subséquent je visitai Hyères avec soin, le 22 avril, pour trouver la même végétation exceptionnelle qu'à Cannes le 13 avril, dans à peu près les mêmes conditions. Les habitants d'Hyères ont compris la valeur du Palmier comme annonce climatologique pour les personnes venant du Nord, ils ont compris que leurs vieux Palmiers de la place avaient fait leur fortune, et ils ont planté un beau boulevard de Palmiers à dattes, en double rangée de trente ou quarante chacune. Ces Palmiers soignés, dorlotés, évidemment par un bon jardinier, sont devenus très beaux en très peu d'années. Il n'y a pas un boulevard aussi pittoresque, qui donne aux étrangers une idée si poétique de l'Orient, entre Toulon et Pise. Hyères est à un demi degré de latitude, dix lieues plus au sud que Cannes, Nice ou Menton. Il partage avec ces villes le soleil radieux et la protection des Alpes maritimes, mais la protection n'est pas aussi efficace, et le mistral, ou vent du nord-ouest, qui descend des montagnes du Dauphiné, se fait sentir péniblement, beaucoup plus fortement que lorsqu'on a dépassé les Estrelles au-delà de Fréjus, et surtout que lorsqu'on a dépassé la Turbie à l'est de Nice.

De Cannes, je suis allé à Marseille, où je visitai

plusieurs jardins appartenant soit à des particuliers, soit à des horticulteurs. Je fus vivement impressionné de la très grande différence qui existe entre ces jardins et ceux que je venais de parcourir entre Monaco et Toulon. La présence récente et habituelle d'un hiver rigoureux me frappa partout (13 avril). Quoique nous fussions sous le même degré de latitude, l'absence de protection du côté du Nord se manifesta dans l'absence complète et entière de toute la végétation méridionale que je viens de décrire. Pas de Citronniers, pas d'Orangers, pas de Palmiers, de Dracœnas ou de Dasylirions; seulement les Yucca les plus rustiques, comme au nord. Même les fleurs du printemps étaient en retard, et les Géraniums qui avaient été récemment plantés en plein air dans des endroits protégés, bien au soleil, avaient leurs feuilles brûlées par le froid. Les arbres à feuillage décidu montraient à peine signe de vie, et il y avait bien d'autres indications d'une saison froide.

En m'informant avec soin j'appris l'explication de cet état de choses. Marseille est placée au fond de l'entonnoir que forme la vallée du Rhône, au bord de la mer, et n'est nullement protégée contre les vents du Nord. Ces derniers descendent à la mer sans entrave. Aussi en hiver le thermomètre descend souvent à — 5° ou — 6° ou même davantage. En été au contraire le soleil ardent, par suite de la latitude, jette sur la ville des rayons qui sont réfléchis par les collines calcaires qui les dominent et en font une fournaise le jour. La nuit, en été, le thermomètre peut descendre au-dessous de zéro sous l'influence des vents du nord. D'un autre côté le vent de sud-ouest souffle souvent de la mer avec tant de force qu'il fait plier et brise arbustes et arbres ou leur enlève tout leur feuillage. Le mois de mars est souvent un mois désastreux par suite de la violence de ces vents de mer. Dans les serres, je trouvai toutes les plantes que j'ai énumérées comme capables d'être cultivées en plein air à Menton, à Nice et à Cannes. Ces plantes étaient très belles et demandaient évidemment beaucoup moins de soin et de chaleur artificielle que dans les serres du Nord.

En terminant ce chapitre, je ferai remarquer que toutes mes études de climatologie sur les rives et dans les îles de la Méditerranée m'ont appris qu'un des éléments les plus importants dans toute question de ce genre, c'est la protection contre les vents du nord. Le climat exceptionnel de la Rivière de Gênes, de toute cette lisière de rivage qui se trouve à la base des Alpes et des Apennins, est dû à cette protection. Plus elle est grande, plus elle est parfaite, meilleur est le climat. Comme élément climatologique la protection l'emporte tellement sur la latitude que le Danube, qui a son embouchure dans la mer Noire plus au sud que Nice, projette dans cette mer, chaque hiver, un glaçon de deux lieues de long. A Rustschuck, qui est sur le même degré de latitude que Nice, le Danube, dont la largeur est de plus d'une lieue, est gelé pendant quatre mois, assez fortement pour que des wagons lourdement chargés puissent le traverser. Mais la Russie est un pays de plaines sans montagnes. Les vents du nord arrivent sans obstacle jusqu'à la mer Noire, tandis que la Rivière de Gênes est protégée contre ces mêmes vents par tout le système montagneux qui occupe la partie méridionale de l'Europe, et qui surgit avec plus ou moins de développement depuis les Pyrénées à l'ouest jusqu'aux monts Carpathes à l'est.

La Corse vue de Menton au lever du soleil.

CHAPITRE V

LA MÉDITERRANÉE

HISTOIRE. — NAVIGATION. — MARÉES. — PROFONDEUR ET SONDAGE. — TEMPÊTES. — TEMPÉRATURE. — POISSONS. — UN RÊVE DE NATURALISTE. — COULEUR. — LES ROCHERS DE SAINT LOUIS.

> Βῆ δ'ἀχέων (μη) παρὰ θῖνα πολυφλοίσβοιο θαλάσσης.
> HOMÈRE, *Iliade*.

L'idée qu'on se forme habituellement de la Méditerranée est celle d'un grand lac bleu et tranquille. A Cannes, à Nice, à Menton, pendant l'hiver, cette idée est bien loin de la réalité, ce n'est qu'un rêve de poète. Quelquefois pendant des semaines entières la Méditerranée est toujours courroucée, toujours grondante. Elle réalise l'expression de Lucrèce, cet observateur profond de la nature, qui qualifie la Méditerranée, la seule mer qu'il connût, de perfide, « infidum mare ». En effet elle est bien perfide, variable et changeante, « varium et mutabile », et le plus souvent, en hiver, brise avec fracas sur les galets du rivage ses vagues écumantes.

Pour ceux qui sont familiarisés avec les allures de notre vieil Océan, qui tantôt s'avance comme un ennemi montant à l'assaut, tantôt recule comme un escadron vaincu, la vue de la Méditerranée, au premier abord, est plutôt pénible qu'agréable. On se fatigue de voir toujours devant soi une mer, tantôt calme comme un lac, tantôt furieuse, quoique impuissante à franchir les limites du rivage, toujours au même niveau. Peu à peu, cependant, l'œil s'accoutume à cette monotonie, plutôt apparente que réelle, l'ouïe s'accoutume aussi au choc sur le rivage des vagues qui le frappent comme le marteau frappe sur l'enclume et toujours à la même place. Alors l'intelligence s'ouvre et comprend la grandeur de cette vaste mer. Alors on sent que c'est un grand privilège que de vivre, comme nous vivons à Menton, en face de la plaine liquide, sans bornes, de la Méditerranée, de cette mer un moment agitée, soulevée, ondulante, à un autre moment calme, miroitante et présentant des myriades de facettes sur lesquelles les rayons du soleil brillent et dansent. Le soleil à son lever, aussi, quand il sort des flots à l'orient, grand, majestueux, comme un immense globe de feu, a une beauté incomparable. Le ciel, les nuages, les eaux se couvrent de couleurs nuancées à l'infini, qui surpassent celles de l'arc-en-ciel. C'est une scène splendide, qui se renouvelle presque tous les jours, et dont on ne se lasse jamais.

Pour ceux qui savent, qui pensent, la Méditerranée est la plus intéressante de toutes les mers. Ses rivages sont sacrés, car ils portent l'empreinte de l'histoire de la civilisation humaine. Ils ont été le berceau de cette partie de l'espèce humaine à laquelle nous appartenons, et de son développement intellectuel. Quand presque tout le reste de l'Occident était inconnu, habité par des races encore sauvages, ses rives et ses îles étaient connues et habitées par les nations que nous regardons comme les pères de l'histoire. Les Hébreux, les Phéniciens, les Égyptiens, les Grecs, les Carthaginois, les Romains, vivaient sur ses rivages, naviguaient sur ses eaux, et développaient leur vie comme nations dans les pays qui l'environnent. Dans les temps à moitié fabuleux, elle transporta la belle Hélène de sa patrie, la Grèce, jusqu'à Troie, et plus tard elle transporta le mari abandonné, et les rois ses amis et compagnons, de la Grèce jusqu'aux murs de son asile, destinés à tomber devant eux. Plus tard encore elle vit la naissance et les progrès de la religion chrétienne, et fut la scène des voyages, des naufrages, des travaux et des épreuves des apôtres. Elle porta sur son sein les croisés, qui allaient combattre pour la croix, et ramena les restes de leurs armées merveilleuses à leurs patries lointaines dans le Nord. Dans les temps modernes, aussi, dans les temps les plus rapprochés de nous, la Méditerranée a été le grand chemin de l'Orient, un des principaux champs de bataille du monde, le trait d'union entre l'Europe, l'Asie et l'Afrique.

Nous avons des données authentiques sur le climat et la météorologie de la Méditerranée, il y a deux mille ans, dans les écrits des anciens Grecs et Romains, tels que Pausanias et Vitruve, qui remontent à cette époque. Il semblerait qu'il y ait eu bien peu de changement dans ce long laps de temps, et que la Méditerranée, tant par rapport au climat que par rapport à la météorologie, est à peu près la même aujourd'hui que quand elle était parcourue par les vieilles races qui en habitaient les côtes. Dans ce temps-là comme aujourd'hui, la Méditerranée en hiver était incertaine, sujette aux tempêtes dangereuses. Aussi les nautoniers d'alors voyageaient avec beaucoup de précaution, n'aimaient pas beaucoup à s'éloigner de la côte, et ne faisaient pas de longs voyages en hiver. L'incertitude des vents à cette époque de l'année et la fréquence de collisions entre les vents du nord et ceux du sud rendaient la navigation à voiles difficile et pénible, surtout dans l'absence de la boussole, et les effrayaient. Les bâtiments marchands dans ce temps-là, comme les bâtiments côtiers d'à présent, étaient assez petits pour que l'on pût les remonter sur le rivage où ils restaient au port, à l'abri des dangers de la mer, depuis le commencement d'octobre jusqu'au commencement d'avril. On connaissait à Athènes les assurances maritimes même à cette époque, mais la navigation pendant ces six mois était réputée si dangereuse qu'on n'acceptait pas d'assurances. On réservait cet intervalle pour les litiges dans les cas maritimes, toutes les parties intéressées devant se trouver au domicile à cette période de l'année.

Les marins dans ces temps-là n'aimaient pas à perdre de vue la terre, et si le temps se gâtait, ils prenaient refuge dans le port le plus proche, ou cherchaient l'abri d'un promontoire favorable. Malgré toutes les améliorations modernes apportées à la navigation, ils en sont encore là dans la Méditerranée, et agissent comme leurs ancêtres. Quand il y a un vent léger, favorable à cette espèce de navigation, la mer près de la terre se couvre de bâtiments, leurs grandes voiles latines étendues, ils rasent la surface de la mer comme des hirondelles. Mais si le ciel se couvre de nuages, si le vent s'élève et que la mer gronde, toutes ces barques disparaissent, cherchant le premier abri qui s'offre. L'œil parcourt en vain l'horizon pour trouver un navire luttant contre l'orage. On ne voit que la mer furieuse, des vagues ondulantes dont le vent enlève la cime écumeuse pour l'éparpiller devant lui, et au ciel des nuages sombres. Quelquefois on aperçoit une traînée de fumée sur l'horizon lointain, la trace d'un bâtiment à vapeur aux prises avec les éléments, montant sur le faîte des vagues pour descendre aussitôt, et inspirant une vive sympathie à ceux qui le contemplent du rivage. Il est l'emblème de la navigation moderne qui méprise les obstacles, et va droit au but malgré les vents contraires, malgré l'orage, la tempête, l'ouragan.

Les bâtiments que l'on emploie dans la navigation côtière sont probablement de la même forme et de la même grandeur que ceux des Grecs et des Romains dans l'antiquité. Ils ont le plus souvent un calibre de vingt à cinquante tonneaux, rarement davantage. Une des causes de la petite capacité de ces navires, c'est que, la plupart des petits ports du littoral étant mal protégés, on est obligé de les tirer sur le rivage à force de bras et de poulies. C'est un curieux spectacle que de voir remonter une de ces barques sur le rivage. Une grande partie de la population y prend part. On décharge le navire préalablement et on le recharge à terre avant de le pousser à la mer.

Dans les petits ports de la Rivière on voit un grand nombre de ces bâtiments tout à fait à sec sur le rivage, attendant leur chargement ou le beau temps. Il y a maintenant à Menton un beau port, mais avant l'annexion (1862), la plupart des navires qui arrivaient et quittaient, étaient ainsi tirés à terre. Il en fut ainsi au siège de Troie ; les Grecs tirèrent leurs vaisseaux sur le rivage de cette manière après leur débarquement et les brûlèrent ensuite.

Quoique poétiquement on dise de l'immense étendue d'eau qui forme la Méditerranée que c'est une mer sans marée, elle obéit aux mêmes lois que l'Océan. Comme l'Océan elle ressent la proximité de notre satellite froid et fidèle, la lune, montant et descendant sous son influence à des heures fixes. Le volume de ses eaux, toutefois, est si minime comparé à celui des eaux de l'Océan, malgré la grande profondeur de la Méditerranée, que l'attraction de la lune produit un effet comparativement insignifiant.

La hauteur de la marée varie beaucoup dans les différentes régions de cette grande mer intérieure, la variation étant d'un centimètre à un mètre. Dans le golfe de Venise, au fond de l'Adriatique, il y a une marée d'à peu près un mètre. Dans la baie de Syrtis, près de Tunis et de Carthage, sur la côte méridionale, la marée est d'un mètre et demi. Dans la plus grande partie de la Méditerranée elle est insignifiante. Je me suis trouvé une fois à Naples, malade, dans un hôtel près du rivage que dominaient mes fenêtres. Couché sur un canapé, je m'amusais à observer la mer dont les vagues déferlaient à mes pieds sur des rochers couverts de plantes marines, pour venir ensuite frapper contre le mur du quai. Pendant un calme qui dura près d'une semaine, un rocher revêtu d'Algues était journellement couvert et découvert par la mer sous l'influence d'une marée évidente.

Toutes les fois que le vent souffle avec persistance de la mer sur le rivage, ou du rivage sur la mer, son niveau est élevé ou abaissé d'un ou de deux mètres dans toute la Méditerranée. Ce fait rend l'observation des marées difficile ; on ne peut les reconnaître que par un temps tout à fait calme. A Menton, quand le vent souffle depuis plusieurs jours du sud-est ou du sud-ouest, la mer monte beaucoup et souvent les vagues déferlent sur la route qui longe le rivage. Quand, au contraire, il souffle depuis plusieurs jours de terre, le rivage se découvre sur une assez grande étendue, et révèle une plage sablonneuse faisant suite aux galets.

Le genre de navigation suivi par les marins de la Méditerranée en fait des bateliers expérimentés ; mais on dit qu'il ne les prépare pas aussi bien pour la navigation lointaine, à long cours, que celui qui règne sur les rives de l'Océan. On conçoit que la navigation d'une mer intérieure, dans un climat tempéré, ne doit pas produire une race de matelots aussi hardie que celle qui est produite par la navigation des océans Atlantique et Pacifique, par celle des régions polaires au milieu des glaciers et des frimas, pour la pêche de la morue, des phoques et des baleines. On comprend que les matelots de Christophe Colomb, accoutumés à ne jamais perdre la terre de vue pour plus de quelques jours, furent saisis de frayeur après avoir été plusieurs semaines en mer, s'imaginant courir à leur perte dans une mer sans bornes, dans un désert marin insondable, dont ils ne pourraient jamais revenir.

Quand les lames déferlent furieusement sur le rivage, comme cela arrive si souvent l'hiver, la vie marine est absente, cachée sous les eaux. Les seules traces que l'on en trouve sont des Algues et des racines d'Algues, que la mer a arrachées aux bas-fonds, et rejetées sur le rivage. Le niveau de la mer étant toujours le même, par suite de l'absence de marée appréciable, on ne peut pas se promener sur la plage, à la marée basse, comme sur nos côtes, à la recherche des Zoophytes et des Algues marines. Un jour de calme parfait, cependant, une promenade à la pointe du cap Martin révélera au naturaliste des flaques d'eau, plus ou moins profondes, au milieu d'une foule de rochers crevassés, travaillés par les vagues, à arêtes acérées, pointues, où il y a beaucoup de choses à observer. On trouve le long de la côte dans d'autres endroits des réservoirs marins semblables, où l'on découvre, en cherchant, divers trésors marins : des Algues variées, des Anémones de mer, des Crabes ermites. Ces derniers habitent de jolis petits coquillages qu'ils ont été chercher dans des eaux plus profondes.

La Méditerranée est une mer profonde, et la profondeur en est très grande, même près du rivage. Ainsi de Saussure trouva une profondeur de 1,000 mètres tout près de Nice, et de Toulon à Gênes la mer est partout profonde très près de la côte. Il en est toujours ainsi, dans la Méditerranée et ailleurs, quand des montagnes élevées se terminent près du rivage ou dans la mer, comme cela a lieu sur la Rivière de Gênes. Les abîmes de la mer sont probablement toujours aussi profonds que les montagnes voisines sont élevées. Comme à Menton des montagnes de 1,000 à 1,500 mètres d'élévation arrivent jusque tout près de la mer, il y a sans doute des vallées alpestres tout aussi profondes à très peu de distance du rivage.

Ainsi se trouve expliquée l'absence de deltas à l'embouchure des grands torrents qui descendent à la mer dans l'amphithéâtre. Depuis des siècles innombrables ces torrents roulent à la mer, pendant les pluies d'hiver, des masses énormes de sol et de pierres, sans que la moindre impression ait été produite sur le contour de ses baies, qui reste intact. Sans doute les grosses pierres, qui forment le galet du rivage, tombent bientôt dans ces abîmes, comme des pierres que l'on roulerait sur le toit d'une maison tomberaient dans l'espace au-dessous. La même remarque s'adresse au Paillon à Nice, à la Roya à Vintimille, quoique cette dernière rivière venant de loin, des Hautes-Alpes, du col de Tende, soit arrivée à la longue à établir à son embouchure une lisière sablonneuse qui s'étend jusqu'à Bordighera. Au fond de ces vallées marines il se forme donc, de nos jours, des lits de sable et d'argile, mélangés de pierres, de morceaux de rocs, qui reproduisent probablement la poudingue de Roccabruna et de Vintimille. Dans un avenir éloigné ils seront probablement soulevés du fond de la mer à leur tour, et pourront être l'objet d'étude de la part des races futures.

La Méditerranée peut vraiment être regardée comme une mer profonde puisque la profondeur varie de 1,000 à 3,000 mètres dans la plus grande partie de son étendue. On s'en est assuré en posant les cables télégraphiques qui la parcourent en diverses directions, mais cette profondeur même est peu de chose comparativement à celle de l'Atlantique entre l'Europe, l'Afrique et l'Amérique. Le *Challenger*, vaisseau explorateur anglais, a déterminé une profondeur de près de 6,000 mètres (en 1873) et on peut présumer qu'elle atteint jusqu'à 10,000 mètres ou plus de deux lieues.

Autrefois, le sondage maritime n'était employé que pour les besoins de la navigation. Il consistait à jeter dans la mer un plomb ou poids, attaché à une ligne, afin de s'assurer de la profondeur de la mer en vue de la proximité de bas-fonds, d'écueils sous-marins et de la côte. De nos temps on l'a étendu aux recherches scientifiques sur la vie marine, dans les grandes profondeurs de la mer, qu'il a fallu explorer aussi pour la pose des télégraphes sous-marins. Le poids avait une base creuse remplie de suif qui ramenait quelques parcelles du fond qu'il touchait, et en indiquait de cette manière la nature.

Pour les grandes profondeurs il fallait un poids considérable qui, une fois descendu, ne pouvait plus être remonté sans casser la ligne, ce qui se comprend quand on sait que pour ces recherches il faut des poids de 100 à 200 kilogrammes. On a donc trouvé un procédé par lequel le poids se détache de lui-même en touchant le fond, et il n'y a plus qu'à remonter la ligne avec un tuyau chargé de la terre du fond. La pression de l'eau à une profondeur de plusieurs milliers de mètres est si énorme qu'il serait presque, peut-être tout à fait, impossible de remonter la ligne si on n'avait pas eu recours à la vapeur; et c'est à l'aide d'une machine à vapeur qu'on la remonte.

Les officiers du *Challenger* sont ceux qui ont fait les sondages les plus profonds. Ainsi à trente lieues des Indes occidentales dans l'océan Atlantique ils sont arrivés à une profondeur de plus de 7,000 mètres, près de deux lieues. Il fallut une heure et douze minutes pour arriver au fond. Près de la côte de la Nouvelle-Guinée on trouva une profondeur encore plus grande. A l'aide de ce moyen on a examiné le fond d'une grande partie de la Méditerranée et de l'océan Atlantique. On a trouvé que ce dernier est une vallée entre l'Europe, l'Afrique et l'Amérique, qui descend plus bas au-dessous de la surface de la mer que les plus hautes montagnes du globe ne s'élèvent au-dessus de sa surface.

Quand on a commencé à faire des sondages profonds, on croyait que toute vie s'éteignait à peu près à 1,200 mètres au-dessous de la surface, qu'au delà tout était sombre, sans lumière, et que la vie animale cessait. Les sondages récents ont modifié ces hypothèses, en prouvant qu'elles sont tout à fait erronées. On trouve la vie partout, dans les plus grande profondeurs de l'Océan, comme sur les plus hautes montagnes. Déjà en 1818 sir John Ross draguant dans la baie de Baffin ramena des Annélides de mer d'une profondeur de 2,000 mètres, une Méduse d'une profondeur de 1,500 mètres. Dans ce temps-là on pensait que la Méduse s'était probablement entortillée à la ligne dans des eaux moins profondes, mais maintenant on l'a reconnue comme une espèce habitant les grandes profondeurs.

En 1861, le professeur Fleming Jenkin, envoyé pour réparer un câble rompu entre la Sardaigne et Bone, en ramena un fragment d'une profondeur de 2,500 mètres auquel était attaché un corail vrai, un *Caryophyllia*. Plus tard le Dr William Carpenter et le Dr Wyville Thompson dans les navires explorateurs *Lighting*, 1868, *Porcupine*, 1869-70; et *Challenger*, 1873-74, ont trouvé la vie dans presque toutes les plus grandes profondeurs atteintes. Dans ces abîmes profonds, immenses, il est douteux si la lumière du jour arrive. Aussi, est-ce encore un mystère de savoir comment les organismes vivants qu'on y rencontre trouvent les éléments nutritifs dont ils ont besoin.

Quoique la Méditerranée ne soit séparée de l'Atlantique que par la péninsule de l'Espagne, l'élévation et le caractère montagneux de ce dernier pays, ainsi que les chaînes de montagnes qui la limitent au nord dans la partie occidentale de l'Europe, empêchent une grande proportion des ouragans ou cyclones qui ont lieu dans l'Atlantique d'y arriver. Ainsi M. Matteucci a récemment publié un mémoire dans lequel il démontre que sur 118 tempêtes venant de l'Atlantique et frappant l'Angleterre et l'Irlande, 49 seulement arrivèrent jusqu'en Italie. C'est pendant les mois d'octobre, de novembre et de décembre surtout, que ces tempêtes s'y font sentir. Pendant le reste de l'hiver, et pendant l'été, leur arrivée est plus rare. Aussi pendant les trois mois que j'ai nommés, sur 29 tempêtes de l'Atlantique, 23 arrivèrent en Italie ; pendant les mois d'avril, mai, juin, juillet et août, sur 41, 3 seulement y furent notées. Ces données corroborent mes observations personnelles quant à la fréquence des tempêtes du sud-ouest de l'Atlantique en automne, et expliquent le beau temps presque constant qui règne sur cette mer intérieure en été.

Les années, toutefois, ici comme ailleurs, se succèdent sans toujours se ressembler. Aussi pendant les vingt hivers que j'ai habité cette côte j'en ai connu trois exceptionnellement pluvieux, avec des vents exceptionnellement fréquents du nord-ouest et du sud-ouest, 1865-68-1879. Ce dernier hiver surtout fut pour la Méditerranée nuageux et pluvieux. Presque toutes les tempêtes que l'on annonçait du bureau météorologique de New-York, comme devant arriver jusqu'aux îles Britanniques et aux côtes de la France, nous arrivaient à Menton, vingt-quatre heures plus tard. Au lieu de s'épuiser dans la partie occidentale de l'Europe, et sur les chaînes montagneuses qui nous protègent au nord-ouest, elles passaient par-dessus pour frapper la Méditerranée et s'y éteindre.

La Méditerranée est une mer chaude qui à toutes les époques de l'année a deux ou trois degrés centigrades, de plus que l'Océan sous la même latitude. En hiver elle ne se refroidit jamais comme ce dernier dans les latitudes du nord ou même dans les latitudes tempérées. Dans les grands Océans il y a des courants froids profonds, venant des pôles nord et sud, qui ont été révélés par le sondage. Ainsi dans l'Atlantique, au fond du courant chaud du golfe du Mexique, on trouve un courant froid profond qui a une température seulement de 2° C., tandis qu'à la surface la température du courant est de 27° C. Le courant profond froid descend du pôle nord vers l'équateur, tandis que le courant superficiel supérieur monte de l'équateur (du golfe du Mexique) au nord. La Méditerranée étant entourée de terres n'est pas accessible à ces courants polaires, ce qui est la cause principale de sa chaleur exceptionnelle. Sa température ne descend guère, pendant l'hiver, au-dessous de 12° C., même dans ses parties profondes. C'est à peu près la température que j'ai trouvée l'hiver aux eaux de la côte près de Menton, à quelques mètres au-dessous de la surface. En été la surface de la Méditerranée s'échauffe sous l'influence des rayons solaires, mais seulement jusqu'à une profondeur d'à peu près 200 mètres. Au-dessous de cette profondeur, été comme hiver, la température est de 12° C.

Le Dr Carpenter nous dit que, si nous descendons assez profondément dans l'Océan nous trouverons toujours une température de zéro. Mais dans les mers fermées comme la Méditerranée, l'eau froide descendant des pôles ne peut pas entrer, de sorte que la température des eaux profondes est celle de la plus basse température d'hiver des eaux de la surface. Il dit que la vie organique est plus rare dans les eaux profondes de la Méditerranée, à la même profondeur, que dans celles de l'Océan, par suite du défaut d'oxygène dans l'eau, dû à ce qu'il se combine avec une grande quantité de matières organiques que les rivières entraînent et y versent. Ainsi, tandis que dans l'Atlantique nous trouvons habituellement 20 p. 100 d'oxygène, dans les eaux profondes de la Méditerranée il y en a souvent seulement 5 p. 100. Il regarde la mer Rouge et les pays qui l'entourent comme la région la plus chaude de la terre. La température des eaux de la surface s'y élève jusqu'à 32° tandis que celle des eaux du fond reste à 22°, ce qui correspond au plus grand froid de l'hiver à la surface. En dehors de cette mer intérieure, dans le golfe Arabique, la température des eaux très profondes descend à zéro. Comme la température la plus basse des eaux profondes de la mer Rouge est de 22° C., des coraux vivants devraient s'y trouver dans des régions plus profondes que partout ailleurs.

Il est probable que dans les époques géologiques, l'Europe et l'Afrique étaient réunies par une chaîne de montagnes s'étendant de la Sicile au cap Bone en Afrique, qu'une convulsion de la nature brisa.

La distance entre la Sicile et l'Afrique n'est guère que de 140 kilomètres, et de l'une à l'autre il y a une crête rocheuse sous-marine, qui arrive presque à la surface. Dans la plus grande partie de son étendue la mer dans ce détroit n'a que 70 mètres de profondeur, et dans quelques endroits elle n'en a que douze à quinze. De chaque côté, à peu de distance, elle a 2,000 mètres.

La température de la Méditerranée, de ses rives, et de ses îles, ne semble pas avoir changé de mémoire d'homme. La végétation et la flore sont les mêmes que celles qui existaient du temps de l'Écriture sainte et d'Homère. Son caractère géologique aussi ne paraît pas avoir changé depuis cette époque, si ce n'est qu'il y a eu quelques légères élévations et dépressions sur quelques-uns de ses rivages. Probablement le climat n'a pas changé pendant cette période historique. Il a dû être caractérisé, dans les premiers temps historiques comme aujourd'hui, par un soleil radieux, par un petit nombre de jours pluvieux, et par une atmosphère qui ne contient pas la moitié de l'humidité qui règne dans l'ouest de l'Europe. Sans doute son climat a été ce qu'il est maintenant depuis que les continents de l'Asie, de l'Afrique et de l'Europe ont pris leurs formes actuelles, depuis l'existence de la région non pluvieuse sèche, dont les déserts du Sahara, d'Arabie et de Cobi sont l'expression.

Par suite du petit nombre de rivières qui se jettent dans la Méditerranée, et de la quantité minime de pluie qui y tombe, la quantité d'eau fraîche qui y pénètre est de beaucoup inférieure à ce que l'évaporation enlève. Pour remédier à cette condition, un grand courant d'eau, de plusieurs centaines de mètres de profondeur, entre par le détroit de Gibraltar dans la Méditerranée, venant de l'océan Atlantique. Ce courant marche assez rapidement, avec une vitesse de 5 à 10 kilomètres à l'heure. On croyait autrefois qu'il était dû à une différence de niveau, la Méditerranée étant, d'après cette hypothèse, plus basse que l'Océan. Les recherches de l'amiral Smyth et d'autres observateurs, ont prouvé que ces vues étaient erronées. L'Atlantique, la Méditerranée, l'Adriatique, la mer Noire et même la mer Rouge, ont toutes le même niveau. Les savants qui accompagnaient l'expédition d'Égypte au commencement de ce siècle, avaient émis l'opinion que la mer Rouge avait un niveau supérieur à celui de la Méditerranée de huit mètres. Cet énoncé, admis par tous, fut même un des principaux obstacles au percement de l'isthme de Suez. On craignait une éruption de la mer Rouge. M. de Lesseps et ses auxiliaires ont prouvé, par leur succès même, la fausseté de ces opinions.

L'amiral Smyth et le professeur Lyell doutent de l'existence d'un contre-courant profond dans le détroit de Gibraltar, de la Méditerranée à l'Atlantique. Le lieutenant Maney, au contraire, considère son existence comme prouvée par le raisonnement aussi bien que par l'observation. Si un tel contre-courant n'existait pas, dit-il, les eaux de la Méditerranée ne seraient pas seulement un peu plus salines que celles de la Méditerranée, comme elles le sont.

Elles seraient infiniment plus salines comme celles de la Mer Morte qui n'a pas de déversoir, et le sel se déposerait au fond par suite de l'hypersaturation. Il n'en est pas ainsi, ce qui prouve, dit-il, qu'il *faut* qu'il y ait un contre-courant profond sortant de la Méditerranée par le détroit de Gibraltar, d'une densité et d'une gravité plus grandes que celles du courant supérieur entrant, par suite de son hypersaturation saline. D'autres observateurs, tout en admettant le courant, pensent que ce n'est qu'un effet de la marée océanique.

La chaleur exceptionnelle de la Méditerranée exerce, comme nous le voyons, une influence sur le climat, qu'il modifie favorablement. Elle exerce encore une influence remarquable sur la gent poissonnière.

Les océans et mers froids sont ceux dans lesquels les poissons, surtout les poissons les meilleurs comme nourriture, se développent le mieux, et sont le plus prolifiques. La Morue, le Hareng, le Maquereau, la Sole, le Saumon, appartiennent tous aux latitudes froides, polaires. Le poisson est bon sur la côte de l'Amérique du Nord, à l'est et à l'ouest, et sur les côtes nord de l'Europe. Les bancs de Harengs, de Maquereaux, de Morues qui visitent nos mers tous les ans viennent surtout du nord, et y retournent. Il y a un courant d'eau froide descendant des mers polaires entre la côte des États-Unis et le courant chaud qui, prenant son origine dans le golfe du Mexique, remonte l'Atlantique, se dirigeant au nord. Cette lisière ou bande d'eau descendant des mers polaires est de beaucoup de degrés plus froide que le courant équatorial qui remonte en sens inverse. Elle abonde en poissons bons à manger tandis que les eaux plus chaudes du courant équatorial en contiennent beaucoup moins, et les poissons que l'on y trouve ne sont pas, pour la plupart, très bons à manger. Dans les tropiques, et dans les mers chaudes partout, les poissons ne sont ni aussi nombreux ni aussi bons que dans les eaux froides, quoique de formes plus fantasques, et de couleurs plus brillantes. La Méditerranée n'est pas une exception à cette règle. Le poisson qu'elle contient n'est en général ni très bon ni très abondant, ce qui explique comment il se fait que les habitants catholiques des pays qui l'environnent consomment une si grande part du produit des pêcheries du nord de l'Europe.

Sur la côte de Nice, à Menton, la mer ne peut guère être très poissonneuse à cause de la grande profondeur des eaux. Les eaux très profondes ne sont favorables ni au frai des poissons ni à leur capture. Les meilleures mers pour la pêche sont celles où il y a de grands bas-fonds sablonneux, comme celle de la Mer du Nord, et celle de Terre-Neuve.

Quand il fait beau, et que la mer est calme, les pêcheurs sont à l'alerte de bonne heure, à Menton, et l'on voit beaucoup de bateaux quitter le port et s'éparpiller dans la baie. Les uns prennent le large pour pêcher sur des rochers sous-marins à 2 kilomètres du rivage, avec des lignes de fond longues de 100 mètres. Les autres attaquent le menu poisson près du rivage. On jette à la mer un très long filet soutenu sur l'eau par de grands lièges, et se terminant par un sac à mailles très étroites. Ensuite on le tire à terre par de longues cordes attachées à chaque extrémité ; huit ou dix personnes, hommes, femmes, enfants tirant sur chaque corde, s'encourageant par des cris plus ou moins cadencés. Quand, après tous ces efforts, le filet arrive sur la plage et que le contenu du sac est versé par terre, cela rappelle la fable de la Montagne et de la Souris. Le plus souvent on n'obtient que quelques kilogrammes de menu fretin qu'on appelle dans le pays *blancaille*, quelques Sardines, quelques Mulets rouges et quelques pauvres petits Crabes, grands comme des pièces de cent sous, qui n'ont pu échapper au sac terrible.

Souvent lorsque le contenu des filets a été ainsi répandu sur le rivage, les enfants et quelquefois leurs aînés, sont pris d'un ardent désir de sauver la vie à quelques-uns des habitants de la mer, râlant devant eux, en d'autres termes d'établir un aquarium. Dans ce but on met les pauvres poissons dans des cuvettes, de grands vases, des tonneaux ; mais rarement le succès couronne ces efforts. Les petits poissons de toute espèce, après avoir essayé en vain pendant plusieurs heures d'échapper à leur prison, nageant avec fureur dans toutes les directions, se tournent sur le flanc et meurent. Ils ont l'air de mourir réellement d'épuisement nerveux ; leur mort ne peut être le résultat du défaut d'eau oxygénée, car elle a lieu, qu'ils soient dans un petit ou dans un grand vase. M. Philipp Gosse, naturaliste anglais distingué, croit que leur mort dans ces conditions doit être ainsi expliquée. C'est, observe-t il avec raison, comme si un homme enfermé la nuit dans une cathédrale était trouvé mort le lendemain matin. On ne pourrait guère affirmer qu'il était mort faute d'air respirable. Est-ce que les branchies d'un poisson ou d'un mollusque seraient plus exigeantes que les poumons d'un homme ?

Ces filets à petites mailles doivent faire beaucoup de tort à la pêche dans la Méditerranée, où ils sont partout employés. En détruisant le fretin, ils doivent rendre les eaux de cette vaste mer encore plus stériles que ne l'a voulu la nature. Les pêcheurs soutiennent, comme partout, que les très petits poissons qu'ils détruisent en si grande quantité, sont une espèce à part, que ces poissons ne deviennent jamais plus grands, et qu'il est par conséquent légitime de les prendre comme aliment. Afin de résoudre cette question, je mis quelques-uns de ces poissons dans de l'alcool, et je les rapportai au professeur Günther du musée britannique à Londres, un des ichtyographes modernes les plus estimés. Après un examen approfondi le Dr Günther m'écrivit ainsi qu'il suit : — « Il ne peut y avoir de doute que les spécimens que vous m'avez soumis ne soient le frai de quelques espèces de *Clupea*, et d'après la position des nageoires vertébrales et le nombre des vertèbres, je les crois le frai du *Clupea Sprattus* (Sardine) ou d'une espèce très voisine. » Le Dr Günther avait déjà prouvé de la manière la plus convaincante que le fretin ou blancaille que l'on prend sur les côtes de la Manche est formé du frai du Hareng. La destruction de de ces petits poissons est donc désastreuse pour l'avenir, tant dans la Méditerranée que dans la Manche et ailleurs.

Le gouvernement s'est beaucoup occupé depuis quelques années de la question de la pisciculture, de l'amélioration des pêcheries, tant fluviales que maritimes. Une commission a été nommée pour examiner l'état de la pêche sur les rives nord de la Méditerranée en vue de son amélioration, mais jusqu'à présent (1879) elle ne semble pas avoir modifié l'état de la question. A Menton, au moins, on continue comme autrefois à détruire la blancaille, plus même que jamais, à cause de l'affluence des étrangers, et de son renchérissement. Il y a quelques années la blancaille se vendait à Menton quatre sous le demi-kilogramme. Maintenant elle se vend vingt ou trente sous.

Partout où je me suis trouvé dans la Méditerranée, en Corse, en Sardaigne, en Sicile, en Italie, les pêcheurs m'ont toujours affirmé que ces petits poissons étaient une espèce spéciale, qu'on aurait tort de vouloir entraver leur capture en défendant l'emploi des filets à petites mailles, et que cette défense les priverait d'un aliment utile et estimé, sans avantage pour le bien-être public. On voit que cette opinion est tout à fait erronée et que cette pêche tend à ruiner les pêcheurs, en détruisant en masse, sur les bas-fonds, le frai qui s'y développe. Il serait à désirer que partout ce genre de pêche fût défendu.

L'art de la pêche à la ligne est cultivé à Menton par beaucoup de pêcheurs indigènes zélés. On les voit jour après jour pêchant du haut du parapet du quai Napoléon, à l'entrée de la ville, ou sur les rochers qui surplombent la mer. Quelques-uns des étrangers aussi, inspirés par leur exemple, entrent dans l'arène de temps en temps. Leur patience et leur savoir toutefois n'ont qu'une pauvre récompense, comme on peut le prévoir d'après ce que j'ai dit. Leur récompense principale semble être la jouissance paresseuse des harmonies de la nature, si chères à tous ceux qui aiment ce qu'on a appelé « la récréation de l'homme contemplatif ». La mélodie des vagues qui se brisent à leurs pieds, la contemplation des eaux bleues qui surgissent et recouvrent les rochers revêtus d'Algues marines pour les abandonner ensuite. Les couleurs variées de ces Algues alternativement soulevées, déployées par la vague, et puis laissées à sec lorsqu'elle se retire, les effets toujours changeants du soleil et des nuages sur la mer, les rochers, les montagnes et l'horizon, tout cela n'est jamais mieux observé, analysé, et apprécié que par le pêcheur déçu dans ses désirs. Il faut bien peu de succès pour satisfaire le pêcheur enthousiaste de la nature, et il me semble que tous les pêcheurs à la ligne le sont. Il me semble aussi que cet amour de la nature est la vraie clef de l'énigme, et explique cette passion que beaucoup ne peuvent comprendre. Chez les personnes dont l'intelligence a été développée par l'éducation, l'amour de la nature est senti, analysé ; chez celles qui n'ont pas reçu d'éducation il existe comme un instinct, une sensation, mais il n'est pas analysé.

Les Sépias (la pieuvre) abondent dans ces eaux, et on les mange comme autrefois dans les temps classiques. Athénée donne une recette pour faire des saucisses de Sépia. Dans la Manche on les trouve rarement plus grandes que 40 ou 50 centimètres, mais dans la Méditerranée la Sépia peut devenir énorme. J'ai vu à Menton une Sépia qui, avec ses tentacules, avait au moins 2 mètres de long. Un tel animal serait un antagoniste formidable même pour un bon nageur s'il en était attaqué. Il pourrait l'envelopper de ses tentacules et peut-être le tirer sous l'eau. Un jeune Italien, dont je connais la famille, fort bon nageur, faillit périr par suite d'une pareille attaque en mer, à un kilomètre de la ville de Livourne. Il se reposait, après avoir nagé longtemps, sur une roche couverte d'Algues quand une Sépia l'enlaça et l'aurait certainement entraîné et tué n'eût-ce été que des pêcheurs en barque, entendant ses cris, vinrent à son secours. Depuis que j'ai entendu cette histoire, jamais je ne m'approche, en nageant dans la mer, des rochers couverts d'Algues comme je le faisais autrefois ; car ce sont ces rochers qu'elles habitent.

Dans les temps géologiques, dans les mers chaudes de l'époque crétacée et nummulitique, il y avait des Sépias monstrueuses, dont le centre calcaire avait 4 mètres en circonférence ; même de nos jours il y a des Sépias d'une énorme grandeur dans les mers tropicales. Il y a des histoires bien authentiques de tentacules, aussi gros que le bras d'un homme, jetés par-dessus le bord de bâteaux par des Sépias qui doivent avoir eu le volume des Sépias géologiques. Des hommes ont été entraînés à la mer, des barques ont été renversées. Ces poissons étranges, fantastiques, se sont éteints depuis longtemps dans la Méditerranée, mais probablement que ceux que j'ai vus en étaient des descendants directs et dégénérés.

On trouve encore des Nautiles dans la Méditerranée. Ce gastéropode vivait aussi dans la période nummulitique comme son affreux compagnon ; comme lui il semble avoir descendu le courant des périodes géologiques jusqu'à nos jours. C'est surtout dans les mers tropicales qu'on le trouve aujourd'hui.

La pêche des Sépias est très en vogue sur ces rivages. Le bateau est poussé le long des parties peu profondes de la baie, où se trouvent des rochers couverts d'Algues. Le pêcheur est assis sur la proue, tenant à la main une longue perche, à laquelle est attachée un morceau de viande comme amorce, en partie recouverte d'herbes marines. Il pousse l'amorce, à l'aide de la perche, sous les rochers creux, au-dessous des Algues flottantes, dans les endroits connus comme favorables. Si une Sépia s'y trouve, elle saisit l'amorce et y adhère avec une telle ténacité qu'on n'a pas de peine à la jeter au fond du bateau. La nuit on fait souvent la pêche au moyen d'un feu allumé dans une espèce de panier ou de foyer suspendu au delà de la proue du bateau. Le pêcheur se sert d'une fourche ou lance à trois ou quatre dents. Il se penche sur le bord du bateau, et explore le fond de la mer à mesure que le bateau glisse doucement sur les eaux. S'il voit un poisson même à plusieurs mètres de profondeur, il jette le trident avec une telle sûreté de vue, que le plus souvent il transperce le poisson, et le jette, se tordant, sur la planche du bateau. Cette manière de pêcher la nuit se poursuit aussi sur les grands lacs de l'Italie. Vue du rivage, l'effet en est très pittoresque.

Il y a un fait se rattachant à l'histoire naturelle de la Méditerranée, peu connu même du monde scientifique. Cette mer est le domicile, l'habitation favorite d'un des poissons les plus énormes, les plus singuliers de tous ceux qui habitent le monde des eaux. C'est une Céphaloptera hideuse, appartenant à la famille des Raies. Elle ressemble à une

Raie monstrueuse, aplatie, large, de dimensions énormes, douée d'une force musculaire prodigieuse, avec un très grande bouche, un très grand estomac. Ce poisson habite les mers tropicales et l'Atlantique aussi bien que la Méditerranée.

Partout il inspire l'étonnement et la crainte quand on le voit, ce qui arrive rarement, toute cette classe de poissons vivant d'habitude au fond de la mer. Le voyageur africain Le Vaillant en prit une qui avait 8 mètres de long, et 10 mètres de large, dans un de ses voyages en Afrique. D'autres voyageurs les ont vus à la surface de la mer, apparemment aussi grandes que le vaisseau sur lequel ils naviguaient. On en prit deux à Villefranche près de Nice en 1807, dans les filets à thon ; elles furent décrites avec soin par Risso le savant naturaraliste, sous le nom de *Cephaloptera Massena*. La première prise, une femelle, pesant plus de 600 kilogrammes, gémissait piteusement. On vit le mâle errer autour des filets dans lesquels elle avait été prise pendant deux jours, et puis il fut pris lui aussi dans le même filet. Le pauvre monstre marin fut ainsi réuni dans la mort à l'objet de son affection. Il était plus petit, ne pesant qu'à peu près 400 kilogrammes.

Les marins de la Méditerranée la connaissent par tradition, car on la voit rarement et ils l'appellent *vacca*. Ils croient que son apparition est d'un augure fâcheux et le précurseur de quelque désastre. Il y a une espèce plus petite qui est assez commune dans les Indes occidentales. Dans le port de Kingston (Jamaïque) où elle apparaît de temps en temps, elle est l'objet d'une chasse entraînante, mais dangereuse. On la frappe avec un harpon auquel est attachée une corde que l'on fixe au bateau. De suite elle s'élance vers la haute mer entraînant le bateau avec elle. D'autres bateaux s'attachent au premier en file et elle les entraîne tous avec une grande rapidité. Souvent elle va si vite et si loin qu'ils sont obligés de se détacher et de l'abandonner. Quelquefois on y voit aussi la grande espèce. On en prit une, à Barbade, si grande qu'une fois à terre, il fallut quatorze bœufs pour la tirer. On l'appelle, dans ces parages, le *Poisson diable*.

Souvent, couché au milieu de mes rochers favoris, au-dessus du ravin de Saint-Louis, à cent mètres d'élévation, saturé par le soleil du midi, regardant les profondeurs de la Méditerranée à mes pieds, un jour de calme, j'ai rêvé à ces monstres marins. Je me suis dit que peut-être dans ce moment même quelques-uns de ces êtres antédiluviens, prodiges de la nature, prenaient leurs ébats dans les profondeurs de la mer à mes pieds. Car ce n'est que dans les mers très profondes comme celles de nos côtes qu'ils vivent.

Dans les abîmes que la sonde a pénétrés récemment d'une manière si merveilleuse, il arrive peu ou point de lumière, et la vie que l'on y trouve est rudimentaire. Souvent la sonde ne ramène que des coquilles microscopiques dont la friction n'a pas endommagé la structure délicate. Elles sont tombées jusqu'au fond, à travers des kilomètres d'eau, et y restent sans mouvement, car les perturbations de la mer ne pénètrent qu'à peu de distance de sa surface. Le matelot mort que l'on jette par-dessus le bord du navire, avec un boulet de canon à ses pieds, doit descendre de même jusqu'au fond de ces abîmes et y rester droit, préservé par la pression de l'eau, jusqu'au jour du jugement dernier !

A mesure que le printemps avance, quelques-uns des poissons qui descendent à cette époque en masses serrées, des mers du nord dans l'Atlantique, trouvent leur chemin jusque dans la Méditerranée à travers le détroit de Gibraltar, et y sont les bienvenus. C'est par suite de cette migration que l'on y prend au printemps beaucoup de Maquereaux et de Merlans, ainsi que le Thon, un grand poisson très estimé dans la Méditerranée comme aliment.

Le Thon ou *Thynnus vulgaris* est un poisson qui appartient à la famille des *Scomberidæ*, se rapprochant du genre *Scomber* ou Maquereau. C'est un grand poisson qui a quelquefois 3 mètres de long, et pèse 300 ou 400 kilogrammes. Les Romains le salaient et l'appelaient alors « *saltamentum Sardicum* ». Il paraît que le Thon habite l'Atlantique et traverse tous les ans le détroit de Gibraltar, au printemps, en masses immenses. Une fois entrés dans la Méditerranée, ils suivent surtout ses côtes septentrionales, longeant l'Espagne, la France, l'Italie, la Grèce, et pénètrent par les Dardanelles dans la mer Noire où ils fraient. Ils visitent les plus petites baies et anses sur leur route, ce qui rend leur capture facile. On plante des filets forts et larges, qui ont quelquefois près d'un kilomètre de long, à l'entrée de la baie où on les attend, attachés au fond par des pieux et des ancres, et on place une sentinelle sur une éminence, sur un arbre, ou sur un phare temporaire, pour guetter leur approche. Quand on les voit s'avancer le long de la côte, les pêcheurs se préparent ; aussitôt qu'ils sont entrés, on ferme les filets sur eux, derrière eux, et on les tue à coups de lance et de couteau. Quand ils sont nombreux, c'est un vrai massacre, et la mer est rougie au loin par leur sang. La chair n'est pas très délicate, néanmoins les habitants de ces pays semblent beaucoup l'apprécier.

Le Thon arrive à Menton au printemps, vers le milieu du mois d'avril, et on peut voir aux deux extrémités du golfe, au cap Martin, et au bas des rochers rouges de Saint-Louis, les préparatifs pour la pêche. Elle se fait en petit, et se borne à deux ou trois bateaux, à un long filet dans la mer et à une sentinelle perchée sur son échelle ou phare élevé de plusieurs mètres au-dessus du rivage.

Sur quelques points des côtes de l'Italie, de la Sardaigne et de la Sicile, cette pêche se fait sur une grande échelle. On a des filets appelés *madragues*, longs d'un kilomètre, divisés en chambres intérieures par des filets en travers et coulés au fond par des poids, dans des eaux assez profondes, à quelque distance du rivage. Les Thons, qui suivent la côte en masses, passent entre elle et le filet, et, en arrivant à l'extrémité de ce dernier, sont arrêtés par le filet transverse. Alors ils tournent, sont chassés dans les chambres du grand filet par les pêcheurs, et exterminés. On dit que cette pêche est saisissante et offre un grand intérêt, mais comme malheureusement dans ces pays elle n'a guère lieu avant la fin de mai, les touristes sont presque toujours partis, pour retourner au nord. Dans un voyage que j'ai fait en Sardaigne je me suis trouvé à Iglesias au moment où la pêche allait commencer. On venait de dépenser cent mille francs pour établir une madrague, et j'ai beaucoup regretté de ne pouvoir pas rester pour y assister.

Le Thon est allié non seulement du Maquereau, mais encore d'un beau poisson tropical, la Bonite, remarquable par sa belle couleur bleue. Dans la Méditerranée le Bonito a un parent dans le *Pelamys Sarda*. Joli poisson de 60 centimètres de long.

De temps en temps on voit des Baleines dans la Méditerranée, qui sont entrées par le détroit de Gibraltar, pour y faire une promenade majestueuse. En allant en Corse, une fois, nous sommes passés à côté d'une grande Baleine que les matelots appelèrent un souffleur. Il nous honora d'un jet superbe qui prouva qu'il méritait son nom.

Les Marsouins sont nombreux, et aussi amusants dans leurs jeux, dans leurs sauts et soubresauts, que dans les mers du nord. Ils entrent souvent dans la baie, tout près du rivage. Plusieurs fois je les ai rencontrés en pleine mer, jouant comme des écoliers, se poursuivant, gambadant, à qui mieux mieux. Quelquefois nous en voyions une demi-douzaine en l'air en même temps ; ils semblaient venir nous examiner avec curiosité en passant.

Si on monte à une élévation de 50 ou 100 mètres au-dessus de la mer, un jour calme, et qu'on l'examine, on voit comme une foule de rubans se dessiner à sa surface, en apparence formés d'eau plus ou moins claire. Ces rubans décrivent toute espèce de sentiers irréguliers et sinueux dans la baie, et jusqu'à 2 ou 3 kilomètres en mer. Ce sont des courants marins, dont la cause varie. On présume qu'ils sont le résultat d'inégalités de surface au fond de la mer, de différences de température, de vents qui s'entre-croisent. Ils offrent un exemple frappant, à la surface d'une mer calme, des courants plus profonds et plus puissants qui jouent un rôle si important dans l'histoire des grands océans.

Ces courants sont la chasse favorite des naturalistes qui s'occupent de la vie marine. Je leur fus présenté par le professeur Pagenstecher de Heidelberg, un naturaliste très connu et enthousiaste, qui est venu plusieurs fois à Menton, au printemps, pour étudier la zoologie marine. Il paraît que ces courants entraînent dans leur cours tout ce qui flotte à la surface de la mer dans le voisinage, soit animaux, soit substances végétales ou animales. La présence de ces éléments de nutrition attire les animalcules, et les autres petits habitants de la mer. Ceux-ci à leur tour attirent les mollusques et zoophytes. De cette manière les courants deviennent une espèce de vivier de naturaliste, où l'on trouve en abondance les êtres que la drague n'atteint pas.

Le meilleur moment pour cette espèce de pêche est le matin, au lever du soleil. Le bateau doit quitter le rivage au moment où le soleil apparaît à l'horizon à l'est, de manière à arriver à l'endroit où se trouve le courant, la chasse, quand ses rayons tombant sur les eaux commencent à illuminer les profondeurs de la mer. Toute la nature animée renaît alors à la vie. Un désir universel se manifeste pour les éléments nutritifs, en d'autres termes tout le monde veut déjeuner, et les courants se remplissent de pratiques voraces.

La pêche se fait au moyen de deux filets, comme des filets à papillon, attachés à de longs bâtons ou perches. Un de ces filets est fort et assez spacieux, l'autre est plus délicat et moins grand. On tient ces filets par les perches, aux trois quarts renversés dans l'eau, la concavité tournée en sens opposé à la direction que prend le bateau. De cette manière les filets arrêtent, retiennent tout ce qui se trouve sur leur passage, et tout ce qui ne passe pas avec l'eau à travers les mailles. On a aussi dans le bateau plusieurs vases en verre, plus ou moins grands, remplis d'eau de mer. De temps en temps on sort le plus petit filet de la mer, on laisse échapper l'eau et puis on retourne le fond du filet dans l'eau d'un des vases. Quoique l'œil, regardant d'en haut dans le vase, puisse ne rien voir, il n'en est pas ainsi si on le soulève, et si l'on regarde à travers.

L'observateur verra souvent, par la lumière transmise, des formes de vie marine très-singulières, que le filet a arrêtées, saisies dans l'eau à la surface de la mer, où elles se jouaient, et que l'œil ne voyait pas en regardant d'en haut. On procède de même avec le grand filet, qui est plus spécialement destiné à prendre les mollusques et les zoophytes plus grands, que l'œil peut apercevoir nageant ou flottant dans le courant. Grâce au savant professeur, je devins initié aux mystères de la mer, et je pus étudier dans leur élément natal beaucoup de belles et étranges formes de vie. Ce genre de pêche m'enthousiasma beaucoup, et je m'y serais livré avec ardeur s'il n'avait pas fallu se lever et sortir de si bonne heure, ce qui est contraire à mon régime habituel de malade ou de convalescent. Je lui dois les notes suivantes :

Dans ces courants marins on trouvera un grand nombre de petits crustacés appelés Copepodes, d'une couleur blanche, orange ou rouge, qui semblent se reposer sur leurs antennes; des Saphirines qui, s'élevant et s'abaissant, ont l'air d'une pierre précieuse ou d'une goutte de rosée et étincellent comme une fleur; des larves merveilleuses, Astéries et Ursins, qui, avec la légèreté de la jeunesse, font une excursion dans les eaux profondes, tandis que père et mère sont cachés au milieu des rochers dans des anses tranquilles : des Radiolariés, des bulles gélatineuses, comme des chaînes d'œufs de grenouilles, pointillées de bleu et de jaune, et présentant des pointes microscopiques de silex des formes les plus élégantes; de petits Ptéropodes qui, protégés par une boîte calcaire, et fournis de deux ailes, nagent çà et là dans les eaux, comme des mouches et des papillons dans l'air. Le vase en verre dans lequel on déverse le contenu du filet est bientôt rempli de ces membres du monde microscopique, qui donnent à un naturaliste des journées d'étude et de plaisir.

Quand on pêche avec le grand filet, il faut examiner la mer avec un œil attentif à mesure que le bateau avance; ce filet n'étant destiné qu'à prendre les mollusques et les zoophytes qu'on aperçoit nageant ou flottant dans le courant. L'observateur découvrira probablement, bientôt, des chaînes de Salpa : soit la forme gigantesque, *Salpa Africana maxima*, avec son centre de couleur brune de Sienne; soit l'espèce plus délicate que l'on appelle *democratica maxima*, couleur ultramarine. Quelque-

fois plus de cent individus sont réunis en une
chaîne qui a un mètre de long. C'est un genre très-
curieux, dans lequel la mère donne naissance à
une fille qui ne lui ressemble en rien. Cette fille,
à son tour, donne naissance à des centaines d'enfants, réunis comme les jumeaux Siamois, chacun
ressemblant à la grand'mère. D'abord ils sont tous
réunis et forment des chaînes, des anneaux sur la
surface de la mer, mais l'un après l'autre, quand
arrive leur tour de reproduire la race, se séparent des autres et abandonnent les danses folâtres,
les jeux de la jeunesse pour les devoirs plus sérieux
de la vie.

Au milieu de ces trésors sont les poissons gélatineux appartenant à la famille des Gorgonides, qui
même dans le vase essaient d'attraper le petit fretin. On y trouve aussi les Ctenophores, surtout la
Beroe ovata, un vrai concombre en cristal, l'*Eucha-
ris multicornis*, qui, teinte de rose et de jaune, semble, lorsqu'elle passe sous la barque, être seulement une réflexion de la pleine lune, et n'être
guère plus solide ; la ceinture de Vénus qui, serpentant au milieu des vagues, est presque invisible quoiqu'ayant un mètre de long. Quand on la voit, ses
bords présentent toutes les couleurs de l'arc-en-ciel,
par suite de la vibration des poils ciliaires.

Si la journée est favorable le pêcheur pourra bien
avoir la chance de s'emparer d'une Siphonophora,
une colonie polymorphe aquatique et nageante, le
plus souvent soutenue par une petite vessie pleine
d'air, pourvue d'une colonne de clochettes pour la
natation, et portant en bas une foule de polypes

armés de filaments urticants, ouvrant leurs bouches de tous les côtés, comme une Hydre polycéphale. On trouve la *Praga cymbiformis* ; l'*Hippopodius luteus* ; l'*Abyla pentagona* ; le *Diphyes acuminata* ; le *Farkalsa cystrima*, mais pour cette dernière il faut le plus grand vase qu'elle remplira jusqu'au bord ; la *Phromima sedentaria*, un crustacé qui préserve ses enfants soigneusement dans un berceau de cristal pris dans la substance de quelque animal gélatineux ; les grands Firoles que les pêcheurs de la Méditerranée appellent « Olifante di mare ; » en dernier lieu la *Cymbulia Perosisi*, qui cache son corps mou dans une pantoufle de cristal, une pantoufle qui rappelle celle que portait Cinderella. C'est un des objets les plus élégants que l'on puisse imaginer. Afin de voir et de posséder cette pantoufle charmante, les dames, qui à la maison attendent avec plus ou moins d'impatience le retour des pêcheurs enthousiastes et un peu insensés, leur pardonneront la confusion produite par leur départ trop matinal.

Le professeur Pagenstecher resta plusieurs semaines avec nous, et me dit avoir eu beaucoup de succès dans ses recherches, que le temps calme favorisa. Il retourna à Heidelberg avec des trésors scientifiques nombreux, un homme heureux.

Je remarquerai que je n'ai jamais connu un naturaliste misanthrope, aigri par la vie. Comme une classe, je crois qn'on peut les ranger parmi les hommes les plus heureux que l'on trouve. Leur communion constante avec la nature détourne leur esprit des pensées sombres, chagrines, qu'inspirent souvent les devoirs, les inquiétudes, les passions de la vie. Cette communion purifie de la sorte leur esprit, leur intelligence. Chaque progrès dans la science, chaque découverte augmente l'admiration qu'ils ressentent pour le créateur de toutes choses, qui a tout organisé si merveilleusement.

Tous ceux qui demeurent près de la Méditerranée, ou qui naviguent sur ses eaux, ont remarqué sa couleur bleue, beaucoup plus foncée que celle de l'Océan. Il paraîtrait que cette couleur est le résultat de son hypersaturation saline. Plus l'eau tient de sel marin en solution, plus elle est bleue. Moins il y a de sel, plus elle est verte. De là la couleur verte des mers polaires, qui contiennent beaucoup plus d'eau douce que celles des tropiques. Ces dernières, par suite de l'évaporation, résultat de la chaleur solaire, sont d'un bleu foncé comme la Méditerranée. L'évaporation enlève à la Méditerranée beaucoup plus d'eau qu'elle n'en reçoit de ses rivières. C'est la cause, comme nous l'avons vu, du courant qui vient de l'Océan à Gibraltar ; c'est aussi la cause, sans doute, de la couleur bleue de ses eaux très-salines.

Cette explication de la couleur bleue de la Méditerranée n'est pas adoptée universellement ; je l'emprunte à l'illustre lieutenant Maury, qui la développe dans son livre précieux sur la *Géographie physique de la mer*. Il donne beaucoup de preuves à l'appui de son assertion. Je reproduis quelques-uns de ses arguments.

Le courant du golfe de Mexique, qui vient des tropiques, où la chaleur est extrême, et où l'évaporation est très-grande, est d'un bleu foncé, comme la Méditerranée. Cette couleur est si différente de celle de l'Océan Atlantique que la ligne de démarcation se voit sans peine, et par un temps calme on peut s'apercevoir que la moitié du navire est dans le courant bleu, et l'autre moitié dans l'Atlantique. D'après une analyse du docteur Thomassy, il paraît qu'il y a 4 pour 100 de sel marin dans le courant bleu du golfe vis-à-vis de Charleston, et 4,1 pour 100 dans la région des vents alisés, tandis qu'il n'y en a que 3 et demi pour 100 dans les eaux verdâtres de la baie de Biscaye. On voit la corroboration de ce fait dans les salines au bord de la mer en France, et au bord de l'Adriatique. Après avoir séjourné quelque temps dans un réservoir, soumise à l'évaporation solaire, l'eau de mer concentrée passe dans un autre réservoir, et ainsi de suite. A mesure qu'elle se charge de plus en plus de sel la couleur passe graduellement du bleu clair au bleu indigo, et finalement à une teinte rougeâtre lorsque la cristallisation va commencer. Les ouvriers dans les salines jugent de la richesse en sel de l'eau de mer par sa couleur. Plus elle est verdâtre, plus elle est fraîche.

La couleur des eaux des rivières ayant leur origine dans la fonte des glaciers, comme celles qui entrent dans les lacs suisses et qui en sortent, est tout à fait différente de celle de la Méditerranée. C'est une couleur d'un bleu verdâtre et qui tient à une autre cause physique.

En décrivant la Méditerranée sur les bords de la Rivière, et dans la baie de Menton, je ne dois pas oublier la gent ailée, les oiseaux. Nageant sur la mer, non loin de la côte, on voit souvent des troupes de Mouettes, attirées par les débris domestiques que les habitants ont trop l'habitude de jeter sur les bords, suivant en cela les us et coutumes des habitants des rives de la Méditerranée en général. Quand le vent et la tempête règnent au large, elles viennent vers la terre en bataillons nombreux. On les voit alors par centaines; elles nagent gracieusement sur les vagues, près du rivage, et font un effet très-pittoresque. Il y en a de plusieurs espèces, de petites et de grandes. Les Mouettes sont intéressantes sous divers points de vue. Quand elles flottent sur la surface de la mer, se prêtant à tous les mouvements des vagues, elles ont une élégance et une grâce supérieures à celles de la plupart des oiseaux aquatiques. Quand elles s'élèvent dans les airs, à une grande hauteur, et restent presque immobiles, les ailes étendues, ou décrivent de grandes courbes irrégulières, la force et la souplesse de leur vol ainsi que leur parfaite confiance en elles-mêmes sont admirables à voir, à suivre des yeux.

Les Mouettes en général se familiarisent bientôt avec l'homme, pourvu qu'il ne les persécute pas, et cherchent avidement leur nourriture dans sa proximité. Un fait remarquable dans leur histoire, c'est la ténacité avec laquelle elles suivent les bateaux à vapeur qui sillonnent la Méditerranée, sans doute en vue des débris rejetés journellement de ces navires. Elles font le guet au voisinage des ports, et aussitôt qu'une vapeur en sort elles se mettent, six, huit, dix, à sa suite, probablement toujours les mêmes. Elles la suivent à sa destination, quelque soit le temps, beau ou mauvais. Une de ces bandes de Mouettes m'a accompagné dans tous mes voyages dans la Méditerranée. Je me rappelle surtout les avoir observées, une fois, en allant de Messine à Marseille, sans arrêt. Huit partirent avec nous de Messine, et ne nous quittèrent point, jour et nuit, pendant trois nuits et deux jours. Chaque fois que je me trouvai sur le pont je les vis toujours, non seulement suivant le bateau, mais faisant de grands écarts, décrivant tranquillement, majestueusement, de grandes courbes d'un ou deux kilomètres en avant ou en arrière de nous.

Si nous jetions un morceau de biscuit dans le sillon que traçait le navire, au milieu des eaux écumantes, elles accouraient de suite de loin. Leur vue perçante leur permettait de reconnaître leur proie au milieu des eaux bouillonnantes et elles descendaient comme une flèche pour la saisir, sans jamais la manquer. Le capitaine nous dit qu'elles connaissaient le parcours de tous les bateaux à vapeur de la Méditerranée aussi bien que les pilotes les plus expérimentés. On m'a dit qu'elles suivent de la même manière les bateaux à vapeur transatlantiques, du Havre ou de Liverpool aux États-Unis. Probablement qu'elles dorment sur les flots, et puis, à leur réveil, s'élèvent assez haut dans les airs pour voir leur bateau de loin, et pour le rejoindre. Ce sont de vrais gardes du corps.

Beaucoup des oiseaux que l'on trouve dans l'amphithéâtre de Menton sont des oiseaux de passage.

descendus du nord, comme nous, pour retrouver
le soleil et les insectes dont ils se nourrissent. Il en
est ainsi avec les Hirondelles, oiseaux essentiellement insectivores. Quand leur nourriture leur fait
défaut au nord, par suite du froid en automne, elles
se rassemblent en troupes et émigrent vers le sud.
La plupart des Hirondelles traversent la Méditerranée et atteignent l'Afrique. Là on ne sait pas au
juste jusqu'où elles vont en descendant au midi.
Probablement qu'elles continuent à descendre à
mesure que l'hiver s'accentue. En Algérie elles ne
sont pas plus stationnaires que dans le midi de
l'Europe. Elles passent dans le grand désert quand
la pluie et le froid atteignent les pays occupés par
les monts Atlas; à moins que ce ne soit dans quelque endroit bien abrité comme dans la vallée de
Chiffa (vallée des singes) où, me dit-on, elles sé-
journent pendant tout l'hiver. Des voyageurs les
ont vues au Sénégal en hiver, et Hérodote, il y a
vingt-trois siècles, dit qu'on trouve les Hirondelles
toute l'année aux sources du Nil. Comme il n'avait
pas visité ou découvert ces sources, une gloire réser-
vée à nos contemporains, il avait évidemment les
mêmes idées confuses que nous avons sur la destination finale des Hirondelles passagères. Elles nous
quittent tous les ans, pour s'en aller nous ne sa-
vons où, pour se perdre en quelque sorte dans un
lointain mystérieux.

Ce qui démontre la chaleur exceptionnelle de
l'amphithéâtre de Menton, c'est que ces Hirondelles si frileuses, si vagabondes, y restent en assez
grand nombre l'hiver dans quelques endroits

chauds, comme par exemple au milieu des rochers au-dessus du pont et du ravin Saint-Louis, dans la baie est, comme dans la vallée de Chiffa en Algérie. Il paraît que les Hirondelles que l'on y voit appartiennent plutôt à l'espèce *Riparia*, qui creusent leur domicile dans le sable et les rochers mous, ou habitent des trous ou des cavernes dans les rochers, qu'aux especes communes *Rustica* et *Urbica*. Leur présence tout l'hiver prouve que la chaleur y est assez grande pour entretenir la vie des insectes dont elles vivent. Mon jardin d'hiver à Menton est dans ce quartier.

La présence des Hirondelles dans les rochers de Saint-Louis attire des Éperviers et quelquefois des Aigles au vol majestueux, venus des Alpes voisines. Souvent, en plein hiver, je me suis tenu couché des heures entières, seul au milieu de ces rochers, presque immobile, lisant, chauffé par le soleil, à 100 mètres au-dessus de la mer bleue parsemée de voiles lointaines, l'air embaumé de romarin et de thym, observant leurs mouvements. Les Hirondelles peu à peu familiarisées avec ma présence sortent de leur refuge, et se mettent à chasser les insectes d'un vol rapide parmi les rochers, comme sur les plaines de la Normandie en été, s'élevant, s'abaissant, faisant des zig-zags dans toutes les directions. Soudain apparaît un cruel Épervier, plus rarement un Aigle majestueux, les ailes étendues, suspendu dans les airs. Aussitôt les pauvres Hirondelles, saisies d'une frayeur panique, cherchent un abri dans les rochers et disparaissent, le laissant maître de la position. Passant lentement d'un point à un autre, il semble jouir de la confusion qu'il a occasionnée et reste le monarque de tout ce qui l'entoure.

La chasse que l'on fait aux petits oiseaux à Menton, comme ailleurs en France, en a beaucoup diminué le nombre ainsi que dans les pays voisins. Malheureusement on mange sous le nom de Grives tous les petits oiseaux indistinctement. Malheureusement aussi les maîtres d'hôtel, pour varier leur menu, les achètent quoiqu'il n'y ait presque rien à manger dessus, pour les donner à leurs convives. Par suite, d'année en année le nombre des oiseaux diminue dans les forêts d'Oliviers et de Pins. Comme conséquence nécessaire, les Chenilles et Insectes augmentent, et les olives sont de plus en plus endommagées. C'est une histoire universelle en France, qui explique peut-être l'invasion du Phylloxera. A un moment de son existence le Phylloxera est un insecte ailé, probablement destiné à être mangé par les petits oiseaux. En leur absence, il échappe à sa destinée naturelle, se reproduit à l'infini, pullule et détruit la vigne. Le peu d'oiseaux qui restent ont l'air de regarder avec raison l'homme comme un ennemi, et se taisent à son approche, ce qui rend les bois silencieux.

Mais si l'on est seul et si l'on reste tout à fait tranquille quelque temps, ils se rassurent, on les entend chanter dans les arbres, et on s'aperçoit qu'il y a véritablement des oiseaux dans le pays. Au printemps, les Rossignols arrivent en assez grand nombre de l'Afrique, et remplissent les bois de leurs chants mélodieux, pendant la nuit.

La petite Grenouille verte (*Hyla arborea*) abonde sur les Oliviers, auprès des réservoirs et des cours d'eau, et s'éveille au mois de mars, plus tôt même dans les endroits chauds. C'est une petite Grenouille presque gracieuse, qui a des disques dilatés attachés à l'extrémité de ses doigts de pied, au moyen desquels elle grimpe et s'attache aux arbres qu'elle habite. Elle se nourrit de mouches et d'insectes qu'elle attrape avec une extrême agilité, sautant un demi-mètre pour atteindre sa proie, malgré la petitesse de sa taille. Cette grenouille est la première à paraître au printemps, et elle chante le jour aussi bien que le soir; on ne la trouve pas dans le nord de l'Europe. Sa voix n'est pas assez éclatante pour être un grand ennui, d'autant plus qu'elle annonce le retour du printemps du Midi. La Grenouille ordinaire (*Rana esculenta*), beaucoup plus grosse, s'éveille plus tard, en août, et chante (beugle) surtout le soir.

Elle fait un bruit affreux près des réservoirs où elle demeure, couvrant le chant des Rossignols; c'est vraiment un fléau. Je me demande s'il n'y aurait pas moyen de la détruire soit par le moyen des poissons rouges qui mangeraient les œufs, soit en élevant des canards, ou même des cygnes, dans les grands réservoirs. Je pense qu'ils en feraient justice, et j'offre ce moyen à mes concitoyens de la Rivière. J'ai naturalisé les poissons rouges, une espèce de carpe, dans tous mes réservoirs, où ils mangent la larve des moustiques. Tous les réservoirs dans les pays chauds devraient en avoir. Ces poissons ont une ténacité de vie ex-

LE PONT SAINT-LOUIS. (Page 271.)

traordinaire, vivant et prospérant dans une eau stagnante et chaude, de quelques centimètres seulement de profondeur.

Le Lépidoptère ou papillon mouche, dit *Macroglossa stellatarum,* est un des ornements des jardins, et un hôte fréquent dans les appartements, dans lesquels il entre sans défiance, sans se gêner. C'est un grand et gros Lépidoptère brun, avec un corps et une tête comme une souris, des yeux brillants, de petites ailes, et une langue de deux centimètres de long, enroulée comme un proboscis. Il déroule et lance cette langue avec une rapidité instantanée dans la corolle des fleurs, pour leur dérober le nectar dont il se nourrit. Quand il est suspendu au-dessous d'une fleur on me dit qu'il ressemble, en tous points, aux oiseaux-mouches des tropiques. On voit ces papillons de temps en temps, pendant des étés chauds, jusque dans le centre de la France. Sans doute c'est pour échapper au froid des nuits d'automne qu'ils entrent dans les maisons par les fenêtres ouvertes. Ce sont de jolies petites créatures, et j'en ai souvent eu deux ou trois à la fois dans mon salon, voltigeant au-dessus des fleurs, s'arrêtant tantôt sur l'une, tantôt sur l'autre, et aspirant leur miel. Les Mentonnais croient que leur présence est un bon augure, et ne leur font jamais de mal.

Les rochers de Saint-Louis s'élèvent presque perpendiculairement de la mer à l'extrémité orientale de la baie est. La route de Gênes a été construite par la mine dans leurs flancs. Ces rochers présentent près de la mer un ravin ou vallée profonde, irrégulière, pittoresque, au fond duquel un ruisseau tombe en cascade d'une hauteur considérable. La route d'Italie traverse ce ravin par un pont à une seule arche, qui constitue la frontière.

Des masses énormes de rocher divisées, creusées irrégulièrement par les convulsions de la nature, et par l'action de l'eau et du temps, forment de chaque côté les limites du ravin. Elles sont en partie nues, en partie recouvertes de plantes de montagne, de buissons de Lentisque, de Thym, de Cneorum, de Valériane, de Cytise, de Coronelle, de Campanule. Ces rochers sont continus avec l'arête qui monte au Berceau, une des plus hautes montagnes de l'amphithéâtre. A une centaine de mètres au-dessus de la mer, le paysage devient tout à fait grandiose. La montagne se présente sous la forme d'une masse fantastique d'immenses rochers, d'énormes pierres. Dans une région ces dernières prennent la forme d'un torrent de pierres, arrêtées subitement dans leur descente rapide; dans un autre, les rochers sont entassés les uns sur les autres dans un pêle-mêle à peine concevable. C'est la confusion pierreuse, rocailleuse et nue du sommet des hautes montagnes, à une centaine de mètres seulement au-dessus de la mer.

A l'est du ravin Saint-Louis, couché sur le flanc de la montagne, à plus de deux cents mètres au-dessus de la mer on trouve le village de Grimaldi. On le voit de la ville et de la baie, se chauffant au soleil, et le plus souvent mis en évidence par des plaques blanches qui l'environnent. C'est le linge que les blanchisseuses du village sèchent sur les

LE JARDIN DE GRIMALDI (HEURES DE LOISIR). (Page 273.)

LA TOUR DES CORSES DE GRIMALDI

flancs de la montagne. A cent mètres au-dessous du village, sur la gauche de la route de Gênes, vis-à-vis la douane italienne, on voit, perchée sur une carrière abandonnée, une vieille tour carrée, qui appartenait autrefois aux comtes de Grimaldi.

On n'en connaît pas l'origine, mais la tradition attribue sa construction aux Sarrasins, quand ils occupaient ce littoral, au huitième siècle. Elle ressemble du reste en tout à beaucoup de tours carrées que j'ai vues dans l'Andalousie, en Espagne, et que l'on sait avoir eu cette origine. Une autre tradition l'attribuerait aux comtes de Grimaldi, famille gênoise, dont elle aurait été la première possession lors de leur établissement dans le pays. Aussi on l'appelle indistinctement tour des Sarrasins, tour des Grimaldi. On l'appelle aussi quelquefois la tour Corse, probablement parce qu'elle abritait une garnison pour défendre le pays environnant contre les incursions des Corses.

Quelle que soit son origine, on ne peut douter que ce ne soit une vraie et bonne antiquaille. Il y a quelques années je l'ai achetée, et elle est devenue le centre, le chef-lieu de mon jardin d'hiver. Je l'ai restaurée et puis j'y ai arrangé deux chambres qui me servent de cabinets d'étude et de réception. J'y ai fait pratiquer de grandes fenêtres desquelles j'ai des vues splendides sur la grande mer lointaine, et sur les hautes montagnes dont l'amphithéâtre se déroule devant mes yeux. Le jardin se compose d'une huitaine de terrasses au-dessous et de deux à trois hectares de rochers, allant jusqu'à la route. C'est un des endroits les mieux abrités, les plus chauds et les plus enchanteurs du pays, et là j'oublie, ou je tâche d'oublier mes douleurs physiques et morales et les douleurs des autres, au milieu des fleurs et de la belle nature. Dans ce lieu pittoresque il n'est pas permis même de parler de souffrance de corps ou d'esprit. Nous sommes tenus de laisser tout cela à la porte, aussi bien l'hôte que ses visiteurs, et de ne voir la vie que de son côté souriant. Je ne suis là que l'heureux propriétaire de la vieille tour sarrasine, des jolies fleurs de l'hémisphère austral, des rochers dorés par le soleil, y menant, dans les heures de loisir, la vie tranquille et calme d'un lazzarone malade ou convalescent.

Au fond du ravin pittoresque que traverse le pont hardi de Saint-Louis, il y a, avons-nous dit, un ruisseau qui vient d'une source à un kilomètre plus haut dans la vallée, source qui ne tarit jamais. C'est à cette source qu'est due toute la végétation de la région, c'est une propriété précieuse. En été elle est divisée en trois portions. L'une passe par un aqueduc au village de Grimaldi et le vivifie ; une autre traverse le fond du ravin à mi-côte, par un autre petit aqueduc, pour pourvoir à la végétation des bois de Citronniers qui occupent les terrasses dites « chaudes » dans le voisinage du pont Saint-Louis ; enfin, une troisième tombe au fond du ravin par la cascade, et s'écoule en partie par un aqueduc à arcades qu'on dit de construction romaine faisant travailler un moulin à olives, en partie par le lit de torrent. Ce torrent déverse dans la mer le surplus des eaux non employées en arrosage et les eaux de pluie, dans les grandes averses. Des blanchisseuses en grand nombre l'utilisent.

L'eau de cette source, comme je l'ai dit, est une propriété. En été, du 1ᵉʳ juin jusqu'au 15 septembre, elle est divisée par heures, chaque semaine, entre les propriétaires des terrasses. Ainsi l'un a une heure par semaine, l'autre deux, trois, quatre. Ces services d'eau se vendent habituellement avec la terre parmi les habitants du pays. Sans eau ils n'achètent pas, car sans eau l'été, comme nous l'avons vu ailleurs, on ne peut cultiver le Citronnier. Si on n'a pas de prise sur une source, il faut, pour cette culture, faire des réservoirs assez grands pour emmagasiner, lors des pluies du printemps, la quantité d'eau nécessaire pour l'arrosage de tout l'été.

Le petit aqueduc, à mi-côte dans le ravin, qui n'a que quelques centimètres de large, est souvent employé par les paysans comme chemin pour descendre de Grimaldi et de Chiotti, un village situé plus loin, et pour y remonter. Il faut avoir la tête et les pieds très-solides pour y passer, car il surplombe l'abîme ; un faux pas et on est perdu sans ressource. Il y a dans le pays une triste histoire s'y rattachant. Une jeune fille de Grimaldi, qui avait l'habitude de passer par là, se maria et eut un enfant. Les femmes, dans le pays, ont l'habitude de porter le berceau de leur enfant sur la tête. Un jour elle prit le chemin accoutumé avec son enfant dans son berceau sur la tête, mais la malheureuse oublia que dans un endroit le rocher surplombe, et ne laisse que quelques centimètres au-dessus de la tête du passant. Le berceau alla frapper contre ce rocher et la mère et l'enfant furent précipités dans l'abîme !

Le flanc de la montagne, avant d'arriver au ravin de Saint-Louis, est très-escarpé. Les propriétaires ont creusé néanmoins des terrasses qui montent en escaliers à plus de cent mètres au-dessus de la route. Ces terrasses sont plantées de Citronniers, arrosées par la branche ouest de la source Saint-Louis, ou par des réservoirs. Autrefois cette forêt de Citronniers était très belle, mais quelques années de sécheresse exceptionnelle et la négligence des propriétaires les ont fait dépérir. A présent ces arbres ressemblent peu à ce qu'ils étaient lors de mon arrivée dans le pays il y a vingt ans. Le fait est que la présence des étrangers à Menton y a conduit un Pactole, un fleuve d'or, et beaucoup de propriétaires gagnant l'argent si facilement, presque les yeux fermés, avec leurs terrains, leurs villas, leurs hôtels, commencent à mépriser le produit modeste des Citronniers et des Oliviers, qui les faisait vivre autrefois. Aussi on abat les Oliviers pour en faire du bois à brûler, ou pour planter de la vigne, et on laisse dépérir les Citronniers et les Orangers, faute de soins. Sur ces terrasses chaudes, avec de l'eau, des engrais, et la culture, on ferait presque tout ce qu'on voudrait.

Chauffées et dorées du matin au soir par le soleil, protégées par les montagnes derrière elles contre tous les vents possibles, ce sont des serres-chaudes naturelles, où le froid et la gelée sont inconnus, où il fait chaud même pendant les journées froides de

Menton, et où les insectes vivent et voltigent pendant tout l'hiver. Déjà quelques villas s'y sont élevées, et elles sont les précurseurs de bien d'autres, car il n'y a pas d'endroit plus propice pour une serre d'hiver humaine dans tout le pays.

En se promenant sur les rochers, au-dessus de ces terrasses, on pourra découvrir une petite croix noire. Cette croix rappelle un accident funeste et fatal qui arriva il y a déjà bien des années. Une petite fillette anglaise, dont les parents demeuraient dans la villa, à côté du pont Saint-Louis, s'échappa de la maison avec une sœur plus jeune, pour s'amuser sur les rochers. Arrivées à cette région sauvage, l'aînée monta sur un rocher écroulé pour agiter son mouchoir en signe de triomphe à ses parents à la maison en bas. Malheureusement le pied lui manqua et elle tomba en avant; la tête fut fracassée par un roc acéré, et elle mourut sur place, avant que ses parents éplorés pussent venir à son secours. Ce terrible accident peut servir d'avertissement aux parents, qui ne doivent pas laisser leurs jeunes enfants courir sans protecteur sur les rochers dans un pays montagneux quelconque.

La plage, au-dessous et au delà du ravin de Saint-Louis, est très-belle. Les falaises calcaires rouges, les Rochers Rouges comme on les appelle dans le pays, montent perpendiculairement à une hauteur de près de cent mètres, et le rivage est formé par les débris tombés de ces falaises dans la suite des siècles, et par les masses confuses de la même formation géologique qui s'avancent dans la mer. Ces masses ont été brisées, tordues, contournées de mille manières par les convulsions de la nature dans les temps passés, ainsi que par l'usure des eaux et des vagues, et présentent toute espèce de formes, dentelées, irrégulières, fantastiques. Quand le vent souffle du sud-ouest, les jours d'ouragan, les vagues sont lancées, projetées sur ces rochers avec une force terrible, se brisant en lames, en écume, en poussière aqueuse, avec un bruit de tonnerre. Sur un point il y a un canal ou tunnel sous les rochers, dans lequel la mer s'engouffre pour s'échapper par une ouverture à une certaine distance de la mer en formant un jet d'eau superbe. La vue de ce combat entre la mer furieuse et les rochers qui lui disent « tu n'iras pas plus loin », est admirable de grandeur.

Comme nous l'avons déjà vu, les cavernes à ossements sont au pied de ces falaises. On y arrive en passant dessous ou dessus le chemin de fer dont le tracé longe la base des rochers. Les travaux de déblaiement nécessaires pour établir le chemin de fer ont beaucoup gâté, pour le moment, la beauté de la plage, mais avec le temps les plaies faites à la nature se cicatriseront, les talus se couvriront de verdure, de plantes maritimes, et le rivage reprendra sa beauté pittoresque. On y gagnera d'avoir une bonne route carrossable jusqu'au promontoire qui termine la baie de Menton, ce qui sera très-précieux pour les malades et les visiteurs. La vue de l'amphithéâtre de Menton, de cet endroit, est très-belle.

La route de Gênes d'autrefois, tout bonnement un chemin de piéton et de mulet, passait le long de ce rivage. Elle existait encore avant les travaux du chemin de fer, et on la retrouve derrière le promontoire, et de là jusqu'à la Mortola, mais en très-mauvais état. A l'est du promontoire on voit un pont sur lequel on traverse un petit ravin, qui faisait partie de la route qu'on attribue aux Romains. Ce pont très-mince est d'une légèreté extrême, d'une légèreté telle que lorsqu'on l'a passé et qu'on regarde derrière soi on s'étonne qu'il ne s'écroule pas. Néanmoins il a existé, tel qu'on le voit, près de deux mille ans !

A cette partie de la côte il y a des rochers irréguliers et détachés qui s'avancent dans la mer et qu'affectionnent les pêcheurs à la ligne. Moi-même j'y ai essayé ma fortune, mais avec peu de succès. Il me semble que pour réussir il faudrait amorcer le fond, ce que l'on ne fait pas. Les débris que l'on jette à la mer, par-dessus le parapet du quai Napoléon, sans égard pour les ordonnances de la police, agissent sans doute dans ce sens et attirent les poissons, ce qui explique la préférence que les pêcheurs à la ligne semblent donner à cette station. Sur ces rochers on trouve le *Erithmum maritimum* qui habite aussi les falaises de la Manche. C'est un local de prédilection pour la *Cinerea maritima*, et la *Lavatera maritima*. On voit aussi sur ces amas de pierres sèches brûlées par le soleil des Églantiers sauvages. La Rose, comme la Ronce, est une plante vraiment cosmopolite.

On s'occupe dans ce moment de continuer la promenade de la baie est jusqu'au ravin Saint-Louis, c'est-à-dire jusqu'à la frontière italienne. Déjà on a construit un mur marin, qui a été en grande partie enlevé par la fureur des flots, lors du dernier équinoxe de printemps (1879). Les ouragans de cette époque de l'année venant presque toujours du sud-ouest l'attaquent en plein. Ce mur formait un plan incliné, et était peu solide. D'après les recherches les plus récentes, les murs marins doivent être droits, très-solides et protégés à leur base pour résister aux lames qui déferlent sur eux.

En terminant ce chapitre je donnerai un avis aux malades et aux visiteurs. Ils ne doivent jamais oublier que, quelque beau que soit le temps, on est en hiver, et non en été. Quand le temps est au plus beau, ciel bleu, soleil ardent, le vent est au nord, non au midi. La bise qui vient de la mer du sud-est, ou sud-ouest, n'est pas véritablement un vent du midi, comme il en a l'air, mais un vent du nord « réfléchi ». C'est un vent du nord qui, passant par-dessus les montagnes, est tombé à la mer à plusieurs kilomètres de la côte, et a été réfléchi, retourné, ramené à terre, par suite de la chaleur terrestre. Si ces jours-là, croyant avoir affaire à un doux zéphyr du sud, on s'asseoit sur le rivage, et qu'on y reste des heures entières, on court risque de se refroidir, d'attraper des maux de gorge, des bronchites, des rhumatismes. Quand la mer est calme ou à peu près, et quand le vent vient réellement du midi, ce danger n'existe pas. Mais dans ce dernier cas le ciel se couvre toujours de nuages plus ou moins denses, cotonneux ou sombres, selon la force du vent. La bise de mer s'éteint à peu de distance du rivage.

Souvent en passant dans ma voiture j'ai envie de m'arrêter et de révéler le danger à des personnes que je vois étendues sur le rivage, un de ces beaux jours si traîtres, humant la bise de mer comme s'ils étaient à Dieppe ou à Trouville au mois de juillet ou d'août, — y jouissant de l'*otium sine dignitate*. Je cite de travers, mais dans la vie moderne l'oisiveté volontaire ou forcée est incompatible avec la dignité sociale. Si on cesse de travailler on est délaissé, abandonné, oublié. La vie est trop fiévreuse pour qu'on se rappelle ceux « qui se reposent ». C'était bon autrefois, mais non aujourd'hui. Le dicton *otium cum dignitate* devrait donc être modifié comme je viens de le faire.

CHAPITRE VI

LE CLIMAT DE LA RIVIÈRE DE GÊNES ET DE MENTON SOUS LE POINT DE VUE MÉDICAL.

> « Quiconque désire bien observer la médecine doit agir ainsi : il faut d'abord observer les saisons de l'année, et quels effets chacune produit ; car elles ne se ressemblent pas, et diffèrent beaucoup entre elles en ce qui regarde leurs changements. »
>
> HIPPOCRATE, *Sur les airs, les eaux et les localités*.

Pour apprécier la physiognomonie médicale du climat de la Rivière de Gênes et de Menton, on n'a qu'à appliquer les faits météorologiques énoncés dans les chapitres qui précèdent.

Une atmosphère fraîche mais radieuse, si sèche qu'on ne voit jamais un brouillard en hiver, soit sur terre, soit sur mer, ne peut être autrement que tonique, vivifiante et régénératrice. Tels sont les caractères principaux de cette région, le rivage maritime des montagnes du sud de l'Europe.

Derrière les montagnes qui forment la Rivière de Gênes et l'amphithéâtre de Menton, en hiver, comme nous l'avons vu, la neige et les frimas s'étendent souvent jusqu'au pôle nord, à plus de 3,000 kilomètres. D'autre part, ce sont des vents du nord, venant de ces pays glacés, qui soufflent pendant deux tiers ou trois quarts de l'hiver. L'air doit donc nécessairement être frais, et serait froid s'il n'était pas réchauffé par un soleil ardent, qui darde ses rayons à travers un ciel sans nuage, et une atmosphère sèche ; si ce n'était aussi parce que la chaleur de l'été dont les rochers sont pénétrés, saturés, est alors émise par ces mêmes rochers.

Ces causes préservent les régions les plus protégées de la Rivière, comme Menton, du froid, de la gelée, mais n'en font pas un climat tropical. Un tel climat, un climat de tropique en hiver, n'existe pas sur les rivages et dans les îles de la Méditerranée. Je l'ai cherché en vain dans toutes les régions de cette mer pendant vingt ans. Il n'y a pas de localité dans la Méditerranée qui soit à l'abri des vents froids polaires.

Un tel climat d'hiver, toutefois, est la perfection pour tous ceux qui ont besoin d'être fortifiés, tonifiés, pour les jeunes enfants, pour les malades de tout âge, et pour les vieillards chez lesquels la vitalité fait défaut, est épuisée, qui ont besoin d'être ranimés, d'être vitalisés. Il réunit toutes les conditions propres à exercer une influence favorable, lorsque la puissance vitale, organique, est déprimée, abaissée, chez des individus appartenant à la race caucasique.

Une température fraîche, mais agréable, l'influence excitante des rayons du soleil, l'absence ordinaire de pluie, ou de pluie continue, la sécheresse modérée de l'air, rendent possible de passer la plupart des journées dehors, en plein air, pendant tout l'hiver. Une telle existence, dans de telles conditions, tend à créer et à préserver l'appétit, et à améliorer les fonctions digestives et nutritives.

Les pores de la peau sont entretenus dans un état de perméabilité constante, et de cette façon les poumons sont délivrés du surcroît d'activité sécrétante qui caractérise leur état physiologique dans les climats du nord, quand le froid humide de l'hiver survient. C'est en partie parce que les fonctions de la peau, comme organe excréteur et purificateur du sang, sont entravées, ou même arrêtées, par le froid humide de nos climats, que les maux de gorge, les grippes, les bronchites sont si communs en hiver, ou s'aggravent quand ils existent à l'état chronique. La purification physiologique du sang se fait en partie par la peau et le foie en été, quand il fait chaud. En hiver ces organes se reposent, et ce sont les reins et la membrane muqueuse des voies aériennes qui à leur tour remplissent cette fonction. Aussi ces organes se congestionnent facilement et succombent souvent à ce surcroît de travail excréteur, le sang lui-même devenant morbide par suite de l'élimination imparfaite des produits rétrogrades de la nutrition.

De là, l'hiver, au nord, les catarrhes et inflammations des membranes muqueuses des voies aériennes, ainsi que la fièvre qui les accompagne, et les autres formes de maladies inflammatoires des organes thoraciques. Avec elles surviennent aussi diverses maladies des reins. On comprend que par suite de l'absence presque complète du froid humide sur la Rivière, ceux qui l'habitent, et vivent avec les précautions nécessaires, jouissent d'une immunité relative par rapport à ces affections.

La Phtisie pulmonaire est essentiellement une maladie caractérisée par la débilité organique, par un défaut de vitalité générale. Elle attaque surtout les personnes qui ont reçu de leurs parents des organisations défectueuses, sous le rapport de la vitalité, ou qui ont détérioré une constitution originellement bonne par des excès quelconques, ou chez lesquelles une constitution saine a été ruinée par le travail, ou par des misères, des privations indépendantes de leur volonté. Dans une telle maladie, qui se rattache à une vitalité défectueuse, un climat tonifiant, un peu excitant, doit être favorable dans la plupart des cas, et c'est ainsi que je l'ai trouvé, tant chez moi que chez les autres (Voyez mon ouvrage sur le traitement de la Phtisie) (1).

Avec l'aide d'une atmosphère radieuse, sèche, tonique, d'une température douce, et d'un traitement approprié, j'ai trouvé la Pthisie pulmonaire dans cette région favorisée de la nature, une toute autre maladie que celle que je traitai autrefois à Paris et à Londres. Après vingt hivers passés à Menton, j'ai autour de moi et dans mes souvenirs une foule de personnes, plus ou moins gravement atteintes dans le principe, maintenant guéries, ou en voie de guérison. Ce résultat curatif a été obtenu dans

(1) *Recherches sur le traitement de la Phthisie pulmonaire* par l'Hygiène, les Climats et la Médecine dans ses rapports avec les doctrines modernes. Paris, Asselin, place de l'École-de-médecine, 1874, 1 vol. in-8, 221 pages. Reproduit sur la deuxième édition anglaise. (3ᵉ édition anglaise, 1878.)

tous les cas sans exception, par des efforts continus, persévérants, dans la voie indiquée, en réveillant et améliorant les fonctions organiques et surtout celles de la nutrition. Si on peut améliorer la santé générale d'un poitrinaire, au point qu'il mange et dorme bien, digérant et assimilant sa nourriture, la bataille est à moitié gagnée, selon moi. Le grand bénéfice de l'hiver passé au Midi pour cette maladie, c'est surtout dans le fait, que le climat aide le médecin dans ses efforts pour arriver à ce but. La vie du dehors, la bonne ventilation de la maison qui y est possible, contribuent puissamment à cette amélioration physiologique. Je ne crois pas à la vertu curative du climat seul; c'est une erreur que de s'y fier uniquement, erreur qui conduit souvent à la mort.

Je dois, toutefois, ajouter que tout en ne croyant pas à une vertu curative dans le climat de la Rivière de Gênes ou d'aucune autre région, d'aucun autre pays, je crois fermement qu'un phtisique qui descend au midi de l'Europe en hiver a bien plus de chances de guérir que s'il restait dans le nord. Autrefois je n'avais pas cette confiance, avant de venir moi-même à la Méditerranée. J'avais exercé pendant dix-sept années comme médecin occupé à Londres. Souvent j'avais envoyé mes malades au Midi, rarement je n'avais été satisfait de leur état au retour, je ne voyais pas chez eux les bons résultats que je vois tous les hivers chez mes malades à Menton. L'explication est facile. Autrefois, faute d'expérience personnelle, je ne pouvais prévenir mes clients contre les erreurs de tout genre qu'ils commettaient; aussi ils faisaient faute sur faute. Ils voyageaient par-ci par-là pour s'amuser, s'occupaient d'art, d'antiquités, de cérémonies religieuses, quoique gravement malades, quelquefois sur le bord de la tombe. Ils s'imaginaient que c'était le voyage même, le climat qu'ils avaient atteint, qui devaient les guérir, en dehors de tout traitement médical, en dehors de tout sacrifice personnel. Il leur semblait que la santé devait leur revenir pendant qu'ils s'amusaient par monts et vaux, logeant mal, mangeant mal, fatigués par les voyages, exposés à des conditions météorologiques défavorables à chaque moment. Le plus souvent ils se fixaient au centre des grandes villes sales, mal ventilées, mal drainées du midi de l'Europe (Naples, Malaga, Rome), où la moyenne de la vie est très-basse chez la population valide, et consacraient leur temps à flâner dans les rues malsaines, à visiter leurs amis dans des appartements calfeutrés, ou à parcourir les galeries de tableaux et les églises. Y a-t-il lieu de s'étonner qu'ils revinssent aussi malades, ou plus malades que quand ils étaient partis?

Les cas de Phtisie les plus satisfaisants que j'ai vus ont été chez des malades qui ont accepté leur position avec résignation et avec philosophie, et qui ont fait des efforts rationnels et continus pour échapper au sort qui les menaçait, soutenus par les conseils de leur médecin. Acceptant son appui ils se sont laissé guider dans tous les détails de leur vie, et lui ont abandonné en toute confiance le traitement hygiénique, climatique et médicinal, de leur maladie. Ceux qui, repoussant les conseils d'un médecin éclairé et ami, dirigent eux-mêmes leur traitement, en suivant seulement des règles de conduite prescrites avant leur départ, commettent toute espèce d'erreurs et d'imprudences. Constamment ils ne font pas ce qu'ils devraient faire, et entraînés par l'exemple de personnes bien portantes, ou par la première lueur d'amélioration, ils font bien des choses qu'ils ne devraient pas faire.

Même dans les cas de Phtisie très-avancée, quand il n'y a aucun espoir de guérison, les malades environnés de parents, d'amis chéris, sont souvent si charmés par le ciel pur, le soleil radieux, le paysage enchanteur, et la mer bleue de la Méditerranée, qu'ils s'éteignent tranquillement, paisiblement, presque joyeusement, se félicitant d'avoir abandonné le nord même pour venir mourir au midi. Pour eux il y a plus que compensation aux fatigues du voyage. Pour de tels malades, admirateurs passionnés du beau, amants de la nature, jouissant de toutes ses beautés, la gloire du soleil fournissant sa carrière journalière dans les cieux, répandant des flots de lumière, les charmes de la mer toujours changeante, toujours belle, la beauté des montagnes tantôt dorées par le soleil, tantôt couronnées de blancs nuages, les stations journalières au dehors, au milieu des fleurs du jardin, ou sous l'ombre des Oliviers ou des Citronniers, tout, en un mot, tranquillise, apaise, adoucit, engendre la paix, et compense les sacrifices de l'exil. Ils descendent la vallée de la mort joyeux, et on ne peut dans ces cas regretter que les malades aient quitté le nord, quoiqu'il n'ait pas trouvé la guérison, la vie, au midi.

Tous ceux qui souffrent de la Phthisie et qui viennent au midi chercher la santé et la vie doivent se garer des folies, des illusions de l'homéopathie, ou d'idées fallacieuses quelconques en médecine. Ils doivent se rappeler qu'ils sont atteints d'une maladie guérissable quelquefois, avec le secours de la médecine moderne, mais très-souvent fatale, d'une maladie qui, malgré les progrès de la science, est encore un arrêt de mort pour beaucoup de ceux qu'elle attaque. N'est-ce pas tenter la Providence, jeter la vie, abandonner la dernière chance de guérison que de renier l'expérience des siècles passés pour se confier à des praticiens inconnus? Ils doivent se rappeler que jusqu'à présent il n'y a pas eu un seul esprit supérieur, un seul de ces hommes d'élite qui impriment des progrès réels à la médecine et aux sciences en général, qui ait accepté ces doctrines. Jusqu'à présent les médecins qui ont adopté l'homéopathie comme doctrine ont tous été des soldats dans l'armée médicale scientifique, jamais des officiers. Ils ont tous appartenu au peuple (*plebs*) médical, sans aucune exception que je connaisse.

Beaucoup de personnes qui souffrent depuis des années de Bronchite, soit revenant à chaque moment, avec des intervalles plus ou moins éloignés, soit permanente, en sont délivrées sur la Rivière de Gênes. Cette guérison, cette immunité est probablement due à la sécheresse de l'atmosphère, et à la douceur de la température. J'ai connu surtout beaucoup de vieillards, dont la Bronchite d'hiver commençait à se perpétuer l'été, qui ont surmonté cette diathèse, cette susceptibilité au froid, après quelques hivers passés sur la Rivière, à Menton. Souvent ce n'est que le second hiver qu'ils en ressentent tout l'avantage.

On comprend facilement qu'un climat frais mais doux, sec, tonifiant comme celui que je décris, ait une influence favorable sur la membrane muqueuse respiratoire de personnes qui conservent encore un reste de vitalité originelle, un reste de vigueur constitutionnelle. Quand on y ajoute : l'exercice et les stations en plein air presque tous les jours, l'absence des occupations, des travaux, des misères, des inquiétudes de la vie ordinaire, les relations sociales avec des compatriotes et des amis exilés dans le même but (celui de regagner la santé perdue), avec des amis partageant les mêmes émotions, les mêmes espérances, nous avons certainement, réunies, toutes les influences hygiéniques propres à entraver le développement de la maladie tuberculeuse. Me fondant sur une très-longue expérience, je suis fermement convaincu qu'un climat d'hiver plus doux, plus chaud, qu'on ne trouve que dans les tropiques ou près des tropiques, est moins favorable au recouvrement de la santé dans les maladies chroniques de la poitrine. Il faut toutefois qu'on prenne toutes les précautions journalières qui sont indispensables dans des climats comme ceux du nord de la Méditerranée, où la température varie tant du jour à la nuit. La chaleur et l'humidité relâchent l'économie humaine (race Caucasienne); un froid modéré et une atmosphère sèche donnent de la vigueur, fortifient. Dans le traitement de la Phthisie surtout, le renouvellement de la force constitutionnelle, de la santé, est une question de la première importance.

Pour que la Bronchite chronique se guérisse, toutefois, il faut que le malade soit bien dirigé médicalement, et qu'il suive, à la lettre, toutes les ordonnances que donne le médecin qui le soigne et qui connaît, par expérience, le climat local. Sans cette direction médicale, sans cette conduite raisonnée et sage de la part du malade, la Bronchite chronique peut se perpétuer à Menton comme à Paris ou ailleurs.

Il y a une erreur très-commune mais fatale, c'est celle de trop chauffer les appartements et de les calfeutrer. Si on chauffe avec un poêle, et qu'on ne renouvelle pas l'air à chaque moment, acceptant une température un peu froide, disons 15° C. le jour, 13° C. la nuit, non seulement on ne guérit pas, mais on prend des maux de gorge, des Bronchites, presque chaque fois que l'on sort. Dans ce cas l'on passe l'hiver dans un cercle vicieux, enfermé chez soi au détriment de la santé générale, ou gagnant des Bronchites aussitôt que l'on sort. Mieux vaudrait rester dans la patrie au nord, avec les aises de chez soi. La Phthisie en réalité est presque aussi meurtrière à Menton qu'à Paris ou à Londres, dans de mauvaises conditions hygiéniques. Dans ces conditions on n'en guérit pas plus dans un climat que dans un autre. Cela se comprend, car dans les deux cas les malades vivent également dans un air pestilentiel, empoisonné par leur respiration et par leurs émanations.

La forme d'Asthme qui complique la Bronchite chronique, la forme emphysémateuse, se trouve bien aussi du climat de la Rivière ; fait qui se comprend facilement. Comme son existence et sa gravité dépendent de la Bronchite chronique, si la Bronchite s'améliore, elle s'améliore en même temps. Il est certain que beaucoup des malheureux malades qui présentent cette complication, et dont l'état s'aggrave tous les hivers, avec la perspective d'une mort pénible devant eux comme le résultat final de ces aggravations constantes, pourraient arriver à une guérison complète, ou presque complète, s'ils avaient le courage et le pouvoir de passer plusieurs hivers successifs au Midi. Pour eux la question est aussi importante que pour les phthisiques. Ce n'est pas seulement la santé, mais la vie qui est attaquée, qui est en jeu.

Cette forme d'Asthme conduit beaucoup de personnes avançant dans la vie à la mort, et cela par de très-grandes souffrances. Le cœur, le foie, les reins se congestionnent secondairement, deviennent malades à la longue, et la mort survient sous l'influence combinée de la maladie originelle et des maladies secondaires. J'ai vu arriver à Menton maintes fois des individus à moitié mourants, sous ces influences multiples, qui, s'ils n'ont pas guéri, ont regagné au moins au bout de quelques années un état de santé très-satisfaisant.

Je ne puis en dire autant de la forme de l'Asthme dite idiopathique. C'est la forme qui se manifeste dans l'enfance, dans la jeunesse, et dans l'âge mûr, sans Bronchite, sous l'influence de causes purement nerveuses. J'ai vu des cas de ce genre se trouver bien d'un séjour sur la Rivière, mais c'est le petit nombre. Je présume que le climat est trop sec, trop excitant, quand le vent vient du nord, comme cela a lieu le plus souvent en hiver, et qu'on serait mieux à Pau, à Ajaccio, à Palerme, à Alger, à Madère. Je ne dis pas aux personnes souffrant d'Asthme idiopathique ou nerveux de ne pas essayer le climat de la Rivière si elles le désirent, car j'ai soigné des malades de ce genre qui s'en sont trouvés bien. Mais je crois qu'il serait imprudent pour eux de s'y établir avant d'avoir essayé l'influence de la localité sur leur maladie.

En automne, en novembre et même en décembre, le vent est souvent sud-ouest, doux et un peu humide. Ces malades peuvent alors se trouver très-bien, et puis souffrir aussitôt que commencent les vents réguliers du nord, vents qui soufflent pendant près de quatre mois et qui donnent la clef du climat. Cette remarque s'applique, du reste, à tous les autres climats, à toutes les localités. L'Asthme nerveux est une maladie capricieuse, tellement sous l'influence, quant à ses manifestations, de conditions obscures, cachées, nerveuses, constitutionnelles, météorologiques, qu'il est impossible de savoir d'avance si une localité conviendra ou ne conviendra pas. Ce qu'on a de mieux à faire, par conséquent, c'est de se fixer à un hôtel et d'attendre.

Pour quelques asthmatiques le voisinage immédiat de la mer est défavorable. S'ils habitent une maison sur le rivage, ils ont leurs crises, qui s'apaisent s'ils demeurent à une certaine distance, même à deux ou trois cents mètres. Le remède est facile dans ce cas. Il est bon de se rappeler que quelques personnes demeurant dans l'intérieur des terres, au nord, ne se trouvent jamais bien quand elles viennent à la côte maritime. Celles-ci, venant à la Rivière de Gênes, devront nécessairement s'éloigner de la mer, et habiter un des nombreux hôtels qui sont dans l'intérieur du pays. Il serait même peut-être plus prudent de quitter Menton ou Nice et de s'établir à Cimiez ou à Hyères, toutes les deux à plusieurs kilomètres de la mer.

Le nombre de ces personnes, toutefois, est bien minime, car cette diathèse est tout à fait exceptionnelle. Pour le très-grand nombre le voisinage de la mer est une condition de santé, à cause surtout de la pureté parfaite de l'air qui vient de la pleine mer. Il ne contient pas d'émanations permanentes, aucun de ces gaz, de ces produits de décomposition et de fermentation animale ou végétale, qui sont inséparables de la vie sur la terre. Pour les malades souffrant des voies respiratoires, en faveur desquels il faut exagérer en quelque sorte toutes les influences hygiéniques, le voisinage immédiat de la mer est surtout indiqué. Presque toutes les stations sanitaires pour les phthisiques sont situées au bord de la mer : Torquay, Bournemouth, Ventnor, en Angleterre; Funchal à Madère; Malaga en Espagne; Hyères, Cannes, Nice, Menton en France; San Remo, Naples,

Salerne en Italie. Il y a des médecins modernes qui recommandent même le sel à l'intérieur comme remède dans la Phthisie.

Quand les vagues frappent le rivage, la vapeur d'eau forme une espèce de poussière que l'on voit de loin à vingt ou même à cinquante mètres du rivage. Tous ceux qui habitent les maisons près de la côte doivent respirer cette poussière marine, et même, plus ou moins, tous ceux qui habitent dans quelque partie que ce soit de l'amphithéâtre de Menton. Si l'air marin ne convient pas, il ne faut pas certainement venir à Menton, car on ne peut y échapper. A l'examen physique on trouve l'iode dans l'air à plusieurs kilomètres de la mer, et l'iode n'y existe que par suite de la présence de l'eau de mer à l'état de vapeur dans l'atmosphère. On sait que les longs voyages en mer, des voyages de plusieurs mois, comme celui de l'Australie, sont constamment recommandés aux phthisiques, et cela avec un grand avantage pour leur santé et leur bien-être.

Depuis quelques années il se manifeste une tendance à Menton à s'éloigner du rivage de la mer, et à habiter les villas et les hôtels construits à l'intérieur. Cette tendance n'a certainement aucune raison d'être, si ce n'est la volonté individuelle. Il y a des personnes qui aiment à voir la mer poétique et mystérieuse constamment devant elles, qui aiment à la trouver devant elles toutes les fois qu'elles lèvent les yeux, des personnes auxquelles le murmure des flots le jour est doux et agréable, et qu'il berce la nuit. Il en est ainsi avec moi, aussi je me suis placé à côté, vis-à-vis d'elle, et tous les jours je la contemple avec amour, avec enthousiasme.

Il y a d'autres personnes qui n'aiment pas à regarder la mer, qui la trouvent triste, déplaisante, monotone; elles font bien de s'en éloigner. Mais, en s'en éloignant, elles ne devraient pas en médire, en mal parler. Il ne peut y avoir que de l'avantage à en demeurer tout près, à avoir les pieds à l'eau, pour ainsi dire, dans le beau climat de Menton. Non seulement l'air est plus pur que partout ailleurs, mais la mer équilibre la température. Les jours froids il fait plus doux sur ses rives, les jours chauds il fait plus frais. Je ne connais que les conditions individuelles que j'ai citées qui puissent en faire défendre le séjour. Il y a des réserves locales à faire par rapport aux vents, et cela partout. Nous aurons l'occasion d'en parler dans un autre chapitre, celui qui a spécialement rapport à Menton.

Il y a une autre classe de malades, appartenant toutefois à la même catégorie que les asthmatiques nerveux, auxquels le séjour de la Rivière ne semble pas convenir, comme règle générale : ce sont ceux qui souffrent de Névralgie intermittente, idiopathique. Probablement l'air frais si tonifiant de ces régions est trop excitant pour eux, quand le vent vient du nord. Si la Névralgie se rattache à des troubles digestifs et constitutionnels que le traitement peut dompter à l'aide du climat, il n'en est pas ainsi. La maladie qui occasionne la Névralgie peut guérir, disparaître, et dans ce cas le climat peut leur être tout à fait propice. Les cas défavorables sont ceux qui se présentent comme des maladies constitutionnelles, sans complication à laquelle on puisse les rattacher. Du reste ces formes de Névralgie, comme celles d'Asthme nerveux dont j'ai parlé, sont partout des maladies bien difficiles à traiter et à guérir, qui souvent déjouent tous les efforts que l'on fait pour les dominer.

Pour ceux qui, sans maladie spéciale, sont seulement faibles, souffrants, dyspeptiques, anémiques, dont la force vitale semble avoir diminué, faibli, le climat de la Rivière de Gènes et de Menton, en hiver, est précieux. Ils y trouvent ce dont ils ont besoin, les conditions climatiques et hygiéniques propres à les tonifier, à renouveler leur santé pendant l'hiver, période si nuisible à la santé générale des malades obligés, au nord, de se renfermer dans la maison.

Pour les enfants faibles, malades, la vie journalière au dehors, dans une atmosphère pure et radieuse, est inappréciable. Chaque hiver je vois un grand nombre d'enfants délicats et malades renaître à la vie, d'une manière merveilleuse. Au lieu de souffrir constamment d'affections catarrhales, comme cela se voit si souvent au nord, ils semblent jouir d'une heureuse immunité de ces maux. Toute la journée dehors, au soleil, ils mangent bien à tous leurs repas, dorment bien, et deviennent gras et roses. C'est le climat par excellence pour les enfants strumeux, scrofuleux, qui au nord, le plus souvent, perdent pendant nos longs hivers le terrain gagné l'été. Il ne faut pas, toutefois, se fier uniquement au climat, même avec les enfants. Il faut leur donner une nourriture saine et abondante, beaucoup d'air pur jour et nuit, et y adjoindre le traitement médical que leur maladie ou leur état de santé nécessite.

Les personnes très-âgées, comme les jeunes enfants, semblent prospérer dans le climat d'hiver tempéré de la Rivière. Elles peuvent constamment sortir soit à pied, soit en voiture, au lieu d'être renfermées dans la maison pour des mois entiers. Les vieillards évitent, aussi, entièrement, les phases de froid extrême qui sont si meurtrières pour eux au nord. Dans ma jeunesse j'ai été un an médecin interne à la Salpêtrière à Paris, où habitent 3,500 vieillards femmes. Au moment des grands froids d'hiver elles mouraient comme des mouches en automne. Le froid chasse le sang de l'extérieur ; le cœur, les poumons, le cerveau se congestionnent, et des affections congestives et inflammatoires fatales surviennent. Au midi, les vieillards bien vêtus, bien nourris, échappent à tous ces dangers. Au lieu des vents froids d'est du printemps, qui remplissent nos cimetières, il y a le vrai printemps des poètes, une saison douce, agréable, embaumée par l'odeur des fleurs.

Le climat de la Rivière, dans ses régions les plus abritées et les plus chaudes, est aussi très-favorable à tous ceux qui souffrent de maladies du rein, congestion, Albuminurie, Gravelle. La sécheresse et la douceur de l'atmosphère activent la transpiration cutanée, et soulagent les reins aussi bien que les poumons, car dans nos climats, en hiver, les poumons et les reins ont un surcroît de besogne à faire pour purifier le sang des produits rétrogrades de la nutrition. Il faut aussi se rappeler que la vie au grand air, et l'amélioration de la santé générale qui s'en suit, ont autant d'importance dans ces maladies que dans celles des organes thoraciques. J'ai vu beaucoup de beaux cas d'amélioration et même de guérison.

Il y a une condition très-importante dans la météorologie de la Rivière, qui tend à expliquer l'influence favorable qu'elle exerce sur les maladies que je viens d'énumérer. Il est bien rare qu'il fasse en même temps froid et humide. Quand il fait froid, c'est avec les vents du nord, surtout avec le nord-est, et alors, comme c'est un vent continental, l'air est sec. Quand il fait humide, quand il pleut, c'est presque toujours avec un vent de sud-ouest ou de sud-est, qui sont des vents chauds venant de la mer. Dans la partie occidentale de l'Europe, en France et en Angleterre, le vent froid, dans les premiers mois de l'hiver, est le plus souvent celui du nord-ouest, un vent de mer polaire qui amène une pluie froide ou la neige.

Depuis bien des années j'ai remarqué qu'au nord, à Paris et à Londres, où ma vie médicale s'est écoulée, les maux de gorge, les Bronchites, les Grippes, ne deviennent généraux que lorsqu'il fait en même temps froid et humide. Ni un temps froid et sec, ni un temps humide et doux ne les produisent à l'état d'épidémie. Quelque pluvieux et humide que soit l'été sur les côtes de la Manche, en Écosse, en Irlande, tant que dure la température d'été et que le thermomètre reste à 15° ou 20° C., on voit peu de rhumes se manifester. Mais si le thermomètre descend au-dessous de 8° C., et que le temps soit humide, immédiatement les affections catarrhales des membranes muqueuses des voies aériennes deviennent fréquentes, quelquefois presque universelles.

On peut même affirmer qu'une saison pluvieuse, quand le thermomètre ne descend pas au-dessous de 8° à 10° C. la nuit, ni au-dessus de 15° à 20° C. le jour, est favorable à la santé. Ainsi les étés pluvieux et frais qui ont lieu parfois en Angleterre, et constituent la règle en Écosse et en Irlande, étés dont on se plaint, sont beaucoup plus sains que les étés secs et chauds, réputés sains, bien à tort.

L'été de 1860, un des plus pluvieux que l'on ait connus dans la partie occidentale de l'Europe, fut aussi un des plus sains. Dans le cours de l'été de 1861, je passai quatre mois, juin, juillet, août, septembre, comme malade, dans l'Écosse occidentale. Pendant cette période, il pleuvait presque tous les jours, et la quantité d'eau qui tomba dans cette région, très-pluvieuse à cause de sa proximité de l'Atlantique, fut le double de la moyenne ordinaire. Néanmoins cette saison, exceptionnellement humide, fut exceptionnellement saine. La mortalité ne fut que de 17,5 sur 1,000 personnes en Écosse, tandis qu'en Angleterre elle fut de 20 sur 1,000. Il y eut la différence ordinaire entre la mortalité des villes et celle de la campagne. La première, celle des villes, fut, en Écosse, de 20,2, tandis que celle des campagnes fut de 14,2. En Angleterre, la mortalité fut de 22 pour les villes contre 17 pour les campagnes. L'été qui vient de s'écouler (1879) a été aussi exccessivement pluvieux en Angleterre. On n'a pu récolter les foins que très-imparfaitement, et les blés n'ont pas mûri. Il n'y a pas eu un jour de chaleur, et cependant la santé publique a été meilleure que depuis vingt ans. La mortalité des grandes villes s'est abaissée considérablement, n'atteignant pour Londres, avec ses 4 millions d'habitants, que 17 sur 1,000, ce qui est la mortalité ordinaire, en Angleterre, des campagnes les plus saines.

Pendant mon séjour en Écosse en 1861, je voyageai par monts, par vaux et par lacs, pêchant à la ligne sur ces derniers. Amateur né de la pêche, je profitai de mon loisir forcé pour me livrer à mon amusement favori. Malgré quelques craintes fondées sur les idées qui règnent habituellement, je passai mes journées voguant en bateau, chaudement habillé, sous un parapluie, acceptant avec joie plusieurs averses par jour, car c'est une condition propice pour la pêche. Mais je ne me suis jamais enrhumé une seule fois ; tout au contraire, ma Bronchite chronique se rattachant à la Phthisie s'améliorait de jour en jour. Aucun de mes bateliers, aucun des gens des hôtels que j'habitai, aucun des voyageurs que je rencontrais ne toussait. Mais aussi le thermomètre ne descendait pas au-dessous de 10° à 13° la nuit, ne montait pas au-dessus de 15° à 17° le jour. De fortes pluies, il faut se le rappeler, assainissent l'air et la terre en enlevant et entraînant tous les gaz délétères qui se trouvent soit dans l'atmosphère, soit sur ou dans la terre.

D'un autre côté, l'humidité avec une température au-dessus de 70°, si elle ne prédispose pas aux Catarrhes, excite la circulation et les fonctions du foie et de la peau, et prédispose aux affections intestinales et cutanées, la Diarrhée, la Dysenterie et les inflammations aiguës et chroniques de la peau.

A Menton, en hiver la température à l'ombre est généralement pendant le jour au-dessous de 15° C., mais l'air est en même temps sec, ce qui explique la rareté des affections catarrhales chez les personnes qui se soignent. *Se soigner* veut dire ne pas sortir trop tôt le matin, avant que l'air ne soit réchauffé par le soleil, rentrer avant le coucher du soleil, et rester à la maison les mauvais jours. Dans l'intérieur des appartements, même dans les chambres au nord, avec la fenêtre ouverte à un, deux ou trois centimètres toute la nuit, le thermomètre ne descend presque jamais au-dessous de 10° C., quelque froid qu'il fasse dehors, même si on ne fait pas de feu. Les murs chauffés l'été réchauffent l'air sans doute l'hiver. Comme les nuits, à partir de quatre à cinq heures de l'après-midi jusqu'à huit ou neuf heures du matin, sont vraiment froides pendant une grande partie de l'hiver, les personnes qui méprisent ces précautions, et ce sont surtout les personnes bien portantes qui le font, s'enrhument à chaque moment, souvent autant ou même plus que dans le nord.

Si on ne prend pas les précautions indiquées, dans quelque partie de la Méditerranée que l'on soit, rivages ou îles, le climat est partout traître, à cause de cette grande différence entre la température du jour et celle de la nuit : les indigènes les adoptent toujours. A Malaga, à Rome, à Athènes, partout, on les voit rentrer avant la chute du jour pour sortir plus tard. Ils craignent moins un refroidissement, le vrai danger, que la malaria, un démon mystérieux qui sévit au moment du coucher du soleil. Sans nier ce démon, je crois que le plus souvent c'est le refroidissement occasionné par un abaissement subit de la température atmosphérique, qui fait le mal.

Si on veut passer l'hiver dans un climat méditerranéen quelconque, il faut imiter les indigènes, les habitants aisés du pays. Ils font peu de feu, acceptent la fraîcheur atmosphérique, et ne se calfeutrent pas dans des chambres mal ou point ventilées, chauffées par des poêles. Les personnes qui viennent du nord et de l'Europe orientale, ont trop cette manière d'agir. Trouvant la température froide, ils se chauffent comme chez eux, et par conséquent non seulement ils ne profitent pas de l'air sain et frais qu'ils sont venus chercher de si loin, avec tant de sacrifices, mais ils s'enrhument à chaque moment, et aggravent la maladie de poitrine pour la guérison de laquelle ils sont le plus souvent venus. Ils traitent l'air qui doit les guérir comme un ennemi qu'il faut chasser, et dont il faut se défendre.

Une des preuves les plus convaincantes de la salubrité de Menton est l'absence presque complète de maladies accidentelles parmi la population étrangère. Il est très-rare d'y voir, chez les visiteurs qui occupent pour la plupart des villas et des hôtels sains hors la ville, les Fièvres typhoïdes, les fièvres intermittentes, les Dysenteries si communes dans les grandes villes du littoral. Après vingt ans de séjour je puis compter dans ma mémoire les quelques cas de ce genre que j'ai soignés, et encore presque toujours j'ai pu faire remonter l'origine de la maladie à un séjour dans une autre localité. Elle s'est développée peu de jours après l'arrivée. Ce fait est d'autant plus remarquable que dans les grandes villes d'Italie et d'Espagne, Florence, Rome, Naples, les médecins étrangers sont en grande partie occupés à soigner leurs compatriotes pour des maladies accidentelles, c'est-à-dire des maladies qu'ils n'avaient pas lors de leur arrivée.

Si l'on se pénètre bien du caractère du climat méditerranéen tel que je l'ai développé, si l'on accepte que l'on est venu chercher la santé dans un pays où en hiver il fait chaud le jour, froid la nuit, on comprend la nécessité absolue des précautions presque méticuleuses que je viens d'énumérer. C'est surtout dans la Phthisie pulmonaire que ces précautions sont nécessaires si l'on veut tirer du séjour au midi tout le bénéfice qu'il est capable de donner.

Ceux qui viennent au midi pour la première fois s'imaginent qu'ils arrivent dans un pays chaud, où ils n'auront pas besoin, même en hiver, de vêtements chauds, de surtouts de laine. J'ai même connu des médecins en renom qui l'ont annoncé à leurs malades avant le départ ; jamais il n'y eut une plus grande erreur. On peut et l'on doit mettre de côté les vêtements d'été depuis le commencement de novembre jusqu'au commencement de mai. Ceux dont on a besoin sont les vêtements chauds et légers que nous portons, au nord, en automne et au printemps. Même les jours les plus radieux, les plus chauds, il est bon de porter, ou d'avoir avec soi, un surtout en laine, de forme quelconque, pour homme ; le vêtement dit macfarlane est ce qu'il y a de mieux. Fait en laine, il est léger à porter et on l'ôte ou on le met en quelques secondes. Ce qui rend ces vêtements chauds indispensables, c'est la grande différence, même le jour, entre la température de l'ombre et celle du soleil, ce sont les courants d'air et les vents de la mer. On peut prendre pour exemple les habitants aisés du pays, qui sont toujours chaudement habillés en hiver.

Si on n'observe pas ces règles de conduite, si on ne porte pas des vêtements chauds et même des vestes de flanelle ou de mérinos sur la peau, non seulement on est exposé à subir un refroidissement qui se traduit par une maladie inflammatoire, mais on est très-exposé à être pris de douleurs rhumatismales. Le Rhumatisme attaque les personnes bien portantes aussi bien que celles qui sont maladives, et surtout celles qui ont passé la quarantaine ; car c'est une maladie très-commune chez ceux qui avancent en âge. Je me demande même s'il n'est pas plus difficile de se garantir de douleurs rhumatismales au midi qu'au nord. La chaleur du jour fait que l'on néglige souvent les précautions prises instinctivement au nord ; le refroidissement a lieu, et l'affection rhumatismale se manifeste, affection souvent difficile à guérir.

Cette tendance aux douleurs rhumatismales se voit partout en hiver parmi les indigènes, dans les climats tempérés aussi bien qu'au nord; en Italie, en Espagne, en Égypte, en Algérie, et même dans le désert de Sahara. Les Arabes Bédouins se couvrent, l'hiver, de burnous en laine, un, deux ou trois superposés, et les gardent jusqu'au mois de mai, même par une température de 30° C. Ils savent bien le danger qu'il y a à les quitter avant que les nuits ne soient devenues presque aussi chaudes que le jour. Le meilleur traitement domestique pour les douleurs rhumatismales, le meilleur préventif, chez nous comme chez les Arabes du désert, c'est la chaleur des vêtements. Presque tous nos paysans, et la plupart des ouvriers au-dessus de 50 ans, ont des douleurs rhumatismales parce qu'ils ne sont pas chaudement vêtus le jour, et n'ont pas assez de couvertures de laine la nuit. C'est un des plus grands malheurs de la misère.

Quoique les douleurs rhumatismales soient communes, la vraie Fièvre rhumatismale du nord est rare. Pendant vingt ans d'exercice je n'en ai vu que quelques rares exemples, et cela toujours chez des personnes récemment arrivées du nord, au commencement de l'hiver. Évidemment elles avaient la prédisposition rhumatismale dans le sang. Il est probable que l'énergie des fonctions cutanées dans ce climat purifie le sang, et tend ainsi à rendre la Fièvre rhumatismale peu fréquente.

Comme on pourrait le présumer, un tel climat est favorable à la Goutte, et j'ai connu beaucoup de goutteux qui ont joui d'une heureuse immunité de cette maladie moyennant un séjour habituel au Midi en hiver. Cette immunité ne s'acquiert, toutefois, qu'à la longue. Il n'est pas rare de voir une attaque aiguë de Goutte survenir peu après l'arrivée dans le Midi de ceux qui en présentent la diathèse. La cause doit probablement être cherchée plus dans la fatigue du voyage et dans les émotions qui l'accompagnent que dans une influence climatique. L'action énergique et constante des fonctions de la peau est aussi favorable aux goutteux qu'aux rhumatisants, qu'aux phthisiques et qu'aux albuminuriques.

L'exercice et les stations au dehors, en voiture, en bateau, à pied, doivent commencer le matin quand le soleil a réchauffé l'air, à 10 ou 11 heures selon la saison, et finir à 3, 4 ou 5 heures. Il faut rentrer au moins une demi-heure avant le coucher du soleil, comme nous l'avons dit. On peut rester ainsi dehors presque toute la journée, mais les malades ne doivent jamais se fatiguer. Souvent les médecins recommandent l'exercice à un malade sans lui indiquer cette règle de conduite.

Il se fatigue à marcher, même en marchant de long en large, épuise ses forces, ne peut digérer les aliments qu'il prend, devient de plus en plus faible, sa maladie s'aggrave, et il meurt parce qu'il a pris un exercice au-dessus de ses forces, « par ordonnance de médecin ». Quelquefois un malade ne peut pas marcher du tout sans éprouver de la fatigue. Alors il est heureux de se trouver dans un pays où il peut faire de longues stations en plein air presque tous les jours, prendre des bains d'air et de soleil non seulement sans aucun danger, mais avec un bénéfice extrême pour sa santé.

Ce qui m'étonne toujours, c'est de voir une foule de personnes tous les hivers accepter ces données, rester au grand air presque toute la journée, s'en trouver bien, et regarder pendant le jour l'air atmosphérique comme un ami. Puis, rentrées à la maison, elles allument le poêle, élèvent la température de la chambre, calfeutrent portes et fenêtres, et s'emprisonnent toute la nuit avec un air qu'elles rendent méphitique par leur respiration et leurs exhalaisons diverses. C'est vraiment insensé. Mais tel est l'homme, souvent il ne raisonne pas, et suit la routine aveuglément.

Quand le temps est mauvais le malade doit rester à la maison, faire un bon feu tout en bien ventilant la chambre, et ne sortir que quand le beau temps est revenu. Comme il ne fait jamais mauvais pendant plus de quelques jours de suite, la prison ne dure guère, et on peut l'utiliser en mettant au net sa correspondance, presque toujours en retard. Après plusieurs jours de pluie et de froid, toute espèce de petites indispositions se manifestent : maux de gorge, Laryngites, Bronchites, douleurs rhumatismales, comme au Nord. Mais le soleil apparaît de nouveau, l'air redevient pur et sec, et le plus souvent ces indispositions s'évanouissent, ne sont que passagères, au lieu de s'accentuer comme elles le feraient si le mauvais temps se prolongeait comme au nord.

Il est bon d'ajouter que les malades feraient bien dès le commencement de la saison de ne jamais sortir le soir, d'abandonner entièrement les dîners en ville, les soirées, les concerts, les théâtres. Depuis vingt ans que j'exerce à Menton, au milieu d'un peuple de malades de tout âge, souffrant d'affections chroniques de toutes sortes, je me suis de plus en plus convaincu qu'ils ne peuvent pas mener de front la vie de malade cherchant la santé et la vie de société. Cette remarque est surtout vraie des phthisiques qui constituent une grande partie de notre clientèle au Midi. Pour guérir de cette maladie grave il faut que les malades fassent tous les sacrifices possibles, que chaque phase, chaque acte de leur vie, soit dirigé par les lois de l'hygiène, par la science de leur médecin. Se tromper dans la voie de la vie journalière, c'est ne pas guérir, souvent c'est mourir. Ceux-là obtiennent les meilleurs résultats qui ont le courage de séparer leur vie de celle des amis bien portants, forts, vigoureux, gais, qui acceptent une vie tranquille, réglée, méditative.

Heureux sont-ils si leur genre d'esprit, leur manière d'être, leur permettent de trouver le plaisir dans les livres, la musique, le dessin, la peinture, l'étude de la nature. Heureux ceux qui sont satisfaits de passer de longues heures dans le voisinage de la maison qu'ils habitent, assis dans le jardin ou sur les rochers quand il fait beau, ou couchés suspendus dans un hamac, se chauffant au soleil, et suivant à la lettre la direction de leur médecin. Presque toutes les guérisons de Phthisie que j'ai obtenues ont été chez des malades de ce genre.

Ceux qui n'ont pas de ressource intellectuelle en eux-mêmes, qui sont malheureux s'ils ne sont pas occupés activement, qui veulent à toute force être amusés, qui le soir recherchent les plaisirs du monde, bals, soirées, concerts, cafés, estaminets, billards, comme absolument nécessaires à leur existence, ceux-là guérissent rarement. Ils n'acceptent pas avec résignation l'inaction forcée que leur maladie leur impose, sont mécontents, inquiets, commettent à chaque moment des imprudences pour se distraire, et s'imposent des efforts au-dessus de leurs forces en voulant participer aux plaisirs et aux occupations des personnes en bonne santé.

Les malades pas trop malades, et même les personnes bien portantes qui voudraient se porter encore mieux, doivent, ai-je dit, rester dehors, en plein air, une grande partie de la journée. Afin d'accomplir cette ordonnance sans fatigue, ce qu'il y a de mieux à faire c'est d'aller à pied, à âne ou en voiture selon les forces, passer quelques heures dans une des nombreuses localités pittoresques du pays. A Menton on peut aller à la vallée de Cabroles, ou de Gorbio, à la montée de la Madone ou de Sainte-Agnès, au cap Martin, à Roccabrune, ou à la route de Monaco. Une fois arrivé, on choisit un endroit abrité du vent, on étend des manteaux ou les coussins de la voiture par terre, sur les rochers, et on y reste au repos, chauffé par le soleil, jusqu'au moment du retour. De cette manière on augmente ses connaissances géographiques sans fatigue, on prend des bains d'air et de soleil, et on jouit de la vue d'admirables paysages et de belles montagnes. Les yeux sont charmés par les beautés toujours changeantes de la nature, l'esprit se détend, et on revient au logis calmé, à moitié consolé. La nuit on revoit souvent en rêve les montagnes, la mer, les sites enchanteurs où se sont passées des heures charmantes.

Quand il fait beau et que la mer est calme, on peut aussi aller en bateau faire une promenade, ce qui donne de l'air et un exercice passif, sans fatigue. Il faut avoir soin de ne pas partir avant midi. Souvent avec les vents du nord, comme je l'ai expliqué ailleurs, il y a un calme trompeur sur le rivage le matin, quoique en pleine mer il fasse un très mauvais temps. Ces jours-là, entre onze heures et midi, la mer courroucée au large est ramenée à terre et vient déferler sur le rivage. On part bien portant par un calme plat, on revient malade au fond du bateau sur les midi, avec une mer très agitée. Si à midi, un beau jour, la mer est calme à la côte, c'est qu'il n'y a pas de vent au large, et que le calme s'étend jusqu'en Corse ; par conséquent le vent de mer qui s'élève vers onze heures ne fait que rider sa surface et on peut se risquer en toute sûreté.

Ceux qui aiment la mer et ne sont pas malades peuvent prendre un bateau à voile, un jour que le vent n'est pas trop fort, et aller jusqu'à Monaco à l'ouest, ou jusqu'à Vintimille à l'est, revenant par le chemin de fer, ou en voiture. La vue qu'on a des montagnes, à deux ou trois kilomètres de la côte, est très-belle, et fait apprécier leur beauté et leur caractère grandiose.

Un des grands avantages de la sécheresse modérée de l'atmosphère et de l'absence de froid intense la nuit, c'est qu'on peut laisser la fenêtre de la chambre à coucher ouverte la nuit, plus ou moins selon la saison et le temps, disons de un à dix centimètres. On ne court aucun risque à en agir ainsi, si on le fait avec la précaution de ne pas être couché de manière à dormir dans un courant d'air. La parfaite ventilation de la chambre à coucher, la nuit, est un élément puissant de bien-être et de santé. Cette ventilation de la chambre où l'on couche est une question de la plus grande importance, tant pour les personnes bien portantes que pour les malades, et surtout pour les phthisiques. La possibilité de pouvoir donner de l'air frais aux malades, sans leur faire courir le moindre danger, suffit à elle seule, pour récompenser les malades et leurs parents des sacrifices qu'ils font. Si on a un salon on peut y avoir recours par la ventilation.

Les malades doivent coucher dans des chambres au midi, qui sont bien plus chaudes que celles au nord. Mais les convalescents, après un ou deux hivers passés au midi, les personnes bien portantes, et les enfants sains et convalescents, se trouvent très-bien des chambres au nord. Une température raisonnablement froide la nuit convient aux gens du nord, quand ils sont bien portants. Ils sont comme les arbres de leur pays, les Chênes, les Hêtres, les Bouleaux, les Pins, pour lesquels au midi on cherche les positions les plus fraîches, les moins chaudes. Nous autres, venus du nord, nous ne sommes pas des Orangers, des Citronniers ; un froid raisonnable nous tonifie, nous fait du bien, surtout en hiver. Il n'y a nul avantage à nous mettre en serre chaude, bien au contraire. La Providence a voulu aussi que nous eussions plus froid la nuit que le jour, puisque la terre n'est tournée vers le soleil que la moitié de la journée. Vouloir pour les malades, comme le veulent beaucoup de médecins, une température uniforme et chaude jour et nuit, est une erreur. C'est agir en opposition avec la nature. En serre les plantes ne sont pas florissantes, si la température est la même jour et nuit. Celle de la nuit doit être de 4° ou 5° C. au-dessous de celle du jour, autrement les plantes s'allongent, s'étiolent. Il est bon de se rappeler que la température d'une chambre *habitée*, avec une fenêtre ouverte d'un à deux ou trois centimètres, ne se refroidit pas d'une manière notable à Menton même par un temps froid en hiver. La différence entre elle et une chambre fermée n'est guère que de 1° ou 2° C.

Si on suit toutes les précautions, toutes les règles de conduite que j'ai énumérées, le climat de la Rivière de Gênes, de Menton et de la Méditerranée en général, est très-favorable en hiver à la santé tant des malades que de ceux qui se portent bien. Si on ne les observe pas, comme je l'ai déjà dit, il est peu sûr, traître. On en voit la preuve dans la grande mortalité, en hiver, des habitants de l'Italie et de l'Espagne par la Pneumonie et la Pleurésie. Mal habillés, mal nourris, ne faisant pas de feu, travaillant par force jusqu'à la tombée de la nuit, s'exposant sans précaution à toutes les vicissitudes des saisons, les paysans et les ouvriers sont sujets à des refroidissements qui occasionnent ces maladies, et les font périr en grand nombre. Le traitement antiphlogistique, par les saignées répétées, doit être pour quelque chose dans ce résultat funeste. On pense souvent que ces règles hygiéniques, bonnes pour les personnes saines, bien portantes, ne sont pas applicables aux malades et surtout à ceux qui sont dans une période avancée de maladie. Mais il n'en est rien ; c'est précisément à ces derniers qu'elles font le plus de bien (voyez mes *Recherches sur le Traitement de la Phthisie*). Je n'hésite pas à affirmer que, mieux elles sont appliquées, mieux le malade se porte.

En terminant ces remarques sur le caractère médical du climat de la Rivière, il y a un fait sur lequel je désire surtout attirer l'attention. Une observation minutieuse et raisonnée, continuée pendant vingt ans (1859-79), m'a conduit à conclure que le bénéfice qu'on peut tirer d'un séjour l'hiver dans ces régions de l'Europe, si favorisées de la nature, dans les maladies chroniques, ne s'obtient qu'à la longue, souvent pas du tout la première année.

Les malades qui souffrent depuis longtemps sont dans la condition que décrit le poète latin :

Cœlum, non animam, mutant, qui trans mare currunt.

La maladie qui les accable a probablement été le résultat d'influences pernicieuses, constitutionnelles, sociales, climatiques, existant depuis des années. L'organisation dans son ensemble est modifiée d'une manière morbide, profondément.

Même si le climat et la localité choisis sont tout ce qu'il peut y avoir de mieux pour l'individu, il n'est pas raisonnable de s'attendre à une amélioration subite, immédiate. C'est cependant ce que la plupart des malades font, et ne sachant pas que leur espoir est déraisonnable, ils perdent courage, quand les semaines, les mois se passent, et qu'ils sont toujours à peu près dans le même état, avec peu ou point de changement appréciable en mieux dans leur santé.

En réalité, dans une maladie grave et chronique, ne pas empirer, rester stationnaire, est souvent la preuve de la pleine réussite des moyens de traitement employés, la preuve d'une amélioration. Quand un train de grande vitesse se précipite furieusement vers un danger, si même les conducteurs et les mécaniciens serrent le frein, et changent la direction de la machine, le convoi ne s'arrête pas tout d'un coup. Il continue à avancer pendant quelque temps vers le danger, malgré les moyens les plus puissants et les plus efficaces employés pour l'arrêter. Quand à la fin ces moyens sont couronnés de succès, d'abord il reste stationnaire, et ce n'est qu'en troisième lieu qu'il « recule ».

Il en est de même avec une maladie. Il faut d'abord entraver, arrêter sa marche progressive, menaçante, et pour cela employer tous les moyens possibles, même quand ils ont l'air de ne rien faire. Le changement de climat, l'affranchissement de toutes les influences défavorables qui pourraient exister dans le pays natal, le traitement hygiénique et médicinal, tout peut, en apparence, n'exercer aucune influence favorable, quoiqu'en réalité ces moyens de traitement aient arrêté la marche de la maladie. Puis vient la période stationnaire, et seulement en troisième lieu la période rétrograde, l'amélioration. Souvent, dans la Phthisie pulmonaire, l'amélioration évidente, visible, ne s'observe que le deuxième ou le troisième hiver.

Depuis que j'étudie, que j'observe soigneusement la Phthisie à Menton, j'ai vu beaucoup d'exemples de guérison, j'ai vu beaucoup d'autres cas qui, sans guérir, sont arrivés à un état valétudinaire très-supportable, et compatible avec le prolongement indéfini de la vie. Sans aucun doute les cas les plus satisfaisants sont ceux de mes malades qui ont eu le courage et le pouvoir de revenir pendant plusieurs hivers successifs, qui ont pris pour devise celle que j'ai adoptée moi-même : *vivendum est* (il s'agit de vivre), qui ont fait de bon cœur tous les sacrifices possibles de fortune, de position, d'obligations sociales, afin de combattre pour la vie.

Avec un climat tel que je l'ai décrit, Menton, construit en amphithéâtre, exposé en plein au soleil et aux vents de mer du midi, devrait avoir une population indigène saine et vigoureuse. Il n'en est pas ainsi toutefois, selon MM. Bottini et Farina, qui depuis trente ans ont soigné toute la population mentonnaise, tant comme médecins de l'hôpital que comme praticiens privés. La population indigène présente le type lymphatique et une tendance marquée aux affections scrofuleuses et anémiques. Ce type, le contraire de celui qu'aurait dû présenter une race humaine placée dans les conditions précitées, était beaucoup plus marqué au commencement de leur carrière médicale en 1850, qu'il ne l'est dans le temps présent.

Le Dr Farina, dans un livre admirable de véracité scientifique intitulé : *Menton sous le rapport scientifique et médical*, 1875, » donne l'explication de ce fait pathologique. Lors de la révolution française, la principauté de Monaco, y compris Menton, fut réunie à la France en même temps que le comté de Nice. Lors de la rédaction du traité de Vienne en 1815, une note additionnelle écrite de la main de Talleyrand, en marge du traité, rendit ses États au prince de Monaco. Celui-ci, Honoré V, et surtout son successeur Florestan Ier, afin d'obtenir un revenu en rapport avec leurs besoins, écrasèrent le pays et les habitants d'impôts et d'exactions. Je laisse la parole au Dr Farina, pages 131 et suiv. :

« La mouture du blé, pour laquelle le prince s'était
« arrogé le privilège par la construction de plu-
« sieurs moulins, fut confiée à un entrepreneur qui
« l'exploita à son profit. Les farines de premier
« choix étaient revendues sur les places de Nice et
« de Marseille, et les habitants de Menton étaient
« forcés de se nourrir de farines provenant de blés
« avariés, de fèves, de farine de maïs, de haricots
« de mauvaise qualité ; de très-fortes amendes
« étaient imposées aux personnes chez lesquelles
« on trouvait quelques morceaux de pain provenant
« des pays voisins, de Castellar et Vintimille.....
« Au prince Honoré V, mort subitement lorsqu'il
« avait l'intention d'améliorer la position de ses

« sujets, succéda Florestan Ier qui, incapable de
« comprendre sa position, ne vit dans le pouvoir
« qu'un moyen de pressurer son peuple et qui ar-
« riva à obtenir par toute sorte d'impôts, d'une po-
« pulation de huit mille habitants, chiffre auquel
« s'élevait toute la principauté, une rente annuelle
« de 350,000 francs..... Quelles furent pour la po-
« pulation les conséquences de cette funeste pé-
« riode de trente-trois ans de famine ? L'appauvris-
« sement de la race favorisée par les trois causes
« suivantes : 1° L'affaiblissement des fonctions de
« la vie organique par le fait d'une alimentation
« des plus mauvaises; 2° mariages contractés entre
« des individus affaiblis par la misère, perpétuant
« ainsi les maladies de nature héréditaire ; 3° souf-
« frances morales infinies par suite de la nécessité
« de conspirations incessantes, afin de chercher les
« moyens de sortir d'un état d'extrême pauvreté et
« de dégradation sociale. Voilà les véritables causes
« du lymphatisme acquis par les habitants de
« Menton. »

Malgré ces conditions physiologiques défavorables, malgré l'abaissement général de la santé de
toute une population, affamée comme dans une
ville assiégée, par la tyrannie de ses maîtres, on vivait à Menton, tout en traînant une vie maladive. Les
conditions atmosphériques et climatiques sont tellement favorables dans l'amphithéâtre que les habitants, faibles, scrofuleux, anémiques, ne mouraient
pas comme à Naples, à Rome, à Paris. Selon mon
pauvre ami le Dr Bottini, mort il y a quelques années par suite d'un funeste accident de voiture, la

vie moyenne était alors de quarante-cinq ans, chiffre bien supérieur à celui de la plupart des villes de l'Europe (*Menton et son climat*, Dr Bottini). Beaucoup de ses habitants, dit-il, arrivent aussi à un âge avancé. Si Menton ne se fût pas trouvé dans des conditions climatiques exceptionnelles, la mortalité dans une telle population aurait été terrible, probablement doublée. Il est bon d'observer que quoique les rues de la vieille ville soient très-étroites, comme le plan incliné sur lequel elles sont construites est rude, toutes les maisons arrivent au soleil et à l'air, par leurs étages supérieurs. Les rues sont aussi très-propres, nettoyées tous les matins. La nécessité d'engrais pour la culture, et la difficulté de s'en procurer dans un pays où on n'élève pas les bestiaux, donne une valeur factice à toute espèce d'immondices. Aussi sont-elles précieusement recueillies et enlevées dans ce but.

Je renvoie au livre du Dr Farina tous ceux qui veulent approfondir l'histoire pathologique des habitants indigènes de Menton depuis 1850 jusqu'en 1875, une période de vingt-cinq ans. Ce livre est le résumé de l'expérience précieuse de M. Farina pendant ce temps, un quart de siècle, et donne le tableau de leurs maladies. Je ne lui emprunterai ici qu'un résumé rapide des points les plus importants pour les visiteurs étrangers.

Les Fièvres éruptives, petite Vérole, Scarlatine, Rougeole, surviennent de temps en temps comme dans toutes les villes, mais sans présenter aucune gravité. En 1854 et en 1855 il y eut deux épidémies graves de Fièvre typhoïde qui ne se sont guère renouvelées depuis. Probablement l'état sanitaire des habitants est devenu meilleur et les en a préservés. Ces épidémies peuvent être comparées à celles qui sévissent sur les habitants d'une ville assiégée. En 1877, il y eut une petite épidémie localisée à la vieille ville, parmi les nombreux ouvriers étrangers, entassés dans des garnis peu salubres, qui ne se propagea pas à la ville nouvelle et passa presque inaperçue. Elle a donné, toutefois, l'éveil à l'autorité qui a pris des mesures de police plus énergiques. Chaque année il y a quelques cas sporadiques de Fièvre typhoïde dans la vieille ville, comme dans toutes les villes de l'Europe. On voit aussi, plus souvent que dans le nord, la fièvre dite muqueuse, qui peut compliquer et suivre à la Fièvre typhoïde.

Il y a eu quelques épidémies de petite Vérole en 1849, 1857, 1864, 1871, 1878. Les deux premières paraissaient avoir été assez graves, les trois dernières furent bénignes. Ici encore nous voyons se dessiner le résultat d'une amélioration de la santé publique. Les trois dernières épidémies, peu graves, furent bornées aux populations habitant la vieille ville, et ne se propagèrent pas du tout aux visiteurs. Leur origine put toujours être suivie au dehors, et la maladie n'attaqua guère que les non vaccinés. La Rougeole et la Scarlatine se manifestent de temps en temps, mais toujours sous une forme bénigne.

La Fièvre rhumatismale, comme je l'ai dit, est rare parmi les visiteurs, mais il paraît qu'elle est assez fréquente chez les indigènes, sous une forme très-bénigne. C'est plutôt, selon M. Farina, un mouvement fébrile que l'on observe, accompagnant des douleurs rhumatismales ayant leur siége dans les aponévroses, que la vraie fièvre rhumatismale du nord. Ce qui le démontre, c'est que selon M. Farina « il est rare que la durée de ces fièvres se prolonge au-delà d'un septenaire. »

La Goutte est peu ou point connue parmi les habitants aisés de ce pays. Ils sont trop sobres pour l'engendrer eux-mêmes, et leurs pères étaient encore plus sobres qu'eux. Peut-être qu'avec l'aisance, la richesse même qui leur est dévolue, les habitudes changeront, la sobriété extrême d'autrefois disparaîtra, les plaisirs de la table deviendront habituels, et la Goutte (*podagra*) apparaîtra comme dans la Rome luxueuse de l'ancien temps.

Dans son ouvrage sur Menton, le Dr Bottini a dit que les Fièvres intermittentes sont rares dans le pays, et comme pendant vingt hivers je n'en ai presque pas vu, j'accepte cette assertion pour les visiteurs. M. Farina, se fondant sur sa longue expérience s'étendant sur toute l'année, et se basant sur des soins donnés à toutes les classes de la population, explique et modifie l'opinion de M. Bottini. S'il s'agit, dit-il, de Fièvres graves à accès, résultat de miasmes paludéens, M. Bottini a raison, elles sont rares, presque inconnues, si ce n'est dans des circonstances spéciales, comme de grands revirements de terrains. Mais s'il s'agit de simples Fièvres périodiques se guérissant facilement par la quinine, il a tort, car elles sont assez fréquentes. Elles sont presque toujours occasionnées par le refroidissement, surtout la nuit après les travaux de la campagne, à un soleil ardent le jour. A l'hôpital, les registres donnent 345 cas pour les vingt-cinq ans pendant lesquels M. Farina en a été le médecin, soit 14 cas chaque année ; peu de chose au fond. L'année où l'on a fait des déblais, où l'on a ouvert des terres vierges pour établir le chemin de fer de Nice à Gênes, il y eut dans le pays un très-grand nombre de Fièvres à accès pour lesquelles il fallut employer la quinine.

Quant à moi, je ne suis guère disposé à admettre que ces deux formes de Fièvres intermittentes soient des types différents ; je crois que c'est la même maladie. Partout dans la Méditerranée, en Corse, en Sardaigne, en Sicile, en Algérie, en Asie Mineure, j'ai trouvé la conviction bien établie chez les médecins praticiens, que les Fièvres à accès pouvaient se développer sans miasme paludéen. Il suffit que l'économie humaine soit soumise à une certaine chaleur pendant un certain temps pour qu'un refroidissement développe la Fièvre à accès. Je l'ai trouvée se développant ainsi sur des montagnes élevées aussi bien que dans les plaines, et dans des endroits où il n'était pas possible de l'attribuer à des miasmes de marécage. Dans ces dernières régions, toutefois, la Fièvre intermittente est plus grave, et c'est là surtout qu'elle prend la forme pernicieuse. Malgré cette différence tous mes interlocuteurs croyaient que la maladie était identique.

Le docteur Adolphe Armand, dans un bel ouvrage intitulé *Médecine et hygiène des pays chauds* (Paris, 1853), donne un exemple frappant de ce fait de genèse fébrile. Il était le médecin d'un corps de soldats travaillant en été à une route, dans la vallée du Cheliff ; cette rivière, venant de la haute montagne, a des eaux très-froides comparativement à la température de l'atmosphère. On lui avait dit que si ses hommes se baignaient dans cette eau froide, ils auraient la Fièvre. Plusieurs cas de fièvre se déclarèrent chez des hommes qui s'y étaient baignés, mais il croyait si peu à cette influence qu'il ferma les yeux et s'y baigna lui-même. Peu d'heures après, il fut pris d'une Fièvre si grave et si rebelle qu'il dut retourner en France. La Fièvre dans ces cas fut le résultat du refroidissement ; la rivière, que j'ai vue, coule entre des berges élevées, et il n'y a pas l'ombre d'un marais dans le voisinage.

Selon les docteurs Bottini et Farina, d'accord sur cette question importante, la Phthisie pulmonaire est rare à Menton, parmi la population indigène, quoiqu'elle y existe ; le docteur Bottini donne, d'après ses statistiques, un décès seulement par la phthisie sur 45. Le docteur Farina donne un malade phthisique à l'hôpital sur 70, proportion infime. En effet la mortalité, d'après le docteur Lombard de Genève (voyez son bel ouvrage *Traité de climatologie*, 1877, Paris, t. II, p. 110), elle serait de 12 sur 100 à Paris, de 12 sur 100 à Londres, de 14 sur 100 à Glasgow (Écosse), de 14 sur 100 en Norwège, de 14 sur 100 en Danemark, de 16 sur 100 dans les quatre gouvernements du nord de la Russie, et de 18 sur 100 pour celui d'Archangel.

La rareté de la Phthisie pulmonaire à Menton est d'autant plus remarquable que le climat seul, la chaleur, l'absence de froid ou de brouillard n'expliquent pas l'immunité de cette terrible maladie. On la voit régner partout, dans quelque climat que ce soit, si la vie est non hygiénique. Ceux qui habitent des villes mal aérées, à rues étroites privées de lumière et d'air, qui sont en même temps mal nourris, surmenés par le travail et en proie à des inquiétudes, à des souffrances morales, deviennent phthisiques partout. A Marseille, avant les améliorations hygiéniques qui ont transformé cette ville, sous le ciel pur de la Méditerranée, la mortalité par la Phthisie était aussi grande qu'à Paris. A Naples, où les conditions hygiéniques étaient encore pires, elle était beaucoup plus grande. Dans les climats en même temps froids et humides, comme les îles Britanniques, la Hollande, les Pays-Bas, le nord de la France, ces conditions climatiques obligent les populations à se renfermer une grande partie de l'année dans des habitations presque toujours mal aérées. Ces conditions d'habitation, jointes aux autres que j'ai énumérées, expliquent sans aucun doute la fréquence générale de cette maladie dans ces pays, dans les petites villes comme dans les grandes.

L'Angine diphthéritique, pour moi une maladie très-rare à Menton, puisque je n'ai vu pendant vingt hivers que deux cas bien caractérisés, s'est présentée à M. Farina, dans les saisons de 1872 et de 1873, sous la forme épidémique. Le type n'a pu être grave puisqu'il n'a pas perdu un seul cas sur 32 qu'il a soignés. Sans doute j'ai eu des cas, dans ces saisons-là, que quelques-uns de mes confrères auraient considérés comme diphthéritiques. Mais je ne regarde pas la présence de concrétions pultacées à l'orifice des conduits excréteurs dans l'angine tonsillaire aiguë et sous-aiguë, sans retentissement constitutionnel grave, comme constituant la Dipthérie. J'ai vu des cas de ce genre tous les hivers depuis 45 ans que j'étudie et que j'exerce la médecine. Je les ai toujours regardés tout bonnement comme des angines tonsillaires, à concrétions albumineuses coagulées, n'ayant aucune gravité, se guérissant aussi bien et aussi vite que les angines non albumineuses, et n'ayant jamais des suites graves, paralysie et anémie.

En 1876, j'eus deux cas de vraie Diphthérite pseudomembraneuse bien caractérisée, des enfants de onze et treize ans, avec tous les symptômes classiques, locaux et généraux, et tous les deux moururent au bout de quelques jours. C'étaient des enfants souffreteux, dont le père et la mère étaient morts à trente-deux et à trente-cinq ans, et qui avaient une sœur phthisique ; je les avais soignés à plusieurs reprises pour des symptômes dyspeptiques et bilieux. Ils demeuraient dans un appartement luxueux, dans un des plus beaux hôtels, un hôtel parfaitement sain habité par quatre-vingts personnes, maîtres et enfants. Il n'y eut pas d'autres cas, et je ne pus remonter à l'origine de la maladie par contagion. Ce furent les seuls exemples de diphthérite que j'eus cet hiver, et je n'entendis pas parler d'autres dans la ville. Ce furent vraiment des cas de maladie sporadique. J'en suis venu à me demander si ces enfants avaient été exposés, dans leurs promenades, à quelque émanation méphitique

Malgré la chaleur de l'été, les affections graves

du foie sont rares, aussi bien que la dysenterie grave. La fraîcheur, les nuits froides arrivent assez tôt en novembre pour entraver, modifier les conditions physiologiques, abdominales et intestinales produites par la chaleur de l'été et de l'automne qui tendent à développer ces maladies, surtout dans les pays chauds. Ce que je vois en automne, cependant, à mon arrivée, me fait croire que les diarrhées et même les Dysenteries légères doivent être assez communes dans cette saison.

Il est constant qu'un certain nombre d'étrangers sont pris de Diarrhée à leur arrivée.

J'attribue ces Diarrhées non pas aux fruits, à l'eau, à la nourriture, qui en sont habituellement regardés comme la cause, mais au changement brusque de climat et de température. Au nord, en octobre, on a déjà eu un ou deux mois de fraîcheur, et l'organisation humaine s'est équilibrée. Le foie et la peau se reposent, les reins et les poumons travaillent. Avec les trains rapides on voyage comme un boulet de canon. En vingt-quatre heures on passe du climat déjà froid et brumeux du nord de l'Europe au climat encore chaud et sec de la région méditerranéenne. Le foie et la peau sont sommés subitement de reprendre leurs fonctions d'été, se congestionnent ainsi que les organes abdominaux, et la Diarrhée se manifeste. Moi-même, tous les ans, je mets plusieurs jours à descendre de Paris au midi, couchant plusieurs fois à Lyon, à Dijon, à Avignon, à Marseille. J'envoie mes bagages en avant, et soit seul, soit avec un ami, je descends en flânant, rêvant, me promenant, voyageant entre dix ou onze heures du matin et cinq ou six heures du soir. Aussi j'arrive au bout de mon voyage frais, dispos, ayant fait une agréable partie de plaisir et prêt à travailler dès le lendemain de l'arrivée.

Le Choléra asiatique n'a jamais paru à Menton, fait singulier, car cette maladie a exercé de grands ravages sur d'autres points de la Rivière de Gênes. Ce fait parle en faveur de sa salubrité. Une ou deux fois, des réfugiés de Toulon ou de Nice sont arrivés malades à la frontière, mais on a pu les reconnaître et les séparer de la population jusqu'à la mort ou à la guérison.

Je vois dans l'absence de la Dysenterie grave et épidémique qui sévit de temps en temps sur le littoral de la Méditerranée, dans les grands centres de population, la preuve de la salubrité exceptionnelle de cette région. Les conditions de chaleur æstivale sont bien assez grandes, et la durée de cette chaleur est bien assez prolongée pour développer cette maladie sous sa forme la plus grave. Mais celle-ci est le plus souvent liée dans les pays chauds à l'existence de la malaria, produisant les fièvres à accès graves. Ces maladies non-seulement existent dans les mêmes pays, dans les mêmes endroits, mais semblent se remplacer. Par conséquent, l'absence des conditions atmosphériques et paludéennes qui produisent les Fièvres à accès, surtout sous la forme épidémique, explique la rareté de la Dysenterie épidémique.

C'est à cause de la fréquence de la Diarrhée bilieuse chez ceux qui arrivent du nord en automne, que je conseille à mes amis et clients de ne pas apparaître avant les derniers jours du mois d'octobre. Ce n'est guère qu'à cette époque que les nuits deviennent fraîches et agréables. D'un autre côté les vrais malades doivent être installés dans leurs quartiers d'hiver avant la fin d'octobre. S'ils tardent jusqu'en novembre, le mauvais temps les atteint soit chez eux, soit en voyage, et souvent ils arrivent si malades qu'il leur faut un mois ou même plus pour se remettre.

En terminant ce chapitre, je ferai une remarque importante : il peut faire trop beau. L'expérience m'a démontré que les hivers sans pluie, toujours beaux, ne sont pas les plus favorables à la santé publique. Il vaut mieux qu'il pleuve de temps en temps. Une pluie douce venant du midi rafraîchit l'air, son influence est favorable. Quand en hiver, sur la Rivière de Gênes, il ne pleut pas pendant six semaines ou deux mois, il survient souvent une surexcitation générale des muqueuses des voies aériennes qui se termine par une vraie épidémie d'affections inflammatoires légères des voies aériennes, Coryzas, Pharyngites, Laryngites, le plus souvent sans fièvre.

Cet hiver, 1879-80, qui a été un des plus rigoureux du siècle, presque toutes les rivières de la France ayant été gelées, nous en avons eu un exemple frappant. Pendant le mois de décembre, nous eûmes 28 jours de soleil radieux, 3 jours seulement nuageux. En janvier, nous eûmes 22 jours de soleil, 9 jours nuageux seulement. Minima en décembre 5° C.; maxima 10° C. En janvier, minima 5° C.; maxima 11° C. Aussi l'épidémie s'est manifestée.

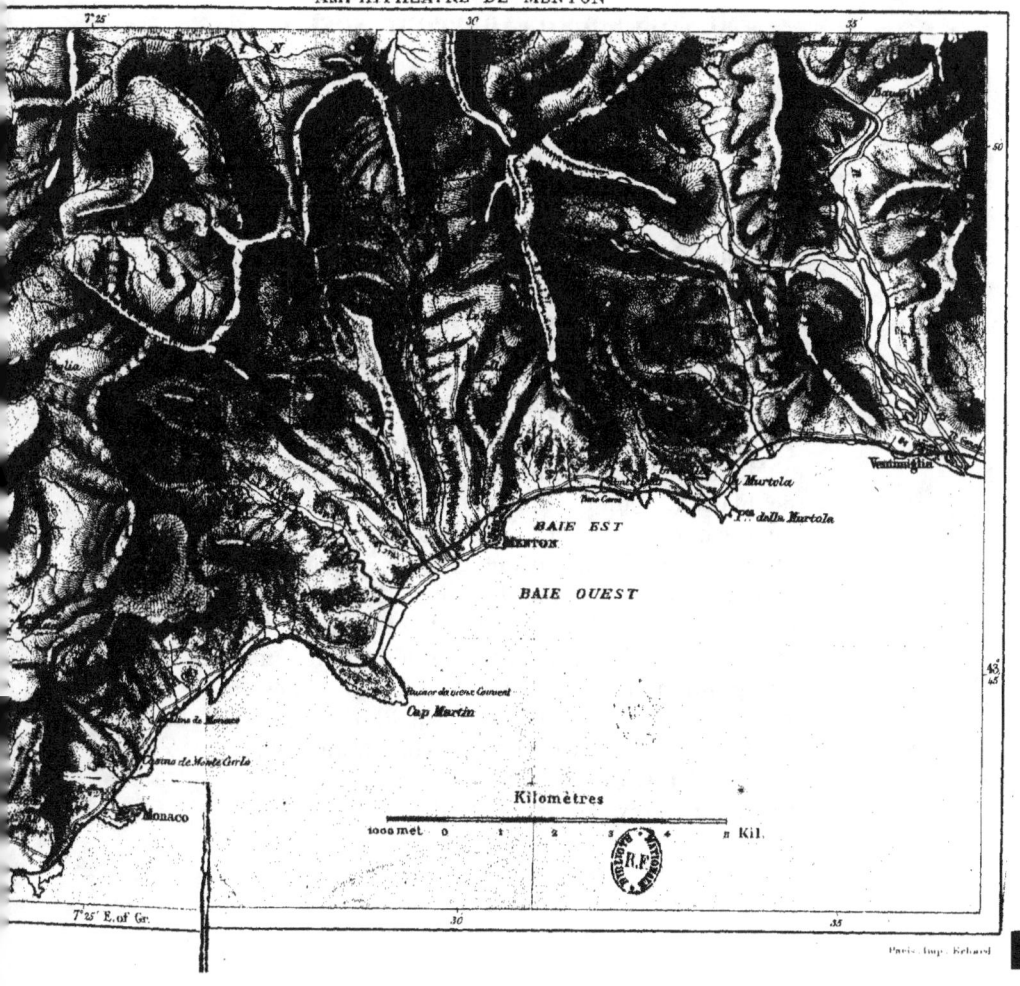

CHAPITRE VII

MENTON SOUS LE RAPPORT SOCIAL

AMUSEMENTS. — COURSES EN VOITURES. — PROMENADES. — LE CHEMIN DE FER. — MONACO ET LA MAISON DE JEU. — VILLAGES DES MONTAGNES. — LES SARRASINS ET LES PIRATES D'AUTREFOIS. — VIE SOCIALE.

Depuis la publication de la première édition de cet ouvrage en anglais, en 1861, Menton a changé de toutes façons. C'était alors une petite ville italienne, bien tranquille, endormie au soleil, au bord de la mer, avec deux ou trois hôtels modestes, fréquentés surtout par les voyageurs de passage, et une demi-douzaine de villas récemment construites.

Maintenant c'est une station d'hiver, une ville de plaisance connue du monde entier, avec cinquante hôtels et pensions, 250 villas et appartements et une population de visiteurs l'hiver, qui augmente d'année en année, et dépassa 2,200 la saison dernière, 1878-1879. Beaucoup de ces hôtes d'hiver sont des malades à la recherche de la santé, mais un grand nombre ne sont que des disciples de Zoroastre, des admirateurs du soleil. Ils ont fui le nord et ses brouillards pour s'épanouir au soleil du midi. D'autres sont des voyageurs allant en Italie, ou en revenant, heureux de s'arrêter quelque temps au milieu des Citronniers et des Oliviers de ce pays enchanteur.

Malgré la vie nouvelle qui anime Menton à présent, son charme principal est toujours, comme autrefois, dans son paysage pittoresque. Les hautes montagnes qui forment le fond de l'amphithéâtre s'élèvent aux nues, grandes et majestueuses. La seconde rangée de montagnes boisées, moins élevées, qui occupent le centre de l'amphithéâtre jusqu'au rivage de la mer, a une beauté moins grandiose, mais souriante et romanesque. Chaque vallée, chaque ravin, montant plus ou moins rapidement à la haute montagne, ravit l'œil. La flore est très-abondante pendant tout l'hiver, et, comme nous l'avons vu, beaucoup de nos fleurs de jardin viennent à l'abandon, libres, sauvages. Les caractères géologiques du pays sont très-intéressants, et offrent instruction et amusement à ceux qui aiment ce genre d'étude.

Les grands malades, s'ils sont prudents, s'en tiennent aux promenades à pied, au niveau de la mer, et aux promenades en voiture sur les routes carrossables. Ceux qui sont tant soit peu forts, montés sur des ânes robustes, au pied sûr, se dirigent vers les montagnes, et en font l'ascension aussi loin que leurs forces le leur permettent. Ceux qui sont tout à fait sains et vigoureux deviennent membres du « club alpin local, » et, heureux mortels, parcourent les régions les plus élevées, les plus alpestres des plus hautes montagnes.

Toutes les fois que le soleil luit, c'est-à-dire presque toujours, on trouve des vallées, des ravins pit-

LA VIEILLE VILLE DE MENTON. (Page 330.)

toresques, des coins de rocher charmants, où, en décembre et en janvier, plus tôt et plus tard, on est certain de trouver une atmosphère tranquille, une température douce, et des fleurs. Aussi, au milieu de cette belle nature, à l'aide des excursions, de la vie du dehors au grand soleil, de livres, de journaux, d'études, et de la société de parents chéris, d'amis vivant de la même vie, ayant les mêmes idées, l'hiver se passe agréablement.

Quoique l'amphithéâtre de Menton soit limité, son étendue est assez grande pour offrir des ressources presque infinies aux visiteurs, qu'ils soient malades ou bien portants. Ceux qui ont la vigueur suffisante pour les excursions alpestres trouvent Menton et ses montagnes, même au cœur de l'hiver, un lieu de délices. C'est la Suisse ouverte à leurs promenades au mois de janvier, quand les Alpes sont ensevelies sous un linceul de neige et de glace.

Dans l'amphithéâtre même de Menton, il y a bien des régions intéressantes en dehors des vallées et des montagnes, et il y a un assez grand nombre de promenades carrossables, charmantes et pittoresques (voyez la carte locale). Ainsi il y a : 1° à l'ouest la route de Nice, passant par Roccabrune et la Turbie; 2° la route de Monaco, qui diverge de celle de Nice au-dessous du village de Roccabrune et suit le bord de la mer; 3° la route du cap Martin qui diverge aussi de la route de Nice en quittant Menton; 4° la nouvelle route le long de la vallée de Gorbio ; 5° la route qui remonte la vallée de Cabroles ou de Borrigo ; 6° la route du Carei ou de

Sospello, par laquelle on sort de l'amphithéâtre au nord pour se diriger sur Turin ; 7° le jardin public le long de la mer ; 8° à l'est la route de Gênes, faisant suite à la baie est, et remplaçant la vieille route romaine. Reprenons ces routes successivement. Pour un étranger qui veut connaître à fond le pays, la première chose à faire, c'est de prendre une voiture et de les parcourir toutes, un jour l'une, un autre jour l'autre.

La route de Nice. — La première promenade, la route de Nice, passant par Roccabrune et la Turbie, a déjà été décrite. C'est la route par laquelle le voyageur arrive à Menton s'il vient de Nice en voiture. Sa beauté pittoresque est si exquise que le plus souvent elle reste la promenade favorite, même après plusieurs mois de séjour. Pendant toute l'ascension qui dure près de deux heures, cette route est complètement protégée au nord, et elle est saturée de soleil jusqu'à son coucher. Le retour prend une heure ou une heure et demie, selon qu'on accélère ou qu'on ralentit le pas. Le village de la Turbie, qui couronne la route au sommet de la montagne, est un jalon dans l'histoire. C'était la frontière entre la Gaule et la Ligurie du temps des Romains, et on y voit encore, à cent mètres du chemin, les ruines intéressantes d'une tour construite par l'empereur Auguste il y a près de deux mille ans. Ces ruines font voir combien l'architecture militaire des Romains était massive et puissante, et valent la peine d'être visitées avec soin.

Au-dessous du village de Roccabrune la route se

bifurque en deux, l'inférieure longeant la mer jusqu'à Monaco. Cette promenade est certainement une des plus belles qu'il y ait en Europe. Elle suit les sinuosités de la côte, à un moment descendant presque à la mer, à un autre s'élevant à cinquante mètres ou plus au-dessus. Du côté de la terre sont des montagnes calcaires, hautes de plusieurs centaines de mètres, blanchies par l'âge, déchirées, tordues par les convulsions volcaniques d'autrefois. Parfois des roches immenses, en partie séparées de leurs attaches, sont pour ainsi dire suspendues sur la route, comme si elles allaient tomber sur les voyageurs ; ou elles se sont écroulées autrefois, ont bondi par dessus et se voient sur le sol dans le vallon au-dessous, jonchées en masses confuses. Dans un endroit, où une avalanche de ce genre a eu lieu, on voit un gros rocher appuyé contre un olivier, qui a arrêté sa marche descendante. Le vétéran semble faire des efforts inouïs pour empêcher son ennemi de descendre plus bas, et jusqu'à présent il a réussi.

Du côté de la Méditerranée on voit de jolies petites baies bien tranquilles, où les vagues déferlent sur un rivage sablonneux, au pied de rochers dentelés, déchiquetés, présentant les formes les plus capricieuses, et couverts de pins et de buissons. Ces baies, vues de la route, sont si charmantes, qu'elles inspirent au touriste le désir presque irrésistible de s'arrêter et d'y descendre, pour se baigner dans la mer ou pour s'asseoir sur le rivage, et écouter en rêvant le murmure des flots. Autre désir, plus ou moins passager : on voudrait y construire une maisonnette, et y vivre loin des soucis et des labeurs du monde.

Tant en allant à Monaco qu'en revenant, depuis le lever du soleil jusqu'à son coucher, cette route féerique est inondée de ses rayons. Étant ainsi protégée des vents du nord, et exposée au midi dans tout son parcours, on peut la fréquenter pendant toute la période la plus froide de l'hiver. Quand le vent souffle avec force de la mer, c'est-à-dire du sud, elle est à éviter: mais cela n'arrive guère que les jours de tempête et de pluie. Monaco elle-même, perchée sur une péninsule rocheuse, presque environnée par la mer, est intéressante à visiter. C'est une jolie petite ville propre, luisante, entourée de fortifications, à cent mètres au-dessus de la mer. Avec son petit port, animé par quelques barques à voiles blanches, quand le soleil dore tout, elle offre un panorama enchanteur.

Il y a déjà plusieurs années que le chemin de fer de Gênes met Monaco en communication avec Nice, mais je l'ai connue quand le seul moyen d'y arriver était de passer par la montagne de la Turbie, ce qui prenait quatre heures, ou de faire le trajet par mer. Ce petit voyage se faisait en une heure par un bateau à vapeur qui partait quelquefois de Menton. C'était un moyen très-agréable d'aller à Nice, soit de Menton, soit de Monaco, pour ceux qui ne craignaient pas la mer. Mais je dois dire que le nombre des passagers était le plus souvent peu considérable. La plupart des hommes ne se fient à la mer capricieuse et infidèle qu'à la dernière extrémité. Le chemin de fer fut une entreprise très-difficile, qui dut se constructions à la nécessité de relier le système des chemins de fer de l'Italie avec celui de la France. Il fallut plusieurs années de travaux colossaux pour le mener à bonne fin. Il passe à travers neuf tunnels et longe des baies profondes, des montagnes presque perpendiculaires, sur des talus artificiels, au pied desquels déferlent les vagues de la mer.

La côte est très-belle, et à mes yeux, quoique le chemin de fer doive être accepté avec satisfaction comme un progrès de la civilisation, il gâte singulièrement la beauté du paysage. La nature semble avoir été blessée, lésée, scarifiée dans tous les sens. Avec le temps, cependant, ces blessures se cicatriseront ; déjà des plantes, des arbustes, des arbres d'une végétation méridionale commencent à recouvrir les cicatrices de la verdure du midi, et bientôt on ne verra que le chemin de fer, tantôt se perdant sous la montagne, tantôt contournant la côte.

En ce moment l'administration des jeux de Monaco construit une route jusqu'à Nice qui suit le tracé du chemin de fer. Cette route ne se fait qu'à l'aide d'efforts prodigieux et de dépenses énormes. A chaque moment il faut faire sauter le rocher par la mine, construire des ponts, et faire des remblais. Une fois terminée, ce sera une des routes les plus belles, les plus charmantes qui existent, et qui mettra Nice en communication carrossable directe avec Monaco. On ira facilement en voiture en une heure et demie. Déjà les terrains rocailleux et alpestres le long du tracé ont acquis une valeur considérable, et le moment n'est pas éloigné où il y aura une suite de villas d'une ville à l'autre. Toute la « corniche » de Nice à Menton est destinée à être habitée, colonisée par les émigrés du nord.

Menton et Roccabrune ont formé une partie de la principauté de Monaco depuis le moyen âge. Les princes de Monaco, comme feudataires soit de l'Italie, soit de la France, ont pris une part plus ou moins importante à presque tous les grands événements politiques qui se sont passés dans cette partie du midi de l'Europe, depuis l'année 1338, époque à laquelle la souveraineté de la famille Grimaldi, originaire de Gênes, devint visible et réelle. En 1731, cette famille princière s'éteignit, dans la ligne directe, en la personne de Louise-Hippolyte, fille aînée du prince Antoine Ier. Elle avait épousé un gentilhomme d'une ancienne famille bretonne, le comte Goyon-Matignon. Ce dernier renonça à son nom et à ses armes pour prendre le nom et les armes des Grimaldi, avec le titre de duc de Valentinois et la dignité de pair de France, octroyés par le roi Louis XV.

Lors de la révolution française en 1792, l'armée française passa le Var, occupa le comté de Nice, et déclara le prince de Monaco et ses successeurs déchus à jamais de leur souveraineté féodale. Au commencement de l'année 1793, les trois communes de Monaco, de Roccabrune et de Menton, réunies en « convention nationale » à l'imitation de la France, demandèrent à la grande convention d'être réunies à la France, demande qui fut acceptée. La principauté tout entière se rallia ainsi à la république française et devint une partie du département des Alpes-Maritimes.

Il en fut ainsi jusqu'à la chute du premier Empire. Lors de la réunion des puissances alliées à Paris pour le partage de l'empire, le prince de Talleyrand, intéressé apparemment à la famille Grimaldi, traça de sa main au bas d'une des pages du traité de Paris ces mots : « Et le prince de Monaco rentrera dans ses États... » Sans cette petite phrase, qui rendit la principauté à ses anciens maîtres, elle aurait probablement été donnée à la maison de Savoie avec le comté de Nice, dont elle faisait alors partie.

Avec le retour de ses princes en 1815, commença sous les princes Honoré V et Florestan Ier, pour la principauté et surtout pour Menton et Roccabrune, une période d'impôts ruineux, de monopole de céréales, de viande, de vente forcée de farines avariées, d'exactions de tout genre, de tyrannie dépassant la tyrannie la plus odieuse du moyen âge. Pendant cette période funeste la population de ce malheureux pays fut écrasée moralement et physiquement par une oppression insensée, qui n'avait pour but que d'en tirer le plus d'argent possible. Cette oppression fut portée à un degré si terrible, que les habitants du pays entier furent pour ainsi dire affamés, faute de nourriture saine et suffisante. La constitution physique, la santé de tous les habitants du pays, jeunes et vieux, fut tellement modifiée, au dire des médecins les plus expérimentés, qu'elle devint lymphatique, scrofuleuse, anémique. Il a fallu vingt ans de prospérité, de bonne nourriture, pour arrêter ce dépérissement constitutionnel de toute la population, causé par une famine qui dura trente-trois ans (1).

En 1848, surexcités par les événements politiques de Paris, les Mentonnais opprimés et sans espoir imitèrent le mouvement révolutionnaire de la capitale de la France, s'insurgèrent contre leur prince, et se déclarèrent indépendants sous la protection de la Sardaigne. Le prince de Monaco essaya en vain de vaincre la résistance de ses sujets révoltés, ou d'obtenir le secours de la Sardaigne ou de la France, et dut accepter les faits accomplis. Lors de l'annexion du comté de Nice à la France en 1862, à la suite d'un plébiscite à peu près unanime en faveur de l'annexion, la réunion de Menton et de Roccabrune à la France fut déclarée. Le prince de Monaco renonça à ses droits moyennant le paiement de 4 millions. Il trouva dans l'Empereur Napoléon III un ami dévoué, qui ne perdit pas de vue ses intérêts au moment critique. Le prince a conservé Monaco avec ses 600 habitants, et une partie de la côte à l'est et à l'ouest de cette ville.

Le promontoire de Monaco, sur le plateau duquel la ville est placée, élevé d'une cinquantaine de mètres au-dessus de la mer, avec des falaises presque à pic, s'avance en courbe, de manière à former un petit port protégé contre les vents du sud-ouest, mais ouvert au sud-est. Ce port avait plus d'im-

(1) Voyez, pour les documents sur lesquels sont fondées ces graves assertions, l'ouvrage intéressant de M. Abel Rendu, *Menton et Monaco*, Paris, 1867. Cet ouvrage contient une foule de détails historiques et autres. Il est indispensable à ceux qui veulent approfondir l'histoire de ce beau pays autrefois si malheureux. Voyez aussi, pour les questions médicales, l'ouvrage du docteur Farina déjà cité, p. 120.

portance autrefois, quand les bâtiments étaient petits, que maintenant qu'ils sont grands. Son existence sur une côte qui n'offrait pas d'autre abri, et le château fort presque inexpugnable de Monaco, ont donné à ses possesseurs, depuis les temps les plus reculés, une certaine importance. Les Romains connaissaient Monaco. Ses princes ont été de petits rois sur leur rocher pendant des siècles, faisant des alliances tantôt avec une puissance, tantôt avec une autre, acceptant titres et biens ailleurs en récompense de services rendus ; souvent plus ou moins forbans, c'est-à-dire guerroyant pour leur propre compte, peu importe contre qui. A présent il y a un traité d'alliance avec la France, par lequel Monaco cède à la France ses douanes moyennant une rente annuelle, ainsi que la juridiction criminelle et civile. C'est une vraie annexion cachée.

Le prince actuel est personnellement estimé dans le pays, ainsi que toute sa famille. Mais il n'a pu renoncer à l'habitude de ses ancêtres de battre monnaie d'une manière quelconque. Il a profité de sa position princière, des droits qu'elle lui donne, pour affermer une maison de jeu. D'abord établie à Monaco même, où je l'ai connue à mon arrivée en 1859, elle quitta la ville quelques années plus tard pour se construire un casino sur les rochers pittoresques et alors arides de Monte-Carlo, de l'autre côté du port. Depuis que les grandes maisons de jeux de l'Allemagne ont été fermées, tous les joueurs de l'Europe, on pourrait dire du monde entier, sont accourus à Monte-Carlo, et l'établissement a pris un développement extraordinaire.

Un vrai palais, miniature de l'Opéra de Paris, a été récemment construit par M. Garnier, architecte de l'Opéra, et décoré par des artistes célèbres. Tout autour se trouvent des jardins immenses, pittoresques, admirablement tenus, où se trouve toute la végétation du midi. Ces jardins occupent des rochers, autrefois couverts seulement de plantes sauvages et de pins d'Alep. On ne voit de toute part que Palmiers, plantes grasses, arbustes, fleurs, eaux, plantes aquatiques. C'est un vrai séjour de délices, d'autant plus beau qu'à l'horizon au midi on a la pleine mer, au nord, à l'ouest, à l'est les montagnes magnifiques qui forment la côte. Dans la grande salle de concert et de théâtre, deux fois par jour, l'après-midi et le soir, un orchestre admirable de 75 musiciens, recueillis à grands frais dans toute l'Europe, reproduit la musique moderne et classique, avec toute l'exactitude, l'entrain, et la science musicale de l'orchestre de l'Opéra à Paris.

Les hôtels de Monte-Carlo et de Monaco sont beaux et luxueux, les villas nombreuses et charmantes, les routes admirables, aussi bien faites et entretenues que les plus belles routes de Paris. En un mot, partout on voit les traces d'une main princière et intelligente, et d'une bourse inépuisable. Mais ce n'est pas le prince de Monaco qui fait toutes ces améliorations royales, qui subvient à toutes ces dépenses prodigues, c'est la maison de jeu. Aujourd'hui le prince de Monaco est bien déchu de ce qu'étaient ses ancêtres. Il vit en grande partie aux dépens de la maison de jeu, il est traîné à la remorque par les propriétaires d'une maison de jeu qui sème la désolation, la ruine, la mort sur toute l'Europe, et même sur tout le nouveau monde.

On a beau dire que le jeu est un penchant universel, que, si c'est un vice, c'est un vice inséparable de l'humanité, qu'une maison de jeu n'est pas plus immorale que les nombreux clubs où l'on joue encore plus gros jeu, qu'il n'y a que ceux qui le veulent, qui se perdent. Tous ces raisonnements ne sont que des sophismes, que la moindre analyse déchire, réduit à néant. Les clubs n'ouvrent pas leur porte à tout venant. Il faut les chercher, y être présenté, tandis que la maison de jeu de Monaco s'affiche dans les journaux de toute l'Europe, ouvre ses portes à deux battants, construit un temple luxueux, féerique, organise une musique savante, délicieuse, offre des jardins ravissants, et tout cela gratis. Dans quel but toutes ces dépenses, si ce n'est afin d'attirer les visiteurs, qui venant pour la musique, le théâtre, les fleurs, les récréations de toutes sortes, sont entraînés dans les salles de jeu dont le plus souvent ils sortent ruinés? C'est le chant de la sirène.

Autrefois je me suis laissé aveugler par ces excuses, mais depuis vingt ans que j'habite Menton mes yeux se sont dessillés. Que de ruines j'ai vues, que de carrières brisées, que de santés perdues, que de morts directement ou indirectement occasionnées par la maison de jeu ! Tous les soirs, à la fermeture des salons, il y a un train pour Nice, que l'on appelle « le train des décavés ». Probablement tous les soirs il emporte des gens ruinés, qui ont tout joué et tout perdu, leur fortune, celle de leurs enfants, de leurs femmes, de leurs créanciers, qui ne reviennent plus, n'ayant plus de quoi jouer, mais qui s'en vont retrouver leurs foyers dans toutes les parties de la terre, ruinés, souvent déshonorés. La tragédie, commencée à San Carlo, se déroule à Londres, à Vienne, à Saint-Pétersbourg, à New-York, à Lima, à Rio Janeiro, à Batavia, à Sydney.

Ceux qui peuvent entrer froidement dans les salles de jeu pour y gagner ou perdre quelques napoléons, et qui peuvent ensuite s'en aller tranquillement, croient et disent que tout le monde peut en faire autant. Mais ils se trompent, ce sont des forts, des très-forts. Pour le commun des martyrs le jeu devient bien vite une passion, une rage, tout y passe. C'est comme l'ouvrier dont la manche se trouve prise dans l'engrenage d'une mécanique. L'habit, le bras, tout le corps est irrésistiblement attiré, entraîné.

A Monaco, les dames jouent, vont mettre leurs bijoux, leurs boucles d'oreilles, leurs bagues, leurs diamants, en gage chez les bijoutiers de l'endroit, pour pouvoir continuer à jouer; jamais, ou presque jamais, elles ne les retirent. Les hommes joueurs perdent tout ce qu'ils ont, et ne s'arrêtent un moment, que pendant que leurs agents vendent chez eux tout ce qui est vendable. Très-souvent ils jouent jusqu'à leur dernière pièce de monnaie et n'ont pas même de quoi regagner leurs pénates. La société des jeux, dans ce cas, est très-aimable, e paie leur place au chemin de fer, sans doute pour s'en débarrasser.

Il ne se passe pas d'hiver que je ne voie des personnes, venues pour leur santé, jouer d'abord pour s'amuser, puis se prendre de passion, passer les journées dans les salles mal ventilées, au milieu des émotions du jeu, négliger les soins nécessaires à leur santé pour laquelle elles étaient venues, et périr misérablement. Le mal empire d'année en année, les hôtels se remplissent de plus en plus de joueurs, la lèpre gagne de proche en proche, et la prospérité de Nice et de Menton est sérieusement menacée dans l'avenir par la présence de la tourbe sociale qui de tout temps a été attirée par les maisons de jeu autorisées ou non.

Il y a encore un grand danger pour les jeunes gens qui viennent à Nice et à Menton pour leur santé, dans la proximité de cette maison de jeu. Elle attire nécessairement une foule de femmes perdues ; de toutes les grandes villes de l'Europe, elles y viennent chercher une proie parmi les jeunes riches qu'attire le jeu. Souvent elles s'attachent à eux, les suivent dans leur pays, et les ruinent moralement et socialement. Nice en est maintenant infestée, et leur présence en si grand nombre est devenue une tache dans cette ville.

Est-ce qu'il n'y aurait pas de remède à ce mal qui empire de jour en jour ? Il me semble que poser cette question, c'est la résoudre. Tous les gouvernements de l'Europe ont décidé que les maisons de jeu publiques étaient un mal, une lèpre sociale, qu'il fallait détruire. Partout, en France, en Allemagne, en Suisse, elles ont été fermées. Pourquoi la police européenne permettrait-elle aux princes de Monaco d'échapper à la loi morale de l'Europe entière ? Ils ont perdu leur souveraineté princière lors de la première révolution française, et leur petit pays fut annexé à la France. Ils ne l'ont regagnée que par un accident diplomatique, et il leur incombait au moins de régir leur pays d'après les idées libérales et morales de l'Europe moderne.

Loin d'en agir ainsi, les princes de Monaco firent peser une tyrannie inouïe, même dans le moyen âge, sur leurs sujets pendant trente-trois ans, les affamant. Depuis qu'une révolte légitime les priva de Menton et de Roccabrune, ils ont fait de leur rocher une maison de jeu, un repaire de joueurs, de chevaliers d'industrie et de filles perdues.

Un des propriétaires de l'établissement est mort récemment, laissant une fortune, de par sa source scandaleuse, de près de cent millions. Il avait des associés, — parmi lesquels on doit nécessairement compter le prince de Monaco, — qui ont eu leurs bénéfices comme lui. En outre il faut faire la part des sommes énormes consacrées aux bâtisses, à la musique, au personnel, à l'entretien des routes.

On voit à ce simple énoncé quelles sommes fabuleuses la maison de jeu a dû soutirer depuis quinze à vingt ans aux joueurs ; on comprend tous les désastres dont elle a été et est la cause, et tout cela sous les auspices des princes de Monaco. La France et l'Europe devraient imposer au prince actuel la fermeture immédiate de la maison de jeu, comme contraire à la morale publique. En cas de refus, la France devrait annexer de nouveau le pays, comme la Prusse annexa Hombourg, Bade et les duchés.

L'annexion se ferait pour le bien public, et il ne serait nullement nécessaire de s'occuper des soi-disant droits souverains des princes. Les propriétaires de la maison de jeu y ont bien assez gagné d'argent pour qu'il ne soit pas non plus nécessaire de les dédommager.

Quant à la ville de Monaco, je n'hésite pas à affirmer qu'elle aurait bien plus de chances de prospérité dans l'avenir, comme station de santé et de plaisance, qu'elle n'en a maintenant comme établissement de jeu. Les honnêtes gens, qui à présent s'en éloignent, y viendraient en foule. Nous avons l'exemple de Hombourg On disait que la fermeture de la maison de jeu le ruinerait. Il n'en a rien été ; au contraire, sa prospérité s'est accrue.

En allant par la route de Nice à Monaco, au point où elle se divise, on voit le cap Martin au-dessous, une péninsule en hémicycle, à large base, très pittoresque, couverte d'arbres ; Pins sur le rivage, et Oliviers au centre. Le cap Martin forme un côté de la baie ouest de Menton, et constitue une des promenades les plus charmantes du pays. Le chemin direct, qui commence au sortir de la ville, était autrefois la route romaine par laquelle les armées pénétraient dans la Gaule au milieu d'une belle forêt de très vieux Oliviers, et se divise en deux routes. L'une, après avoir passé à côté d'un verger de beaux Orangers, bien verts, en hiver couverts de pommes dorées, longe la mer, passant à côté et au travers de rochers irréguliers, fantastiques, creusés en arêtes par les vagues. Lorsqu'un vent du large règne, les lames se précipitant sur ces rochers sont rejetées avec fracas, pour retomber sur elles-mêmes en une pluie blanche, écumeuse. C'est surtout quand domine un vent furieux du sud-ouest que la lutte est terrible entre la mer et les rochers. Ces derniers forment à la pointe du cap une large masse calcaire, irrégulière, déchiquetée, tourmentée. Souvent, lorsque la lutte a lieu, la mer est couverte d'écume jusqu'à un ou deux kilomètres de la côte.

A l'extrémité du cap, au point où la route commence à monter en tournant, si l'on cherche un peu on trouve un petit sentier de berger. Ce sentier passe à travers des rochers épars tapissés d'un fouillis de Myrte, de Romarin et d'autres plantes aromatiques, au-dessous de la falaise, en contournant la péninsule. Ces rochers, de toute grandeur, de toute forme, éparpillés jusque dans la mer, contiennent une foule de petites baies pierreuses, de salons, d'alcôves, de retraites, séparés par des nappes d'eau de mer, les uns plus jolis que les autres. L'on y arrive, il est vrai, avec un peu de peine, en escaladant les pierres et les rochers, mais une fois une retraite trouvée et choisie, on peut s'y arranger pour passer des heures charmantes soit seul, soit en agréable société. Je ne connais pas sur la plage d'endroit plus pittoresque, plus enchanteur que ce sentier et les rochers au milieu desquels il serpente. On y est admirablement placé pour jouir des beautés de la nature : mer, montagnes, végétation. Dans l'après-midi, le soleil, à l'ouest, y darde ses rayons, tandis qu'il est protégé du nord par la falaise; aussi y fait-il chaud lors même qu'il fait froid partout ailleurs. Autre avantage pour les invalides : on peut aller en voiture facilement jusqu'au commencement du sentier, à quelques mètres du boudoir en plein air que l'on aura choisi pour y faire la sieste.

L'autre embranchement de la route du cap monte à la partie la plus élevée du promontoire. Elle passe à travers une belle forêt d'Oliviers et de Pins, et le sol rocheux est recouvert de buissons de Myrte, de Lentisque, de Genêt, de Romarin et de Thym. Au sommet, on trouve des ruines que quelques-uns regardent comme romaines, tandis que d'autres les considèrent comme les ruines d'un ancien couvent. Près d'elles on voit un sémaphore que le fil électrique a rendu inutile.

Toutes ces routes offrent à l'observateur, à chaque pas, des vues admirables de l'amphithéâtre de Menton, des montagnes grandioses qui le forment, et de la côte irrégulière et hardie qui s'étend jusqu'à la Bordighère à vingt kilomètres de distance. Bordighère, étant construite sur un promontoire qui s'avance dans la mer, est vue en grand relief de tous les points de la côte jusqu'à Antibes.

Route de Gorbio. — La vallée de Gorbio est une des plus belles et des plus larges de l'amphithéâtre de Menton. A son extrémité supérieure se trouve le village de Gorbio, à une altitude de 435 mètres (550 habitants). Elle est située à sept kilomètres de l'entrée de la vallée, et de la place publique on a une vue splendide de l'intérieur du pays, qui est beaucoup plus vaste qu'on ne le croirait en le regardant du rivage. La grande élévation des montagnes rapetisse tout ce qui se trouve à leurs pieds, et on est tout surpris de trouver dans l'amphithéâtre toute une région de collines, de vallées, de ravins, de petits plateaux. La vallée de Gorbio est très protégée contre tous les vents, et contient une assez grande profondeur de terre végétale, entraînée et déposée par les pluies dans le cours des siècles. Aussi la végétation y est-elle vigoureuse, belle et hâtive. C'est un des premiers endroits où l'on trouve les fleurs printanières, Violettes et Anémones. On vient d'y construire une route carrossable qui, quand elle sera finie, aura quatre kilomètres de longueur et sera une ressource précieuse pour les visiteurs, car ils y trouveront le soleil et un abri parfait contre les vents aux jours les plus froids de l'hiver. De Gorbio il y a une charmante route de montagne pour les piétons, qui descend sur Roquebrune, demandant à peu près une heure. Aussi est-ce une promenade favorite d'aller à âne jusqu'à Gorbio et de là à Roquebrune, pour revenir en voiture, si on le veut, de ce dernier village.

Route de Borrigo. — La route du Borrigo ou de Cabroles est dans la vallée connue sous l'un et l'autre de ces noms. Elle est de niveau sur une étendue de deux à trois kilomètres, et l'on y arrive soit par les chaussées nouvelles qui longent le torrent de chaque côté du pont de Borrigo, au sortir de la ville, soit par une route qui commence dans la vallée de Carei, à côté de la gare du chemin de fer, immédiatement après avoir passé sous le pont en fer de ce chemin. Par suite de sa proximité de la ville, de la protection contre les vents qu'elle donne, et de la longue promenade de niveau qu'elle offre, cette vallée est une ressource précieuse pour les habitants de la ville de Menton et de ce quartier en général. On aurait pu en faire la promenade favorite et centrale du pays, mais les propriétaires riverains rapaces ont mieux aimé agrandir leurs propriétés aux dépens du lit du torrent, lors de l'endiguement, que de laisser doter le pays d'une belle et charmante promenade ou parc.

L'endiguement avait permis de gagner sur le lit du torrent, des deux côtés, un espace assez vaste pour faire un beau boulevard bordé d'un large trottoir avec deux rangées d'arbres. Au lieu de faire ce vrai embellissement, ils se sont fait donner, par la ville, les terrains gagnés, n'ont laissé que quelques mètres à la route et ont construit et construisent une suite infime de maisons, de masures, d'écuries, de remises, de hangars, à fleur même de la route !

Par suite de cette erreur funeste, l'entrée de cette belle vallée ne donne aucune idée des beautés naturelles qu'on y rencontre plus loin. Une fois qu'on a dépassé « les embellissements récents », c'est-à-dire les chaussées étroites sans parapet, bordées de masures, on se trouve dans un paysage ravissant. La route longe le torrent à large lit venu des montagnes qui occupent le centre même de l'amphithéâtre, et déverse à la mer les eaux qui descendent de toutes les montagnes voisines. Quand je connus Menton pour la première fois, il n'y avait pas de pont sur ce torrent, sur la grande route, près de la mer. Aussi, après les

grandes pluies, quand le large lit du torrent
était rempli à pleins bords quelquefois il n'y avait
pas moyen de passer pendant plusieurs heures. Moi-
même j'ai été arrêté de la sorte en voiture. Un pont
solide a été construit depuis ce temps-là, et les
voyageurs ne sont plus obligés d'attendre jusqu'à
ce que « le fleuve se soit écoulé ». Dans ce temps-là
nous étions bien le paysan d'Horace, mais nous ne
pouvions pas dire comme lui :

Rusticus exspectat dum defluat amnis ; at ille
Labitur, et labetur in omne volubilis ævum.

La vue des montagnes de cette vallée est magnifique, car on est au cœur même de l'amphithéâtre. Les
vents n'y pénètrent pas, même la bise de mer, la
vallée décrivant un coude qui l'arrête. La gare du
chemin de fer est établie à la partie inférieure de
la vallée.

La route carrossable finit à peu près à trois kilomètres de la ville, à un moulin à huile dans lequel
on peut en étudier la fabrication. Au delà du moulin on trouve un petit sentier qui, montant un peu,
conduit dans la partie la plus rétrécie de la vallée.
Ce sentier longe le torrent dont les eaux vives, sautant sur les rochers, rappellent les petites rivières
impétueuses de la Suisse. Les Orangers et les Citronniers couvrent les terrasses des deux côtés et
puis, à un kilomètre de distance, on arrive à un
petit pont sur le torrent. A cent mètres au-dessous,
au milieu des Oliviers et des Pins, se trouve le hameau de Cabroles, que le docteur Farina regarde

comme une des localités les plus abritées et les plus chaudes de tout le pays.

A peu près au centre de la vallée le torrent reçoit un tributaire de l'ouest qui lui amène les eaux de deux jolies vallées : celle des Primevères et celle des Châtaigniers. Ces petites vallées conduisent jusqu'à la base de la grande montagne et sont renommées pour leurs fleurs : Primevères, Hépatiques et Violettes. On suit le plus souvent le lit du torrent, sautant, sur des pierres, dans les endroits difficiles, mais sur chaque bord il y a des sentiers les uns plus ravissants que les autres. La présence de terrains sablonneux explique la belle venue des Primevères et des Hépatiques, qui ne se plaisent pas dans les terrains calcaires.

Ces vallées sont une ressource précieuse, comme je l'ai dit, pour tout le monde, car on y arrive facilement en voiture, à âne, à pied. Mais encore faut-il savoir comment s'y prendre pour en jouir. L'idée ordinaire d'une promenade, de quelque manière qu'elle se fasse, en voiture, à âne, à pied, c'est d'aller à un endroit quelconque, et puis d'en revenir. Mais ce n'est pas la mienne quand le temps est beau et sec, comme cela arrive le plus souvent dans ce pays. Le système que je conseille est celui-ci. Une fois qu'on a étudié et que l'on connaît les caractères généraux du pays, on prend voiture, chaise à bras ou âne, uniquement pour arriver à un endroit connu, pittoresque, abrité, chaud et pour en revenir. Une fois arrivé, on abandonne « le véhicule » pour explorer à pied les sentiers montagneux, les ravins, les plateaux, les bois, les forêts sauvages, qu'on a ainsi atteints. Si on n'a pas la force de faire ces explorations à pied, on choisit quelqu'endroit abrité, charmant, on s'adosse à un arbre ou à un rocher, assis ou couché sur une couverture ou manteau, au soleil, et on y reste une ou plusieurs heures, à rêver, à causer, à lire. On porte avec soi, dans la voiture ou sur l'âne, les couvertures et les manteaux nécessaires, et on peut se servir au besoin des coussins de la voiture. Quand j'étais moi-même bien malade, j'ai fait des centaines de fois des stations de ce genre, et toujours avec plaisir et bénéfice; j'en agis encore ainsi dans mon jardin, sur mes rochers, quand je le peux.

Si on est trop malade, trop faible, pour abandonner la voiture, on peut l'arrêter dans quelqu'endroit où la vue est belle, et la faire stationner, tournant la capote au vent et s'y arrangeant confortablement. Les personnes valides de la société peuvent faire leur promenade, tandis que le malade attend leur retour, lisant ou rêvant. Quand on a ainsi passé quelques heures en communion avec la nature, on revient à la maison consolé, ranimé de corps et d'esprit; ces stations en plein air sont le meilleur soporifique. La nuit, quand on ferme les yeux, on revoit les montagnes, les vallées, la mer et l'on s'endort en y rêvant. L'air des montagnes et de la mer respiré longtemps à pleins poumons, le sommeil réparateur qui en est la suite, activent les fonctions nutritives et digestives, et constituent un tonique des plus puissants.

On n'a rien à craindre, même pour les malades, à rester en hiver des heures entières couché sur les rochers et les terrasses, pourvu toutefois qu'ils soient parfaitement secs et que le temps soit au beau, ensoleillé depuis plusieurs jours. Après la pluie il faut attendre au moins quarante-huit heures pour pénétrer dans les vallées étroites, et y stationner seulement lorsqu'il n'y a plus d'humidité. Il faut toujours aussi mettre, entre soi et le sol, une couverture pliée ou un coussin à air, de crainte de prendre des rhumatismes, et il ne faut pas non plus se mettre dans un courant d'air, ou trop à l'ombre, dans un endroit trop frais.

En hiver il n'y a pas d'insectes venimeux à l'exception des moustiques, et ceux-ci ne sont à craindre et à éviter qu'en automne. Les premières nuits fraîches les tuent, à moins qu'on ne les entretienne en les nourrissant sur soi-même, et en les hébergeant dans une chambre chauffée nuit et jour. Dans ces conditions ils vivent tout l'hiver. A l'arrivée des étrangers, en octobre, les moustiques sont de vraies pestes sur la Rivière de Gênes. La première année j'ai remarqué qu'une fois que les personnes du nord ont été bien mordues et ont subi comme qui dirait la fièvre moustiquaire, que je compare à celle du vaccin, elles ne souffrent presque plus. On est bien mordu comme en premier lieu, mais le poison animal n'envenime plus les morsures au même degré. Voilà pourquoi les indigènes sont si indifférents à la présence et aux morsures de ces insectes. L'année suivante on ne souffre presque pas.

Il n'y a qu'un moyen de se préserver la nuit des moustiques : c'est d'avoir des rideaux de tulle, non de mousseline, qui descendent jusqu'à terre, sans ciel de lit, et d'avoir bien soin, avant de se coucher, de s'assurer qu'il n'y en a pas un seul en dedans des rideaux, ni la plus petite ouverture, ni la moindre fente ou déchirure à ces mêmes rideaux. On doit les exiger des hôteliers, car sans des rideaux de ce genre, la nuit est une longue souffrance pendant les mois d'octobre et de novembre pour les nouveaux venus. Avec les rideaux de tulle bien examinés, bien fermés, on dort en paix. Dans les pays chauds on ne pourrait pas vivre sans cette précaution, et cela pendant toute l'année. Des médecins qui y ont exercé m'ont dit qu'ils ont remarqué la même chose que moi à Menton : que ce sont les nouveaux venus qui souffrent, que les personnes qui ont une fois subi l'empoisonnement ne sont, plus tard, peu tourmentées. Au reste l'explication du fait que je signale m'est personnelle ; je ne la donne que pour ce qu'elle vaut.

En dehors des moustiques en automne, il n'y a absolument rien de venimeux qui puisse tourmenter les visiteurs, soit à la maison, soit au dehors. Il y a, il est vrai, de petits scorpions noirs, mais ils semblent hiverner dans un état voisin de l'insensibilité. On ne les trouve guère que sous l'écorce d'arbres morts, où il faut les chercher. Ils ne sont qu'un objet de curiosité ; mais je conseille toutefois de ne pas fourrer les doigts dans des trous, dans des endroits cachés, pour en extraire des plantes ou des racines. Un de mes amis a été mordu de la sorte par quelque animal, probablement un scorpion, et a souffert cruellement.

Il y a des serpents dans le pays, mais ce ne sont

que d'innocentes couleuvres, qui, endormies l'hiver, ne se réveillent et ne sortent qu'aux mois d'avril-mai ; elles sont incapables de faire du mal. Il y a un lézard bien laid, à tête plate, à corps chagriné, qui a mauvaise réputation dans le pays, car on le croit venimeux. Il paraît qu'il n'en est rien, d'après les naturalistes de Nice qui le disent innocent, et seulement mal famé à cause de sa laideur. J'en ai vu un de cette espèce, d'à peu près 15 centimètres de long, sur les ruines de Carthage en Afrique, et mon guide m'a dit que là aussi on le craignait, le croyant très venimeux.

Pour moi, la possibilité de pouvoir, en toute prudence et en plein hiver, passer une partie de la journée assis ou couché dehors, loin de la maison habitée, au milieu des beautés les plus sauvages de la nature, est une des conditions de santé les plus précieuses qu'offrent les endroits abrités de la Rivière de Gênes. Mais, je le répète, il faut prendre toutes les précautions possibles : éviter la pluie, l'humidité, les vents, les courants d'air, et se servir toujours d'un grand et fort parasol, pour se garantir de l'un ou de l'autre. C'est un amusement que de chercher les bons endroits, des arbres légèrement inclinés pour se reposer le dos, car les arbres sont moins froids comme appui que les murs ou les rochers. Une fois l'endroit trouvé, on y va à deux, à trois, à quatre. On prend rendez-vous avec les amis, et on imite (en tout bien) le *Decamerone* de Boccace. Il faut changer aussi ses salons en plein air, en avoir cinq, dix, vingt dans la tête, et les patronner les uns après les autres. Cette vie en plein air est toute une science qu'il faut apprendre.

Quant à moi, je ressens une commisération profonde pour les pauvres malades que je vois en grand nombre, faisant leur promenade « en pendule », devant leur hôtel, ou assis à la porte de la maison qu'ils habitent, attendant que la santé vienne les prendre à la gorge, au lieu d'aller la chercher hardiment, résolument, à la montagne.

Souvent il me vient à l'esprit l'histoire des géants, les Titans d'autrefois. Fils de la Terre, dans leurs combats avec Jupiter ils furent maintes fois jetés sur le sol, mais la terre, leur mère, renouvelait chaque fois leurs forces et les mettait à même de recommencer la lutte. Cette allégorie contient certainement une vérité. Les habitants des villes, malades, doivent les quitter, chercher la nature, leur mère, dans la campagne, et renouveler ainsi leurs forces, en se mettant en franche communion avec elle. Encore une théorie qui n'est, toutefois, qu'une plaisanterie scientifique. Assis ou couché sur la terre, on se pénètre directement d'électricité terrestre, le fluide vital par excellence.

Cette communion tranquille avec la nature est bien plus convenable pour les malades, à cause de leur manque de force, de leur faiblesse, que de longues courses fatigantes, soit en voiture, soit à âne, soit à pied. Souvent ces courses ne servent qu'à ôter l'appétit et à tuer le sommeil. Aussi comme une voiture ouvre à ceux qui l'ont l'accès facile de presque toutes les localités les plus pittoresques de Menton et de son voisinage, je conseille à ceux qui en ont le moyen de s'en offrir la jouissance. Une bonne voiture de maître, calèche ou autre, à deux chevaux, coûte à peu près 600 francs par mois, plus les guides du cocher. Il y a un assez grand nombre de voitures de place, mais les limites officielles de Menton sont nécessairement rétrécies à cause des montées, et en outre les cochers sont intraitables, difficiles à diriger. Ils désirent toujours être pris à la journée pour aller à Monaco. Il y a des omnibus qui parcourent la ville à heures fixes, et sont très utiles aux promeneurs.

Route du Carei ou de Sospello. — Au sortir de la ville de Menton, à l'ouest, après avoir traversé un pont suspendu sur le torrent de Carei, on tourne à droite, et l'on se trouve dans la route départementale qui mène à Turin par Sospello. Cette route suit le bord du torrent dans une vallée profonde, encaissée entre les montagnes qui en forment les talus. On arrive bientôt à la gare du chemin de fer, entre une avenue de beaux platanes. Un peu plus loin la route quitte le bord du torrent pour monter en serpentant sur le flanc occidental de la vallée, laissant le torrent à une grande profondeur, puis elle passe à travers le hameau de Monti, et devant une cascade renommée que l'on entend mugir sur l'autre rive. Cette cascade vaut la peine d'être visitée après une forte pluie, la chute d'eau étant alors belle. Elle a une quarantaine de mètres de hauteur et se brise en tombant sur de grands rochers entassés pêle-mêle qui occupent le fond d'un ravin, où elle forme de charmantes nappes d'eau. Pour y arriver de la route du Carei il faut descendre jusqu'au torrent, le traverser et puis remonter un sentier sur l'autre rive, ce qui prend dix ou quinze minutes. Il y a un autre chemin charmant pour arriver à la cascade, par le village de Castellar et la montagne. Ce chemin longe le flanc du « Berceau », et on le prend le plus souvent, plutôt à âne qu'à pied, à cause de la longueur de la route. La cascade est souvent un but de pique-niques. C'est une excursion favorite, car elle offre des vues admirables des collines, des forêts, des ravins qui occupent le centre de l'amphithéâtre, et aussi des vues charmantes de la mer, prises de loin. Elle est un peu fatigante, car elle nécessite trois heures de marche. De la cascade on peut revenir à Menton en voiture par la route du Carei, comme nous l'avons vu.

A partir de ce point la route commence à décrire des zigzags, en tournant sur elle-même, comme les routes qui traversent les grandes montagnes de la Suisse, et le paysage devient plus aride, les rochers plus nus, les arbres et les plantes plus rares, par suite de l'élévation. Au commencement de cette montée alpestre, à peu de distance de la cascade on voit l'entrée d'une caverne dans le rocher presque à pic, à cent mètres au-dessus du fond de la vallée. Cette caverne est appelée dans le pays la caverne de l'Ermite, et la tradition veut qu'elle ait été habitée autrefois par un ermite. Ce n'est qu'assez récemment qu'un hardi montagnard y parvint par une escalade difficile et dangereuse. Il n'y trouva que quelques ossements, quelques ustensiles de ménage et une date : 1598. La caverne a été souvent visitée depuis, mais comme ce n'est pas sans danger qu'on y arrive, je ne conseille à personne de renouveler ces essais.

La route alpestre de Carei traverse la crête de l'amphithéâtre de Menton par un tunnel, dans sa partie la plus déprimée, à une élévation de 750 mètres. A cinq minutes à l'ouest de la route on trouve le village montagneux de Castilleone, assez curieux à visiter. De l'autre côté du tunnel la route descend, par une pente assez douce, le versant nord de la montagne, pour arriver, cinq cents mètres plus bas, au grand bourg de Sospello, la troisième station sur la grande route de Nice à Turin par le col de Tende.

Quand on est ainsi sorti de l'amphithéâtre de Menton on s'attend à trouver en arrière, au nord, un tout autre pays, une tout autre végétation. Mais il n'en est rien, la végétation est la même : Oliviers, Figuiers, Pins d'Alep, sur des terrasses qui sillonnent un fouillis de montagnes et de vallées. Cette route alpestre a été bien des années en construction, et a coûté des sommes considérables. Pendant les dix premières années de mon séjour à Menton elle n'existait pas, et on ne pouvait guère sortir de l'amphithéâtre que par Nice ou Vintimille. On était par conséquent séparé de toutes les régions qui se trouvent entre l'hémicycle de Menton et les Alpes Maritimes supérieures représentées par le Tende et son col. Maintenant la communication est facile et il y a un commerce assez actif de fourrages, céréales et autres denrées, entre Menton et ces pays.

La vallée de Menton. — Sur le versant est des monts qui bordent la vallée de Carei, on trouve une autre vallée charmante de deux kilomètres de longueur connue des visiteurs comme une des promenades les plus agréables et les plus abritées; on a commencé une route carrossable qui part de la ville au-dessus de la Mairie.

La promenade maritime ou du Midi. — J'ai peu de chose à en dire, et ce que je peux dire n'est pas à son avantage. Lors de mon arrivée à Menton en 1859, il y avait une belle et large plage. Quand on a fait le mur marin, le mur d'endiguement, si on avait consacré à la promenade tout le terrain gagné sur les galets, on aurait eu un boulevard plus large et plus beau que celui de Nice, une belle avenue carrossable, des trottoirs des deux côtés, avec double rangée d'arbres. Les propriétaires riverains ont mieux aimé se l'approprier, et y construire des maisons ou d'autres bâtisses. C'est leur habitude à Menton, ils accaparent tous les terrains vagues sans penser à l'embellissement de leur ville. Aussi la promenade est étroite, mesquine, gâtée à tout jamais. Comment réparer une telle bévue? Du reste jusqu'à présent ce désir ne s'est pas encore manifesté. Cette année-ci encore, 1879, les propriétaires riverains du Carei se sont fait donner par le conseil municipal les terrains vagues gagnés sur la rive gauche du torrent par un endiguement, à partir du pont du chemin de fer jusqu'aux moulins de la Vie, s'emparant ainsi d'un emplacement à l'abri du vent, ensoleillé, qui aurait fait une promenade charmante pour les malades et les visiteurs. En même temps ils dépensent près de cent mille francs à recouvrir l'embouchure du Carei près de la mer, qui était très gracieuse comme elle était. Quand on voudra réparer le mal il sera trop tard, ce qui est fait est fait. Dans la baie où est on a commis la même erreur volontaire, on a accaparé la plage pour y construire des maisons, puis on a fait une route « dans la mer », que la mer vient de détruire (1879), avec justice. Neptune a repris ses droits.

La route de Gênes. — En quittant la ville à l'est, la route contourne la baie, qui est d'une beauté ravissante et grandiose ; je ne connais rien de plus beau, dans toute la Méditerranée, que la vue de cette baie au moment où on sort de la ville pour prendre le quai Napoléon. La route elle-même, située à la base de la montagne, sur le rivage, est bordée d'hôtels et de villas, derrière lesquels la montagne s'élève, par une rampe assez rapide, jusqu'au sommet du Berceau, dont l'élévation est de 1,200 mètres. Le flanc de la montagne est sillonné de terrasses plantées d'Oliviers, de Citronniers et de Pins, de sorte qu'il présente l'apparence d'une forêt jusqu'aux deux tiers de sa hauteur. Plus haut encore les rochers nus, accidentés, montent jusqu'aux cieux. Entre la route et la mer il n'y a heureusement pas de place pour construire quoi que ce soit, car le jour des tempêtes la mer vient battre le mur marin qui la limite. Pour cette raison seule, impossibilité complète, on n'y a rien construit, ce qui, dans l'avenir, donnera un avantage immense à cette baie quant à la beauté aristocratique du quartier. Elle constitue, sans contredit, une des régions les plus saines de Menton, une des meilleures pour les malades.

La baie est offre une protection exceptionnelle contre le froid, même pour Menton ; c'est le résultat de l'arc-boutant montagneux qui la forme et la défend contre les courants d'air froid descendant de la montagne. Ceux qui l'habitent ont, le jour, l'air pur de la mer, qui souffle doucement pendant tout l'hiver de 11 heures à 3, tandis que la nuit ils ont l'air pur qui descend de la montagne. Les habitations sont si peu nombreuses jusqu'à présent qu'on n'a pas eu de peine à se débarrasser du drainage sans le diriger sur le rivage. Il n'est pas à désirer même que cette baie devienne beaucoup plus peuplée qu'elle ne l'est à présent, car de suite la difficulté du drainage surgirait, peut-être insurmontable.

On a construit récemment le long de la route, du côté de la mer, un large trottoir cimenté qui forme une belle promenade à niveau de près de deux kilomètres, très précieuse pour les promeneurs et les habitants. Cette promenade se continue, en quittant la grande route, jusqu'au ravin de Saint-Louis, la frontière. On vient de construire, au delà de ce ravin, une route carrossable pour l'exploitation d'une carrière située aux Rochers Rouges. Elle prolonge la promenade marine, et conduit au beau milieu de ce fouillis de rochers s'avançant dans la mer, que j'ai déjà décrit, et qui se trouve à la base des Rochers Rouges.

La grande route de Gênes, quittant le bord de la mer, commence à monter et puis passe le chemin de fer à niveau, ce qui est fort à regretter, car un pont aurait été très facile à construire. Ensuite elle traverse le pont Saint-Louis, qui forme la frontière, pour se continuer en Italie. D'abord creusée par la mine dans le rocher, elle passe à côté et au-dessous de mon jardin de Grimaldi, entre la douane italienne et une carrière dominée par la tour sarrasine de Grimaldi, et monte la côte rapidement, arrivant à une grande élévation au-dessus de la Mortola. Dans ce village, au bord de la mer, un de mes amis, M. Hanbury, a une très belle propriété, le Palazzo Orengo. Dans le jardin ou parc on voit beaucoup de plantes et d'arbres intéressants pour ceux qui étudient la végétation de la Rivière. La route se continue ensuite jusqu'à Vintimille, qui est à dix kilomètres de Menton, montant, descendant, serpentant, sur le flanc de la montagne. Elle est très pittoresque et presque aussi grandiose que celle de Nice à Menton, présentant des points de vue admirables, surtout en revenant de Vintimille.

L'amphithéâtre de Menton est, pour ainsi dire, encaissé dans un amas, un fouillis de montagnes très élevées et admirablement belles que l'on voit très bien de cette route, au-dessus de la Mortola. Tout le monde est d'avis que les descriptions les plus enhtousiastes donnent à peine une idée des combinaisons merveilleuses de la mer et des montagnes qui longent cette côte, et qui souvent arrivent à la mer pour s'y précipiter pour ainsi dire.

La ville de Vintimille (6,500 habitants. Ventimiglia) est très ancienne et était, autrefois la capitale des Ligures Hermeliens, qui habitaient le pays entre Monaco et Albenga. Elle existait 350 ans avant J.-C. La cathédrale est construite sur un temple de Junon, dont il reste des traces. Une seconde église, Saint-Michel, fut aussi construite sur les ruines d'un temple consacré à Castor et Pollux, et contient, dans la crypte, des antiquités romaines. On vient de découvrir, dans les environs, un amphithéâtre romain assez bien conservé. Vintimille a appartenu à la maison de Savoie depuis 1288, et a des forteresses et des fortifications qui devaient être autrefois imposantes. Elle est située dans la large vallée de la Roya, rivière assez forte pour le pays, qui descend des montagnes granitiques du Tende. Cette rivière, à la longue, a amené une grande alluvion de sable qui forme un delta à son embouchure. On traverse le torrent sur un beau pont en pierre construit ces dernières années, et à peu de distance on trouve la gare frontière du chemin de fer italo-français.

Après avoir passé à travers le terrain sablonneux, le delta, pendant sept kilomètres, on arrive à Bordighera, célèbre par ses forêts de Palmiers ; neuf kilomètres plus loin est San Remo. Bordighera et San Remo ont, toutes les deux, pris rang parmi les stations sanitaires les plus estimées de la Rivière de Gênes, et sont en pleine voie de prospérité. Tout ce que j'ai dit sur le climat et la végétation de l'amphithéâtre de Menton est également applicable à ces deux villes. San Remo surtout a fait de grands efforts pour mériter la faveur des émigrés du nord, et la mérite en effet.

Comme on le voit par ce qui précède, Menton et ses environs offrent un grand nombre de promenades accessibles aux voitures. Si ces routes ne sont pas très étendues, au moins elles ont l'avantage de faire pénétrer le visiteur au milieu d'un paysage pittoresque et enchanteur. Si on veut, à toute force, faire de longues promenades en voiture, il y a la ressource de la route de la Corniche le long de la mer, jusqu'à Nice à l'ouest, jusqu'à San Remo à l'est. Bientôt aussi on pourra aller en voiture le long de la mer depuis Menton et Monaco jusqu'à Nice. On a donc tort de dire qu'à Menton il n'y a pas de bonnes promenades en voiture.

Dans la montagne, ainsi que pour arriver aux villages qui y sont situés, Roccabrune, Gorbio, Castiglione, Cabrolles, Castellar, Chiotis, il y a une foule de sentiers charmants, qu'on a l'habitude de parcourir à âne, ressource des gens faibles, des dames, des enfants. Souvent ces sentiers sont d'un accès difficile, rudes, rocailleux, difficiles à franchir, et seraient tout à fait inaccessibles à cette partie de la population sans le secours d'ânes vigoureux.

Dans le pays presque tout le monde possède du terrain, une ou plusieurs terrasses avec Oliviers et Citronniers. Tous ces propriétaires grands et petits demeurent dans la ville ou dans un village. Au rez-de-chaussée de la maison, le plus souvent, ils hébergent l'âne qui les aide à cultiver leur bien, monte le fumier, descend les olives et le bois à brûler. Ce sont, pour la plupart, de grands et beaux animaux, doux et aimables, probablement parce qu'ils sont traités avec affection et tendresse. La tyrannie et les mauvais traitements engendrent la haine et la rébellion chez les animaux comme chez les hommes. Leurs propriétaires les guident par la voix, plutôt que par des coups. Il est intéressant de voir comme ils montent et descendent les endroits les plus escarpés avec confiance et sûreté : à

La fille aux ânes.

un moment, glissant en quelque sorte sur leur arrière-train, à un autre sautant cinquante centimètres ou plus comme des chevreaux, sans jamais faire un faux pas, quoique pesamment chargés.

Je ne conseille pas, toutefois, à cause même de ces allures, aux gens obèses, gras, lourds, de faire ces excursions. A cause de leur poids, ils ne peuvent se rattraper s'ils perdent l'équilibre, et en tombant sur les rochers aigus peuvent se contusionner ou se casser les côtes. J'ai connu des personnes de cette catégorie auxquelles pareil malheur est arrivé. Elles doivent renoncer à l'équitation jusqu'à ce qu'elles soient revenues à des proportions raisonnables. C'est une chose très possible pour la plupart des personnes obèses; on n'a qu'à se mettre à la demi-ration, pesant la nourriture, et n'essayant pas de diminuer en poids de plus d'un demi-kilogramme, ou d'un kilogramme tout au plus par mois. Pour maigrir sans danger il ne faut pas aller plus vite, et encore, au bout de quelques mois il faut s'arrêter un peu, ayant bien soin de ne pas regagner ce qu'on a perdu.

Les propriétaires d'ânes, à Menton, ont l'habitude de les louer à des entrepreneurs pour les excursions. Ces derniers ont des selles qui constituent leur fonds de commerce, et fournissent des guides, garçons ou filles, pour les excursions à la montagne, un pour chaque âne. Il faut les faire retenir la veille; autrement, aussitôt qu'il fait jour, tous les ânes s'en vont à la campagne pour leur travail journalier.

On arrive à Roccabrune (836 hab.), situé à 350 mètres au-dessus de la mer, par une route carrossable qui, partant de la route de Nice, se termine à la grande place. C'est une excursion charmante en voiture pour les malades mêmes. Il ne faut qu'une demi-heure pour y aller de Menton. On fait une station d'une demi-heure sur la place, planant sur la belle baie de Monaco, avec la Tête de Chien, le cap qui termine la montagne de la Turbie devant soi, et Antibes, l'île Sainte-Marguerite et les Esterelles sur l'horizon. Quelquefois même, au sud-est des Esterelles, la montagne qu'on appelle les Maures, située tout près de Toulon, à 200 kilomètres de distance,

Le garçon aux ânes.

surgit au-dessus des flots, tant l'horizon est pur. Si l'on est assez valide, laissant la voiture, on peut aller visiter les ruines du château-fort. On y arrive en montant à travers les rues étroites et pierreuses du village, entre de vieilles maisons réunies par des arcs en maçonnerie. Le château était autrefois assez grand et a eu une certaine importance dans l'histoire de la principauté de Monaco ; il n'en reste plus que le donjon, qui est assez bien conservé. Il a trois étages, comme la tour de Grimaldi.

Plusieurs sentiers à ânes se terminent à Roquebrune. L'un quitte la route de Nice, à cent pas du pont de l'Union, serpente à travers les Oliviers, et se termine dans Roquebrune même ; on l'appelle la vieille route de Roquebrune. C'est une petite excursion charmante, que l'on peut combiner avec le retour en voiture. Un autre sentier de montagne déjà mentionné va retrouver le village de Gorbio et fait connaître, sans grande fatigue, la haute montagne.

Le village de Castellar est une des premières excursions que l'on fait quand, en arrivant à Menton, on veut étudier la partie centrale de l'amphithéâtre. Partant du milieu de la ville, on arrive en une heure et demie au village (800 hab.), soit à pied, soit à âne. Il est très ancien et situé à une élévation de 390 mètres. Autrefois, il appartenait à la famille Lascaris, qui y avait un château dont on voit encore les ruines. Le chemin muletier qui y conduit passe sur une arête, et domine à droite et à gauche deux belles vallées, celle de Menton, et celle du Carei. Elle donne aux visiteurs une bonne idée de l'enceinte intérieure, en faisant voir que l'amphithéâtre de Menton n'est pas seulement formé de hautes montagnes et du rivage, comme il en a l'air, vu de ce dernier. En montant encore une demi-heure, après avoir traversé le village, on arrive aux ruines du château, au vieux Castellar. C'est là que le village existait à une époque reculée (1435). Ces ruines sont la dernière étape pour l'ascension du Berceau, la grande montagne à double cime en berceau (1160 mètres) qui domine et limite toute cette région au nord-est. A partir du vieux Castellar on est obligé d'abandonner les ânes et de continuer l'ascension à pied. Du village moderne de Castellar, il y a plusieurs autres sentiers muletiers : celui de la vallée de Menton, qui revient par le cimetière ; ceux qui conduisent dans la vallée du Carei, soit directement, soit par la cascade ; et un autre peu connu, mais très beau, qui conduit à Chiotti et à Grimaldi, longeant le flanc de la montagne, au-dessus de la baie est. Dans ce moment on construit une route carrossable qui, de la vallée du Carei, arrivera en serpentant jusqu'à Castellar.

Le village de Sainte-Agnès (534 hab.; élév. 700 mèt.), le plus élevé de l'amphithéâtre, est situé derrière la cime du premier plan montagneux. Sur ce pic on voit son château-fort qui se détache sur l'horizon comme une grosse dent molaire. On y arrive en traversant le torrent de Borrigo, un peu plus haut que le pont de la gare, et en passant sur le plateau en arête qui sépare la vallée de Borrigo de celle de Gorbio. Cette arête, en dos d'âne, est une des plus belles et grandioses promenades du pays. La dernière partie de la montée est très rude. Le village de Sainte-Agnès ne se compose que d'une rue de maisons tristes et sombres. Le château-fort en ruines, à 70 mètres plus haut, sur un rocher à pic, doit avoir été presque inexpugnable. Après Monaco, il a dû être la forteresse la plus importante du pays; et même aujourd'hui ses ruines sont assez vastes. Il fut construit, dit la tradition, par les Sarrasins dans la dernière moitié du dixième siècle, et fut longtemps la base de leur puissance dans le pays. C'est de Sainte-Agnès que l'on part pour gravir le mont Baudon ou Aiguille (élév. 1290 m.), une des montagnes les plus élevées parmi celles qui forment l'enceinte.

Les vues que l'on a dans toutes ces excursions sont admirablement belles et montrent l'amphithéâtre de Menton sous un tout autre aspect que quand on le regarde du rivage. Pour bien se pénétrer des beautés naturelles de ce pays, il faut l'étudier : 1° de la pointe du cap Martin, d'où la vue embrasse la moitié orientale de l'enceinte ; 2° de Grimaldi, de mon jardin, ou de la route de Gênes au tournant, au-dessus de Mortola, d'où la vue embrasse la moitié occidentale de cette enceinte; 3° de la mer au large, d'où on a une vue d'ensemble ; 4° des arêtes montagneuses centrales intérieures, à dos d'âne, qui conduisent à Castellar ou à Sainte-Agnès.

Quoique j'aie parcouru les rivages et les îles de la Méditerranée dans tous les sens, je n'ai jamais vu un paysage qui puisse lui être comparé. Il y a tant de combinaisons grandioses, majestueuses, harmonieuses, tant de hautes montagnes, de forêts et de mer dans une enceinte comparativement peu étendue ; et ces combinaisons, l'on peut les saisir d'un coup d'œil. Je dois peut-être en excepter les côtes montagneuses de la Dalmatie, vues de l'île de Corfou. Elles sont bien belles, mais il n'y a pas même là l'enceinte en amphithéâtre, tandis que la distance du spectateur, les regardant de Corfou, est plus grande. Des amis qui ont séjourné à Madère me disent que le paysage de cette île et celui de nos montagnes est tout à fait similaire.

On voit que les Sarrasins ont laissé des traces de leur séjour sur ce littoral dans les ruines de leurs forteresses ; traces que l'on trouve encore dans la langue ou patois du pays. Il renferme beaucoup de mots arabes (voyez les livres intéressants de mon ami M. Andrews, sur le *Dialecte mentonnais*, Nice, 1875).

Jusqu'à une époque tout à fait récente, le littoral de Menton et celui de la Rivière tout entière étaient exposé aux attaques des pirates musulmans qui habitaient les rives de la Méditerranée du sud, Marocains, Algériens, Tunisiens et Tripolitains. Pendant une longue suite de siècles, les Sarrasins, les Maures, les Turcs ravageaient périodiquement ces rives, et mettaient les habitants en coupe réglée. Ce n'était pas pour l'or, les pierreries et les étoffes précieuses qu'ils faisaient ces incursions ; le pays n'était habité que par de pauvres pêcheurs, de pauvres agriculteurs. C'était pour en faire des esclaves, car les femmes étaient belles et les hommes robustes. Ils prenaient les premières pour en garnir leurs harems, les derniers pour ramer sur leurs galères. Pour résister à ces attaques, les habitants des villes choisissaient des positions capables d'être défendues, comme Monaco sur son rocher, comme Menton sur sa pointe (menton). On construisait des rues étroites, réunies par des arcades, faciles à défendre, même si le mur d'enceinte était pris. Les paysans eux-mêmes fortifiaient leurs villages de la même manière, et les construisaient sur des cimes presque inaccessibles (Esa, Roquebrune, Gorbio, Castellar, Grimaldi), afin de pouvoir s'y réfugier, avec femmes et enfants, et s'y défendre en cas d'attaque.

Quand je suis venu à Menton en 1859, il y avait encore dans la ville des hommes qui avaient été saisis sur la côte par les Maures et qui avaient vécu bien des années comme esclaves à Alger et à Tunis. On comprend qu'il a bien pu en être ainsi quand on se rappelle, en jetant un regard sur le passé, que la piraterie régna en souveraine dans la Méditerranée jusqu'à l'année 1816. A cette date lord Exmouth avec une flotte anglaise bombarda Alger, et délivra beaucoup de prisonniers. Mais ce ne fut qu'en 1830 qu'Alger fut pris par la France et que la piraterie fut détruite à jamais par l'occupation française.

Cette conquête fut un bienfait pour l'humanité et fit cesser un état de choses qui était un opprobre pour l'Europe, pour la chrétienté tout entière. C'a toujours été pour moi un sujet d'étonnement que les nations civilisées et fortes de l'Europe aient permis à ces nids de forbans d'exister, et à leurs habitants peu nombreux de ravager la Méditerranée jusqu'à notre époque. Mon étonnement a augmenté depuis que j'ai visité Alger et Tunis, et que j'ai vu combien étaient insignifiantes ces villes qui cependant jetaient la terreur dans toute la chrétienté. Les rois d'Espagne, de France, d'Angleterre auraient pu tout aussi facilement les conquérir, les dominer il y a deux ou trois siècles qu'aujourd'hui. L'Europe a paru pendant plusieurs centaines d'années être frappée de terreur, et a accepté que ces misérables écumeurs de mer ravageassent ses côtes. On formait seulement des sociétés religieuses pour racheter les esclaves de diverses nationalités. Lord Exmouth, en 1816, trouva à Alger des milliers d'esclaves chrétiens, la plupart de pauvres marins ou des laboureurs, enlevés à leurs barques de pêcheur ou de commerce, ou pris à l'improviste sur les côtes.

Tout le long du rivage des deux Rivières et de l'Italie en général, ainsi que sur celui des îles de Corse, de Sardaigne et des Baléares, on trouve, à des intervalles plus ou moins rapprochés, les ruines de tours construites autrefois pour la surveillance et la défense des côtes. Elles faisaient partie d'un système général de défense contre les pirates, partout nécessaire. Ces tours avec leurs sentinelles et leur garnison, les villes resserrées dans le plus petit espace possible et entourées de murs fortifiés, les villages perchés sur des hauteurs auxquelles les habitants devaient péniblement monter tous les soirs, après leurs travaux de la journée, tout rappelle d'une manière frappante des temps bien différents de ceux où nous vivons.

La vie devait se passer alors dans des transes, des alarmes continuelles. Les yeux devaient être toujours tournés avec inquiétude vers la mer, pour guetter l'approche de ces éperviers humains, toujours prêts à se jeter sur les jeunes gens beaux et forts des deux sexes. Le cœur des vieillards devait être toujours déchiré par la pensée de leurs parents esclaves sur l'autre bord de la Méditerranée, de cette mer bleue qu'ils avaient sous les yeux, attachés à la chaîne dans les pays lointains, brûlés par le soleil du désert. A chaque moment ils devaient examiner leurs murs, combiner leurs moyens de défense et se préparer à lutter jusqu'à la mort, pour la vie des uns, pour l'honneur des autres, sur les remparts, dans les rues étroites, dans leurs maisons. On ne pouvait se rendre qu'à la dernière extrémité, avec une perspective si horrible devant soi.

Telles sont les pensées qui surgissent dans mon esprit quand je passe à travers ces villes, ces villages, quand je les regarde de loin de la montagne, aujourd'hui calmes, paisibles, délivrés de tous ces soucis, de toutes ces douleurs. Certainement nous sommes nés sous une étoile plus heureuse, dans des temps plus doux. Nous devons remercier la Providence tous les jours, de ne pas être venus au monde dans les bons vieux temps qui n'étaient guère que des époques de rapine, de violence, de cruauté, de maladie, de peste et de mort.

Ceux qui sont forts et vigoureux peuvent sortir à Menton pendant l'hiver par tous les temps, à moins que la pluie ne tombe en cataractes. Mais les malades, les invalides, doivent rester à la maison quand il fait mauvais, quand il fait du vent ou qu'il pleut, même si le vent et la pluie viennent du midi. Il est rare, pendant les hivers ordinaires, qu'on soit obligé de rester à la maison pour cause de mauvais temps pendant plus de deux ou trois jours, et ces jours-là on se repose, et on écrit des lettres, mettant au net sa correspondance, presque toujours en retard. Quand il fait beau et qu'on sort tous les jours et pendant toute la journée, par devoir, par principe, il est difficile de trouver le temps d'écrire à qui que ce soit, bien que l'on n'ait rien d'impérieux à faire, peut-être même à cause de cela. A Menton, les médecins sont à peu près les seules personnes très occupées.

En un mot, les malades doivent agir comme les abeilles dans leur ruche. Si le temps se couvre en été et que la pluie menace ou tombe, on voit les abeilles accourir de tous les côtés pour se réfugier dans la ruche. De temps en temps une abeille vient à l'entrée voir si la pluie a cessé et si le soleil est revenu. Aussitôt que cette nouvelle importante est annoncée à la communauté, les abeilles sortent en foule, pour butiner parmi les fleurs, et faire leur récolte. Ce manège se reproduit souvent plusieurs fois dans la journée. Nous devons les imiter quand nous sommes malades, quitter la maison ou y rentrer selon le temps. Afin de pouvoir agir ainsi il faut être stationnaire. On ne le peut pas quand on est en voyage.

Je ferai remarquer, toutefois, qu'après une pluie abondante, quand le soleil sort des nuages et brille ardemment, il vaut mieux rester à la maison jusqu'à ce que les routes au moins se soient séchées, et pour cela il ne faut que quelques heures. La chaleur des rayons solaires pompe l'humidité de la terre de manière à saturer l'atmosphère, et comme cette saturation a lieu sans que la vapeur forme brouillard, on ne s'en aperçoit pas. On peut cependant, en s'y exposant, attraper un mal de gorge, une bronchite, un rhumatisme ; j'y ai été pris moi-même. L'effet est celui d'une serviette mouillée qu'on étendrait devant un feu vif au nord, en hiver. On voit alors l'humidité s'en échapper en forme de vapeurs blanches. Cette observation s'applique surtout aux enfants; par leur petite taille ils sont tout près de la terre qui évapore rapidement son humidité sous les rayons solaires.

Je ne suis plus jeune, il s'en faut, et je n'ai pu explorer les montagnes, les forêts, les ravins, les vallées, qui occupent les régions au delà de l'amphithéâtre de Menton, quoique j'y ai fait quelques excursions. Mes amis me disent qu'elles recèlent de bien beaux paysages, s'échelonnant jusqu'à une élévation de deux mille mètres, des sites enchanteurs. Il y a des forêts de Châtaigniers, de Pins sylvestres, d'*Abies excelsa*, d'*Abies pectinata*, de Pins Larix et de Mélèzes, des prairies couvertes de fleurs le printemps, des torrents fougueux. On trouve tout cela dans les gorges tributaires de la Roya, ainsi que dans celles qui s'ouvrent dans la vallée de la Nervia, la plus riche vallée et la plus vaste de toute la Rivière, après celle d'Oneglia.

La vallée de la Nervia a plus de vingt-cinq kilomètres de long sur une largeur variant de un à quatre kilomètres; elle s'ouvre à deux kilomètres à l'est de Vintimille. La route, qui occupe le fond, conduit au village de Dolce-Aqua, au-dessus duquel on voit les ruines d'une forteresse considérable, celle des Doria d'autrefois. Plus loin on arrive à Pigna, au-dessus de laquelle, près de la source de la Nervia, se trouve une source d'eau sulfureuse précieuse. Mon ami et confrère le docteur Farina s'occupe d'y fonder un établissement de bains, qui serait très utile à la population maladive du littoral. Il a aussi l'intention de fonder, à une élévation encore plus grande (1500 mètres), sur un plateau entouré d'une belle forêt de Pins, un hôtel de montagnes pour l'été, afin que l'on puisse éviter les grandes chaleurs. Une fois cet établissement construit et ouvert, en trois ou quatre heures on arriverait de Menton, au climat frais et pur des hautes montagnes. On affranchirait ainsi les étrangers qui ont passé l'hiver à San Remo, à Bordighera, ou à Menton, de l'obligation de retourner chez eux pour l'été, ou au moins d'aller chercher la fraîcheur en Suisse.

Il y a dans la Suisse, à la haute montagne, une foule d'hôtels et de pensions qui se remplissent, chaque été, de convives s'y réfugiant pour éviter les grandes chaleurs. Ils viennent de toutes les villes de la Suisse, de l'Allemagne et de l'Europe centrale. J'ai souvent été étonné que les habitants de San Remo et de Menton, dont beaucoup sont maintenant plus qu'aisés, n'aient pas fondé de tels établissements pour leur propre compte. Depuis quelques années, Saint Martin Lantosque, à six heures de Nice, commence à prospérer comme station de montagne en été, et paraît être un séjour très agréable. Mais je ne doute pas qu'on ne puisse trouver aussi bien, sinon mieux, plus près de nous.

La lune et les étoiles brillent d'une lumière beaucoup plus éclatante et plus pure sur les rives de la Méditerranée que dans nos latitudes du nord, sans doute à cause de la sécheresse de l'atmosphère et de l'absence partielle de vapeur atmosphérique quand soufflent les vents du nord. Comme nous l'avons vu, c'est cette condition météorologique qui rend la lumière du soleil si vive, et le ciel si bleu pendant le jour. Aussi les nuits sont d'une beauté incomparable ; les étoiles brillent avec une clarté étincelante, tandis que les planètes et les étoiles de premier ordre font des tracés lumineux dans la mer, comme la lune chez nous. La lune toutefois l'emporte sur elles. Sa lumière est tellement brillante qu'elle éteint en partie ou entièrement le rayonnement des étoiles voisines ; lorsqu'elle brille dans un ciel pur on les voit peu ou point.

Une excursion favorite pour ceux qui se portent bien, quelquefois à tort pour ceux qui sont malades, c'est, quand la lune est dans son plein, de longer le rivage jusqu'au pont Saint-Louis, de manière à y arriver quand ses rayons éclairent le ravin et en illuminent les recoins les plus profonds. Plus prudent, je me contente de m'asseoir à ma fenêtre ces soirs-là, et de guetter le moment où la lune s'élève au-dessus de la montagne qui limite la baie à l'est. Longtemps avant qu'elle ne surgisse au-dessus de la cime de la montagne, sa lumière projetée sur le ciel est presque égale à celle du jour lui-même, et quand elle apparaît, chaque arbre, chaque buisson, sur la crête montagneuse, devient visible. Le tracé que font les rayons de la pleine lune sur la mer n'est pas un simple trajet lumineux comme au nord, c'est une large rivière argentée, formée par des flots de lumière, qui s'épanchent de chaque côté.

Une fois on me manda de Finale par le télégraphe, avant l'ouverture du chemin de fer, et je dus partir de suite en poste, à la nuit tombante. La lune était dans son plein, et pendant de longues heures je suivis le rivage, par une belle nuit, avec la rivière argentée formée par la lune sur la mer toujours devant moi. J'étais dans le ravissement, dans l'extase, et je passai la nuit à contempler les ondes de la mer doucement agitées, dansant dans le filon argenté qui, partant du rivage, se perdait dans la mer lointaine, me suivant toujours. Je compris et j'acceptai comme vraie une histoire canadéenne que j'avais lue autrefois.

Un jeune époux disparut pendant le bal, la nuit des noces. La maison nuptiale était sur le bord du grand lac Ontario, alors gelé et recouvert de neige, car on était au cœur de l'hiver; la lune était dans son plein. Il avait quitté sans mot dire sa jeune femme, ses parents, ses amis, au beau milieu de la fête, et déjà quelque temps s'était écoulé avant qu'on ne s'aperçût de son absence. On suivit ses traces dans la neige jusqu'au bord du lac. On comprit que là il avait attaché ses patins et que, pris probablement d'une folie subite, il était parti dans le sillon lumineux de la lune. Ses amis suivirent ses traces pendant plusieurs lieues, mais, craignant de périr eux-mêmes ils furent forcés d'abandonner la poursuite et de s'en retourner. On se procura des traîneaux qui partirent à sa recherche. Mais ils arrivèrent trop tard. On le trouva étendu sur la neige, bien, bien loin dans le lac, mort, gelé! Il avait toujours suivi la rivière argentée que traçait la lune sur la neige !

Un grand nombre de familles qui forment l'élite sociale à Menton ont une origine génoise, mais le peuple descend en ligne directe des Liguriens, qui du temps des Romains occupaient la Rivière de Gênes et s'étendaient sur la côte presque jusqu'à Narbonne en France. Ils présentent le type italien qui caractérise cette race, cheveux et yeux noirs, peau un peu brune, traits réguliers. Les femmes sont très jolies dans leur première jeunesse, mais perdent leur beauté de bonne heure.

Les Mentonnais accueillent gracieusement les étrangers qui viennent passer l'hiver chez eux, les recevant avec une grande politesse et une grande cordialité. Ne se rattachant ni à la France ni à l'Italie, chérissant leur petite individualité mentonnaise, ils sont un peu cosmopolites, disposés à bien recevoir leurs hôtes de quelque partie du monde qu'ils viennent ; je ne leur reproche qu'une chose, c'est de n'avoir pas compris l'avenir grandiose qui s'ouvrait devant Menton comme station hivernale. Ils l'ont traité comme une petite ville de province, devant rester telle, laissant accaparer les terrains vagues où on aurait pu faire de beaux jardins, de belles promenades, faisant des rues étroites de petite ville, là où deux ou trois mèches de plus auraient fait des rues larges de grande ville. Ils ont reculé devant la graine qu'il faut payer et ensemencer pour avoir une moisson. Ils ont eu peur d'imiter, comme ils auraient dû et pu le faire, Vichy,

Bade, Arcachon, Biarritz. Heureusement que l'administration de la ville commence à passer dans les mains d'une nouvelle génération, qui connaît mieux l'Europe, qui connaît mieux les besoins de ses hôtes, et ce que demandent impérieusement les étrangers qu'on veut attirer dans une station de plaisance. Déjà on s'en aperçoit à une foule d'améliorations récentes, et on peut espérer que la marche du progrès sera de plus en plus rapide, autrement Menton serait devancé et dépassé par les stations rivales du littoral.

Quand je suis arrivé à Menton en 1859, il n'y avait, comme je l'ai déjà dit, que trois petits hôtels de passage et une demi-douzaine de petites villas. Maintenant il y a plus de cinquante hôtels et pensions, près de 250 villas. Plusieurs de ces hôtels sont monumentaux, et peuvent rivaliser avec les plus beaux de Nice. Plusieurs des villas sont luxueuses, et peuvent recevoir des familles princières. Le loyer des appartements et des villas varie de douze cents à douze mille francs. Dans les pensions et les hôtels, on est logé et nourri à des prix qui varient de sept à quinze francs par jour, selon le rang de la maison.

On a beaucoup l'habitude de se plaindre que la vie en voyage soit devenue si chère, mais ces plaintes sont fondées en grande partie sur une erreur. Autrefois il n'y avait que des auberges, des hôtels modestes, partout, et tout le monde y allait, payant modérément. Dans ces dernières années on a construit partout des hôtels, — palais luxueusement meublés et servis, — dans lesquels, raisonnablement, il faut payer cher; il ne peut pas en être autrement. Les petites fortunes, auxquelles cette magnificence est inconnue chez eux, y vont et crient qu'on les écorche. Cependant les petits hôtels et les auberges sont toujours là, presque aux mêmes prix qu'autrefois; si les voyageurs qui craignent la dépense voulaient y aller comme leurs pères, et s'en contenter comme leurs pères, ils voyageraient à bon compte comme eux.

Dans un voyage récent en Suisse, pendant lequel j'ai couché dans trente hôtels différents, j'ai vu partout ce que j'avance. A côté de ces hôtels-palais, où l'on paie raisonnablement, de quinze à vingt francs par jour, il y a toutes les anciennes maisons, hôtels, pensions, auberges, où l'on ne paie que de cinq à sept ou huit francs.

La proximité de Nice est un grand avantage et une grande ressource pour les personnes fortes et valides qui passent l'hiver à Menton. Autrefois, quand il fallait y aller en voiture par la Turbie, c'était très fatigant, malgré l'incomparable beauté de la route, surtout si on revenait le même jour; aussi les malades n'y allaient pas. Maintenant on y va en chemin de fer en moins d'une heure. Même un malade convalescent, quand il fait tout à fait beau, peut s'y rendre le matin après le premier déjeuner, y passer quelques heures, revenir avant la tombée de la nuit et dîner à la maison.

Nice est une petite capitale, visitée tous les hivers par 15,000 étrangers, avec son Opéra Italien, son Théâtre Français, sa promenade fashionable pour voitures, cavaliers et piétons, son orchestre nombreux, et sa cohue de gens comme il faut, habillés dans la dernière mode. La plupart des personnes venant du nord qui s'y rassemblent ne sont pas malades du tout. Ce sont les malades guéris autrefois, de toutes les nationalités, pour lesquels le soleil du midi est devenu un besoin, une nécessité. Ils ont rompu les liens qui les unissaient à leur pays et ne peuvent plus se résigner à y passer l'hiver, dans les brumes et les frimas.

Un très grand nombre de ces étrangers sont des Anglais et des Américains, qui avec la tendance à se déplacer, à voyager, à parcourir le monde, qui caractérise la race anglo-saxonne, partout où elle se trouve, se sont abattus sur Nice. Beaucoup d'entre eux, avant de s'y fixer l'hiver, ont habité tous les coins et les recoins de l'Europe. Ils choisissent Nice à la fin pour leur séjour d'hiver, à cause de sa vie sociale à l'instar de Paris, et à cause aussi de sa proximité de Paris et de Londres, grâce aux chemins de fer et à la grande vitesse. Il ne faut, en effet, que vingt-deux heures pour aller de Nice, vingt-trois de Menton à Paris ; d'ici à peu ce parcours sera encore abrégé. Avec les coupés et fauteuils-lits, et avec les wagons-lits, la faculté de pouvoir prendre place dans une de ces voitures à Paris pour en descendre à Cannes, Nice ou Menton, rend le voyage si facile qu'il n'a rien d'effrayant même pour les malades ; et cela quoique, en descendant du nord au midi, on traverse 12 degrés de latitude.

Tout récemment encore il n'y avait guère que des malades à Menton. Mais ces dernières années un grand changement s'est fait. Menton est devenu un lieu de repos et de villégiature pour les touristes allant en Italie ou en revenant. Beaucoup d'entre eux y restent quelques semaines, pour jouir des promenades et de la belle nature dans les montagnes. Il y a aussi maintenant, tous les hivers, comme à Cannes et à Nice, un grand nombre d'invalides, jeunes et vieux, qui n'ont pas besoin de médecin ou de traitement médical. Ils viennent tout bonnement se chauffer au soleil, l'admirer, l'adorer. Sans le savoir ils sont des disciples de Zoroastre.

Comme nous l'avons vu, on peut dire que Menton est une ville saine, puisque la mortalité parmi les habitants est peu élevée, et que la longévité est très commune. Néanmoins l'état sanitaire de la vieille ville italienne laisse à désirer, surtout à cause de l'encombrement. Je renvoie de nouveau le lecteur au livre très consciencieux du docteur Farina pour l'analyse de tous les faits qui se rapportent à cette question. Je conseille toutefois aux visiteurs de ne jamais se fixer dans la vieille ville. Dans la partie neuve on a construit de belles maisons louées en appartements, de beaux hôtels, qui sont à l'abri de toute critique. Mais en dehors de ces maisons modernes, il vaut mieux se fixer dans les villas et dans les hôtels hors de la ville.

Quoique la population indigène de la vieille ville, rassemblée dans un petit espace et augmentée en nombre par les ouvriers venus du dehors, ne soit pas à l'abri d'épidémies morbides se développant de temps en temps, je suis fondé à dire que Menton est non seulement infiniment plus sain que les grandes villes du littoral, Marseille, Toulon, Gênes, mais plus sain aussi que la plupart des petites villes situées sur la Méditerranée.

On s'occupe beaucoup de la question des égouts, comme partout du reste. Un grand égout collecteur a été construit, mais on n'en a pas encore relié toutes les parties, et jusqu'à présent on n'a pas établi un service suffisant d'eau pour le nettoyer. Menton manque d'eau tant pour le service de la ville que pour les égouts ; elle est réduite à quelques fontaines qui de temps en temps chôment, et aux puits, tous saumâtres, le long du rivage.

Plusieurs projets existent, se disputant la faveur de la ville depuis quelques années, sans arriver à un bon résultat. Je crains que la cause ne soit, comme toujours, dans des intérêts, rivaux, particuliers qui sont en jeu. Toutefois ces deux questions, celle des égouts et celle des eaux, sont les questions les plus importantes de toutes, des questions de vie ou de mort pour Menton. Il faut espérer que le nouveau conseil municipal fera justice de tous les obstacles qui s'opposent à l'accomplissement de ces travaux, que la civilisation et la science moderne réclament à grands cris. Si les Mentonnais avaient voulu écouter à ce sujet les conseils de leur vieil ami le docteur Farina, il y a longtemps que l'état sanitaire de Menton serait parfait. Il a étudié toutes ces questions à fond, et les conseils qu'il a donnés à la municipalité sont si clairs, si rationnels que c'est bien à tort qu'on hésite à les accepter et à les mettre en action. Les médecins exerçant à Menton ont formé une « Société médicale » dont le but principal est de veiller sur l'état hygiénique de la ville, et de pousser dans la voie du progrès. Mais nous ne sommes pas écoutés comme nous devrions l'être.

La plupart des maisons nouvelles et des villas modernes à Menton et dans ses environs sont munies de fosses d'aisances, avec ventilateur passant dans la muraille, et s'ouvrant sur le toit à côté des cheminées. Ces fosses sont vidées deux ou trois fois dans la saison. Si l'on se sert du système de vidange pneumatique introduit il y a quelques années, et si le ventilateur est bien construit, c'est probablement le meilleur système qu'on puisse adopter dans un pays où le roc se rencontre à un ou deux mètres de la surface, et où le seul écoulement est une mer sans marée, renfermée dans de petites baies. Avec ce système pneumatique il n'y a ni odeur ni écoulement de matières ; on peut vider une fosse au milieu du jour sans que les passants s'en apperçoivent. Mais partout la routine est maîtresse de la place, et jusqu'à présent la municipalité a refusé d'insister, par ordonnance de police, pour qu'on se servît de ce système admirable à tous les points de vue, malgré la demande réitérée de notre Société médicale. Aussi, beaucoup des habitants continuent à ouvrir leurs fosses la nuit, quand il fait clair de lune, et à la vider en plongeant une jatte attachée à une perche que l'on transvase dans des barriques, empestant tout le quartier deux ou trois nuits de suite.

Je suis obligé d'avouer que ce sont les étrangers surtout qui ont occasionné les difficultés qui se rattachent à l'écoulement des matières d'égout. Presque tous les Mentonnais indigènes sont propriétaires, ont des Oliviers, des Citronniers à fumer. Dans un pays où il y a si peu de bestiaux, le fumier est rare et précieux. Aussi il n'y avait pas, et il n'y a pas de fosses dans les maisons de la vieille ville. Les habitants conservent les matières dans des barriques et, lorsqu'elles sont pleines, les emportent à la montagne sur leurs baudets, pour fumer leurs terres. M. Farina dit que la conservation de ces barriques de matières dans les maisons est une cause d'insalubrité, mais au moins, s'il en est ainsi, la mer et les alentours de la ville ne sont pas infectés par des torrents d'immondices. La venue des étrangers a tout changé. Il y a maintenant une foule d'hôtels habités par 100, 200 personnes. Que faire des évacuations de tant de monde? Le vieux système est impuissant, et il faut bien profiter de la mer.

Le nouvel égout collecteur se termine au vieux château génois, à la tête du port. Là il y a un fort courant maritime, et les eaux y sont déjà profondes. Il faut espérer que quand tous les égouts de la ville seront réunis, et qu'il y aura des eaux de chasse pour les nettoyer, ce courant entraînera tout à la grande mer. Un de mes amis, un ingénieur anglais, a suggéré l'érection d'une pompe à vapeur de la force de trois ou quatre chevaux, qui élèverait de l'eau de mer à une assez grande hauteur pour faire une poussée puissante dans les égouts.

Pour moi, la conclusion nécessaire de l'étude de ces faits, c'est qu'il n'est pas à désirer que la ville de Menton s'étende indéfiniment. La nature ne l'a pas préparée pour une nombreuse population. Elle est trop resserrée entre les montagnes et la mer, et il est trop difficile de se débarrasser des matières d'égout avec une grande population ; s'il y avait des égouts parfaits et des courants d'eaux puissants, la mer et le rivage seraient infectés. Aussi est-il, dans ce sens, heureux que les Mentonnais aient attaché une si grande valeur à leurs terrains, dix, vingt, trente francs le mètre, et qu'ils aient éloigné jusqu'à présent une grande partie des capitaux qui se seraient fixés à Menton, les dirigeant sur Nice, Cannes, Bordighere, San Remo et Alasso. Cette dernière ville commence à poindre comme station d'hiver. Sans le vouloir, en arrêtant l'essor de leur charmante ville, ils l'ont rendue plus salubre, et ont fait que les travaux qui doivent en assurer la salubrité sont et seront plus faciles.

Quand je suis venu à Menton, il n'y avait pas de port. Comme je l'ai expliqué, les bateaux appartenant à Menton étaient tirés sur le rivage, au centre de la ville, comme partout ailleurs dans la Méditerranée là où les ports manquent. Les bâtiments trop grands pour être ainsi tirés à terre, quand ils venaient charger des citrons, restaient à l'ancre dans la baie est, à un kilomètre du rivage, exposés à tous les vents possibles. Souvent, en les voyant ainsi à l'ancre, ballottés par une mer furieuse, s'élevant sur le faîte d'une vague, pour disparaître à la vue derrière la lame, je me demandais le soir si je ne les verrais pas le lendemain échoués sur le rivage. Souvent, m'a-t-on dit, l'équipage les abandonnait ainsi le soir pour aller coucher à terre, les laissant à la grâce de Dieu.

Lors de l'annexion à la France, en 1861, on réclama à cor et à cri un port, et la Chambre des députés vota un subside annuel pour sa création. Voilà bientôt vingt ans que l'on y travaille, et Menton a maintenant une belle jetée longue de cent mètres, en courbe, presque terminée, qui forme un beau petit port, jaugeant jusqu'à dix mètres de profondeur. Est-ce un bien? Au point de vue médical, j'en doute ; je pense que Menton aurait été mieux sans le port, et que c'est grand dommage que les sommes immenses qui y ont été consacrées n'aient pas été employées à des embellissements qui auraient fait plus de bien au pays. On aurait pu, par exemple, acheter le cap Martin en entier, et en faire un beau parc de promenade pour les voitures et les piétons. Menton aurait alors eu une plus belle promenade pour les voitures que Madrid, Naples, Rome ou Florence. La dépense dépasse déjà un million.

Le mauvais côté du port, c'est que la jetée arrête le courant venant de Vintimelle le long de la côte, qui entraînait et aurait entraîné en mer, au de là du vieux fort génois, tout le drainage qui se jette ou se jettera dans la baie est. A présent, on est si aveugle sur cette question majeure pour l'avenir du pays, que l'on déverse dans le port les égouts de la haute ville, sans que les médecins aient pu obtenir de la municipalité de relier ces égouts au grand égout collecteur qui transporte le drainage de la ville neuve à la mer, en dehors du port. Jusqu'à ce que l'on enseigne les lois de l'hygiène aux enfants de dix ans dans les écoles et les pensions, nous autres médecins, nous ne serons pas écoutés, nous continuerons à prêcher dans le désert.

Menton se ressent de l'affluence des habitants du nord de l'Europe, dont le plus grand nombre sont protestants. Les Anglais et les Américains ont deux temples ou églises. Celui qui est à l'entrée de l'avenue du Carei, construit dans le style gothique, est un ornement pour la ville. Il y en a d'autres moins imposants pour les cultes protestants écossais, français et allemand. La race anglo-saxonne s'est installée à son aise, comme elle le fait partout, avec toutes ses habitudes, jeu de croquet, de paume (*lawn tennis*), cabinet de lecture, pharmaciens, médecins, gardes-malades, cimetière. Les Anglo-Saxons ont l'habitude de traîner leur pays avec eux partout où ils vont, et de s'installer si confortablement qu'ils se trouvent trop bien pour rêver à chaque moment à la patrie, au foyer absent.

Tous les ans j'étudie avec intérêt la différence des nationalités. Les Français, sans exception, quand est arrivé le jour tant désiré du départ, prennent le train rapide, ne regardent ni à droite ni à gauche, et ne s'arrêtent que quand ils sont arrivés chez eux. Les Anglo-Saxons, tout au contraire, les Américains encore plus que les Anglais, quand le jour du départ approche, se demandent entre eux : Où irons-nous? Ils comptent leurs finances, et le plus souvent vont aussi loin que l'argent qui leur reste leur permet d'aller : Rome, Naples, l'Égypte, Constantinople, et virent de bord, pour le retour, avec un regret amer.

Il y a quelques années, quand je le connus d'abord, Menton était seulement une petite ville italienne, comme le sont actuellement les villes inconnues de la Rivière, et n'avait guère de ressources pour attirer et retenir les étrangers, surtout les Anglo-Américains. Accoutumés à être bien nourris et bien logés chez eux, ils désirent l'être de même partout où ils vont. Aussi, quand ils se trouvent dans un pays où la viande est coriace, le pain aigre, le beurre rance, ils sont profondément malheureux. Chaque année Menton s'est élevé dans l'échelle sociale et gastronomique, et depuis longtemps déjà on n'a plus à se plaindre des approvisionnements. Pourvu que l'on veuille bien payer, on peut maintenant vivre aussi bien à Menton qu'à Paris. Tout se trouve, pour celui qui cherche la bourse à la main : viande, volaille, gibier, beurre, œufs, pain de première qualité, vins. Toutes ces denrées sont aussi chères qu'à Nice, mais pas plus chères, grâce à une vive concurrence.

Beaucoup de grands hôtels, ainsi que plusieurs des principaux bouchers, font venir leur viande morte de Lyon, tous les jours ou tous les deux jours. Le retard ainsi apporté dans les livraisons, au lieu d'être un désavantage, comme on le croit, est un très grand avantage, car la viande est d'autant plus tendre. Dans les pays chauds, dans tout le midi de l'Europe, on a l'habitude en été de livrer la viande à la consommation le lendemain, souvent le jour même de l'abatage, parce qu'elle ne se conserve pas pendant les chaleurs. On continue, par habitude, à faire de même en hiver, quand elle se conserverait très bien. Voilà pourquoi, probablement, dans le midi on fait surtout cuire la viande à la casserole, et non à la broche. En faisant cuire ainsi très longtemps, on parvient à ramollir, à rendre digestible une viande qui autrement serait coriace et indigeste.

Le beurre vient de Milan, qui est entouré de beaux pâturages et de fermes, dans lesquelles la préparation se fait en grand, avec toutes les précautions de propreté scrupuleuse qui sont indispensables. Celui que l'on fait dans les pays de montagnes autour de Menton est mauvais, probablement faute de ces mêmes précautions.

La volaille vient surtout de la France centrale par le chemin de fer, sous le nom de volaille de Bresse : probablement un simple nom de guerre. Tous les hivers beaucoup de Mentonnais vont à la chasse, le fusil sur le dos, et tuent tous les Merles, tous les Rouges-gorges, tous les Becfigues qu'ils trouvent sur leur passage. Ils passent leur « chasse » aux maisons d'approvisionnement qui les embrochent et les vendent pour des Grives ou des Alouettes aux maîtres d'hôtel. Ceux-ci les achètent et les servent tout bonnement pour en faire un plat de plus. Les autorités devraient s'insurger contre ce massacre funeste et affligeant, qui livre les Olives aux chenilles, et prive la campagne, les forêts, des oiseaux chanteurs. Les visiteurs aussi devraient s'insurger de leur côté, et prier les maîtres d'hôtel de ne pas les servir à table. Dans mon jardin, à Grimaldi, je ne laisse jamais tuer un oiseau quelconque.

Le poisson était rare et cher avant l'ouverture du

chemin de fer, la mer, comme je l'ai dit, n'étant pas poissonneuse. Maintenant, une fois que la saison d'hiver est arrivée, il vient en grande quantité de l'Océan, dans de la glace, à destination de Cannes, Nice et Menton. Alors on obtient sans peine, presque tous les jours, les huîtres, le saumon, les soles, les turbots, les merlans. Il y a un assez bon poisson de la Méditerranée, que l'on pêche tout l'hiver, et qu'on appelle Loup. On a aussi en grande abondance les Sardines, les Rougets, les Mulets, et la blanchaille, pêchés sur place.

Il faut dépenser à Menton, pour vivre, deux fois autant qu'il y a vingt ans, mais aussi on vit trois fois mieux. Si on veut vivre à très bon marché, on n'a qu'à aller à Albenga, Loano, Finale, Noli, villes encore inconnues de la Rivière, et on y vivra facilement à cinq francs par jour, logement et nourriture compris, comme autrefois à Menton. Mais serait-on content? J'en doute. Je puis affirmer qu'il ne fait pas plus cher vivre à Menton qu'ailleurs sur la côte. Si on examinait avec soin, on pourrait bien trouver que l'avantage est même pour Menton, à cause de la grande concurrence locale et du dehors. Avec le chemin de fer tout s'égalise. Si une nouvelle station est meilleur marché qu'une autre plus ancienne, c'est qu'elle n'a pas encore eu le temps de se mettre au niveau des besoins et des désirs de la société moderne. Dans un pays qui ne produit guère que des olives, des citrons, des oranges, et quelques légumes, il faut tout faire venir de très loin, meubles, tapis, nourriture. Par conséquent il faut payer plus qu'on ne paie dans les endroits d'où ces marchandises viennent, et cela est raisonnable. Or ces frais, ces dépenses sont les mêmes partout, pour tous, augmentant seulement au lieu de diminuer à mesure qu'on s'éloigne des centres auxquels il faut s'adresser.

Tous les hivers il vient beaucoup de professeurs, d'instituteurs et d'institutrices plus ou moins malades, qui ne demandent pas mieux que de s'occuper un peu. De sorte que, outre un bon collège de chef-lieu, et divers établissements d'éducation particuliers pour garçons et filles, il y a tous les ans la ressource de professeurs instruits, venus par motif de santé à Menton ; pour la musique, le chant, le dessin, la peinture et les langues mortes ou vivantes. Les parents ont donc toute facilité pour continuer l'éducation de leurs enfants.

Pour les artistes malades, Menton offre une grande attraction, car ils peuvent soigner leur santé, et en même temps étudier et pratiquer leur art en plein air, au cœur de l'hiver. Le paysage est de toute beauté. Le jeu des rayons solaires, les effets d'ombre et de lumière sur les nuages, sur les montagnes et sur la mer, produisent des changements continuels, qui ravissent l'œil de l'artiste. Ils remportent avec eux, le plus souvent, des tableaux plus ou moins beaux, après un hiver fécond en études nouvelles. Souvent ils trouvent à les placer avantageusement parmi les étrangers amis des arts, avant leur départ.

Un hiver passé à Menton est un petit drame, un épisode de la vie. C'est un si petit endroit, tellement séparé du reste du monde par son rempart de montagnes, le nombre des visiteurs qui y viennent pour y passer tout l'hiver est si restreint qu'ils sont unis par un lien commun, celui de la maladie commune, du but commun. Ce sentiment ne s'étend pas à toute la communauté étrangère, mais il est très prononcé parmi les membres de la même nationalité. C'est le sentiment d'union, d'une origine commune, d'un but commun qui lie les passagers d'un navire dans un long voyage. Il ne s'étend pas, nécessairement, à ceux qui viennent de Nice pour quelques semaines, ou qui s'arrêtent en automne et au printemps en allant en Italie ou en revenant. Pour nous ce sont des étrangers. La famille mentonnaise se compose des résidents d'hiver, qui se sont décidés à passer six mois dans l'amphithéâtre souriant et ensoleillé de Menton.

Au mois d'octobre on se demande : qui est-ce qui vient, qui est arrivé ? Vers la fin de novembre presque tous ceux qui ont l'intention de passer l'hiver à Menton sont arrivés et se sont fixés par-ci par-là. Les amis se retrouvent, des personnes connues à peine chez soi deviennent des intimes, et des groupes se forment d'individus qui ont les mêmes idées, les mêmes sympathies. On commence à savoir aussi quel est le malade ou la malade, dans chaque famille, et à quel degré est arrivée la maladie qui a motivé l'exil au midi.

Je ne conseille pas à mes confrères médecins, dans les Iles Britanniques, d'envoyer leurs malades au midi quand ils sont à la dernière extrémité. A quoi bon ? Il vaut mieux les laisser mourir tranquillement chez eux, au sein de leur famille. Aussi, comme ce conseil est suivi, nous perdons peu de nos malades anglais dans la première partie de l'hiver. Mais il en est autrement avec les nationalités de l'Europe centrale, avec les Allemands et même les Français.

Pour les Anglo-Saxons, malades ou bien portants, l'ordre d'aller passer l'hiver au midi est regardé comme une grâce, un bienfait; c'est la réalisation d'un rêve chéri, celui de voir le monde, c'est une consolation dans la maladie. Pour les Français et les Allemands, au contraire, c'est le plus souvent la dernière goutte qui fait déborder la coupe amère de la douleur. Ils s'attachent avec acharnement, dans la maladie comme dans la santé, au foyer domestique, aux affections et aux liens de famille et à la patrie. Aussi on a bien de la peine à leur persuader de s'expatrier et même de descendre au midi dans leur propre pays. Peut-être aussi que mes confrères en France et en Allemagne ne croient pas autant à l'influence du climat dans les affections chroniques de la poitrine, qu'on y croit en Angleterre et aux États-Unis. Chaque hiver je vois apparaître des malades appartenant à ces nationalités, arrivés à une époque si avancée de leur maladie qu'on s'étonne qu'ils aient pu supporter la fatigue du voyage. Peu de temps après leur venue la dernière étincelle de puissance vitale s'éteint, et les premiers cris de douleur s'élèvent sur ce rivage méridional où ils ne sont venus que pour mourir.

Parmi les cérémonies qui frappent le regard d'un étranger qui arrive dans une ville italienne, et Menton est une ville quasi italienne, il n'y en a pas qui intéresse et étonne plus que les funérailles des morts. Presque tous les habitants mâles sont divisés en deux communautés, celle des pénitents noirs et celle des pénitents blancs; les premiers s'habillent d'une robe noire, les seconds d'une robe blanche. Ces robes sont longues et descendent jusqu'aux pieds, et sont serrées à la taille par une corde. Ils portent aussi sur la tête et la figure un capuchon de même couleur, ne laissant voir que les yeux. Ils suivent les prêtres et les enfants de chœur, deux à deux, en grand nombre, portant un cierge à la main, et chantant les psaumes des morts. Cette procession, pour ceux qui n'y sont pas accoutumés, a quelque chose d'imposant, de terrible même. C'est un hommage que les vivants payent à la mort.

Plus tard vient la fin de l'année, Noël avec les souvenirs du foyer domestique. Nous sommes tout étonnés d'associer ces souvenirs avec un soleil d'été, souvent avec une température d'été, avec la fleur du Citronnier parfumant le plein air, et des Demoiselles et autres insectes se poursuivant l'un l'autre, et cela quand on nous écrit que chez nous règnent un ciel sombre, la neige, le brouillard, et les frimas. Quelquefois, même ici, la neige couronne la cîme des montagnes à cette époque, descend sur leurs flancs et nous rappelle le nord. Mais alors le contraste n'est que plus frappant, entre les montagnes ceintes de neige qui nous environnent et la végétation d'été qui nous entourne. Plus tard vient le jour de l'an, célébré à Menton comme dans la France, et les fêtes de l'Église romaine. Le carême, la semaine sainte le carnaval, sont tous célébrés selon les traditions du moyen âge, d'une manière très pittoresque, par la population indigène, comme dans les grandes villes de l'Italie.

Quand vient le mois de février la communauté anglo-saxonne commence à souffrir à son tour. Le changement de climat, la science médicale, l'affection dévouée et les tendres soins des parents, des amis, ont combattu en vain l'ange de la mort. Son approche quoique lente a été sûre, et il faut abandonner cette vie pour l'éternité. Ces départs jettent un voile sombre sur toute la communauté. Ceux qui sont partis se sont rendus chers aux survivants ; ils ont vécu avec eux tout l'hiver, ils ont partagé leurs joies, leurs soucis, leurs sentiments d'exil. La perte est une perte commune, ressentie par tous ; c'est comme celle d'un passager qui, pendant des mois entiers, a vécu dans le même navire, s'est assis à la même table, s'est promené sur le même tillac.

A la fin, mars et avril arrivent, le printemps splendide de la Méditerranée, le vrai printemps de ses vieux poètes, d'Homère et d'Anacréon, d'Horace, de Virgile, de Lucrèce. Nos poètes du nord, imitant sans le savoir leurs devanciers grecs et romains, décrivent le printemps comme on le voit en Grèce et en Italie, et non comme on le voit dans nos climats du nord. De là le sentiment d'irritation que nous éprouvons tous les ans quand le printemps arrive, et qu'au lieu de doux zéphyrs, de soleil radieux, avec une profusion des compagnes de Flore, nous avons à souffrir du froid, à lutter avec des vents du nord-est glacés et perçants, à accepter souvent la neige, le grésil, le verglas, les giboulées, un sol glacé. Parmi les « poètes » français je ne connais qu'Alphonse Karr qui décrive le printemps comme il est réellement. A Menton, à l'exception de quelques jours de vent furieux du sud-ouest et de pluie tropicale, à l'occasion des équinoxes vernaux, le printemps poétique est vraiment arrivé. Les terrasses d'Oliviers et de Citronniers sont émaillées par la nature, de fleurs de jardin. Chaque jour on voit partir le matin pour la montagne des bandes de promeneurs qui reviennent le soir chargés de butin floral.

Je prierai instamment, en passant, les visiteurs de ne pas payer les enfants et les guides pour leur apporter des fleurs sauvages. Quelques-uns de nos hôtes, sans y penser, se font apporter journellement les fleurs sauvages de la montagne, les payant libéralement. La conséquence nécessaire commence à se faire sentir. Les paysans, qui autrefois ne demandaient pas mieux que de laisser les enfants et les jeunes gens folâtrer sur leurs terrasses, et cueillir des Violettes, des Anémones, des Narcisses, qui n'avaient aucune valeur pour eux, commencent à les garder jalousement, et à chasser tous ceux qui essayent de les cueillir. Si cet état de choses devenait universel, la moitié du charme des promenades à la montagne s'évanouirait. On ne peut blâmer les paysans de conserver et de protéger un produit qui a une valeur pécuniaire pour eux.

Je prierai aussi tous les visiteurs de ne pas arracher par la racine les fleurs et les Fougères, et de ne pas permettre à leurs enfants et à leurs domestiques de le faire. Autrement dans peu de temps toutes les terrasses, toutes les parties accessibles des montagnes deviendront, sous ce rapport, des déserts, ne produiront que de l'herbe, des buissons. Deux mille visiteurs s'éparpillant partout tous les hivers, du matin au soir, et arrachant les fleurs et les Fougères, deviennent une armée dévastatrice qui ravage le pays. Déjà l'*Adiantum Capillus Veneris*, le joli Capillaire, commun comme l'herbe quand je suis arrivé à Menton, existant alors partout où il y avait de l'eau, de l'humidité, ne se trouve guère que dans des endroits inaccessibles. J'ai connu des familles qui envoyaient toutes les semaines leurs enfants et leurs domestiques ravager le pays pour garnir leurs cheminées de racines de Fougères et de Primevères, sans cesse renouvelées !

Un des charmes d'un séjour l'hiver dans les localités protégées de la Rivière, c'est que l'on y trouve des fleurs sauvages pendant tout l'hiver. En même temps, jusqu'au mois de mars ces fleurs ne se rencontrent pas en telle profusion que l'on n'ait le plaisir de les chercher et de les trouver. C'est une chose remarquable, que l'amour des fleurs caractérise les deux extrêmes de la vie, l'enfance et le déclin de l'âge. Entre les deux se trouve la vie mondaine, la période pendant laquelle on prend un intérêt fiévreux aux affaires, aux passions, aux soucis de la vie active. On oublie les fleurs ; l'esprit le plus souvent se retire en lui-même, et à moins que l'on ne soit naturaliste, botaniste, horticulteur, on observe peu la nature et on s'en occupe encore moins. Dans la vieillesse, quand on a passé à travers la vie active, que l'on a souffert et joui, que l'ambition a été satisfaite ou à jamais déçue, on revient aux affections, aux joies de la première jeunesse, à l'amour des fleurs. On se retrouve avec bonheur au milieu des productions de la nature, et l'on cultive avec délices les fleurs de son jardin, dans la société desquelles on trouve le calme, le repos et presque la consolation des peines et des chagrins que l'on a éprouvés. C'est presque le port.

Quelqu'un, je ne sais qui, a écrit « que l'amour des fleurs et de leur culture est la dernière faiblesse des esprits sains. » Il est bien heureux qu'il en soit ainsi à mesure qu'on avance dans la vie, que les prépossessions sociales, mondaines, ambitieuses, faiblissent, pâlissent. Ceux qui ont froidement, vigoureusement lutté tant qu'ils en ont eu la force, trouvent ainsi une jouissance tranquille qui, une fois acceptée, ne vous abandonne plus, une jouissance qui vous accompagne jusqu'à la fin. Il est bien heureux, dis-je, qu'il en soit ainsi, car souvent la vieillesse est pénible à supporter.

Si nous vivons nous-même il faut quitter l'un après l'autre ceux qui nous ont chéri dans l'enfance, qui ont dirigé nos premiers pas, qui ont partagé nos espérances, nos craintes au commencement de la vie, qui ont sympathisé avec nous dans nos succès, qui ont été chagrinés par nos défaites. Nous portons la peine d'avoir vécu plus longtemps que les autres, nous perdons de vue ceux dont la vie s'enlaçait à la nôtre, nous nous trouvons abandonnés dans notre pèlerinage terrestre, en triste succession, par les compagnons sans lesquels il est souvent pénible d'avoir à accepter, à supporter la vie.

A mesure que nous avançons dans notre carrière nous ressemblons à un régiment de soldats qui montent à l'assaut d'une forteresse bien défendue au haut d'une éminence. Nos camarades tombent à nos côtés, et au-dessus du fracas de la bataille on entend la voix des officiers qui crient : *Serrez les rangs*. Nous obéissons, nous nous rapprochons des camarades qui survivent, nous serrons les rangs, et si nous arrivons au sommet nous trouvons à nos côtés bien peu de ceux qui étaient avec nous au départ!

Les parents, les amis de ceux qui sont partis pour le long voyage nous ont quittés. Les survivants, ceux dont la santé s'est renouvelée, qui reviennent à la vie, jouissent plus que jamais des harmonies, des beautés de la mer, du ciel, des montagnes, de la terre. De nouveau on s'occupe de l'avenir, on forme des plans, que l'on n'osait pas même discuter au commencement de l'hiver, tellement cet avenir semblait sombre, incertain; l'on parle aussi du retour au foyer. A cette époque, Nice envoie des essaims de personnes fortes, gaies, heureuses, saines, avides de plaisirs. Elles veulent seulement changer de scène, fuir les vents de mars, plus forts à Nice qu'à Menton, et faire des excursions dans la montagne.

Plus tard vient la comparaison des routes pour le retour à la patrie, chez soi, la discussion des plans pour l'été, et enfin les adieux et le départ. Presque tout le monde regrette, à la fin, de quitter ce petit coin ensoleillé de la Méditerranée, où l'on a passé tant d'heures délicieuses, où l'on a recouvré la santé ou arrêté les progrès d'une maladie grave. Souvent on a formé plus de liaisons amicales qu'on n'en aurait formé pendant le cours de plusieurs années à la maison, et il faut quitter les amis nouveaux aussi bien que le beau pays de Menton. La séparation toutefois n'est pas toujours définitive. Elle peut n'être que temporaire, on s'arrange pour se retrouver ailleurs.

Pour le médecin qui exerce au milieu d'une telle communauté, le départ de Menton, au printemps, offre un côté favorable. Ce départ termine une ère de douleurs, de peines, de souffrances soulagées, il faut l'espérer, par ses efforts, certainement partagées par la sympathie. Les malades, loin de leur patrie, de leur foyer domestique, de leurs parents et amis, s'attachent plus à un médecin sympathique que dans la vie ordinaire. Le lien entre eux se resserre de jour en jour ; leurs douleurs, leurs épreuves morales et sociales trouvent en lui un écho, et son rôle devient bien plus pénible qu'il n'est habituellement.

Le médecin occupé peut être comparé au Pétrel, l'oiseau des tempêtes, sur les grandes mers. Tant que la santé et le bonheur, la gaieté et la joie règnent, on ne le voit pas. On n'a pas besoin de lui comme médecin ; le plus souvent il n'a pas le loisir de venir comme ami. Son ministère commence quand la maladie, la douleur, le chagrin se présentent ; comme l'oiseau des tempêtes, il arrive avec le mauvais temps, avec l'ouragan.

Encore une comparaison. Comme dans la fable de

l'antiquité, il passe son temps à rouler des pierres du fond de la vallée à la cime de la montagne ; seulement ce ne sont pas toujours les mêmes pierres qui redescendent dans la vallée. Très souvent, Dieu merci, ces pierres restent en leur lieu de sûreté, et s'il descend c'est pour en chercher d'autres ; son lot est donc meilleur que celui de ce pauvre Sisyphe.

Quant à moi, je ressens tous les ans ces impressions pénibles ou joyeuses. Toutes les peines de corps et d'esprit auxquelles j'assiste et auxquelles je participe pendant l'hiver m'attristent profondément. Il me faut les fleurs, le soleil, la chaleur, les longs jours de l'été pour me réconforter. C'est en partie pour secouer ces impressions que depuis vingt ans je passe le mois de mai à parcourir la Méditerranée, de rivage en rivage, d'île en île, comme Ulysse autrefois, rêvant, méditant, flânant, étudiant partout avec amour la nature, et évitant avec un égoïsme temporaire les maladies et la souffrance. Je me laisse ainsi vivre pendant quelques semaines en communion paresseuse avec la nature, et peu à peu le calme se rétablit dans mon esprit. Le ciel radieux de la Méditerranée, le miroitement de ses vagues bleues, la vue de populations saines, gaies, joyeuses, des sites curieux et intéressants que je visite, tout cela me retrempe l'esprit et le cœur. Le remède réussit et je rentre chez moi frais, dispos, et prêt de nouveau, au moment donné, à reprendre le harnais, prêt à recommencer la lutte et à concentrer ma pensée sur la souffrance humaine.

Telles sont la Méditerranée et la Rivière de Gênes vues et étudiées à Menton. Je fus si content de mon séjour dans ce beau pays, en 1859-60, que j'y serais revenu l'hiver suivant, n'eût-ce été ce désir de changement qui me tourmente aussi bien que les autres de ma race. Je voulus trouver mieux, et je me dirigeai vers l'Italie que je parcourus jusqu'à Naples, sans rien trouver qui valût Menton en fait de climat ou de beauté pittoresque. Là je fus pris d'une dyssenterie qui manqua me coûter la vie, et raviva ma maladie de poitrine ; je m'en retournai aussitôt convalescent à Menton, et je suis resté citoyen mentonnais, en hiver, depuis ce temps.

J'ai fait bien des voyages depuis lors dans la Méditerranée et dans ses îles, et cet ouvrage n'est qu'une section de mon grand volume décrivant ces voyages. Mais je n'ai rien trouvé dans la Méditerranée de mieux que la Rivière de Gênes dans ses régions les plus favorisées.

Quoique Hyères, Cannes et Nice, n'appartiennent pas à proprement parler à la Rivière de Gênes, on peut les comprendre dans la même catégorie de climats. L'étude que j'ai faite, et la description que j'ai donnée de l'amphithéâtre de Menton, peuvent s'appliquer à ces villes avec quelques différences peu importantes. Hyères est plus exposé au mistral, vent froid venant du nord-ouest, tandis que Cannes et Nice, moins protégées par les montagnes, sont plus exposées aux vents en général que la partie de la Rivière qui s'étend de Villefranche à Alassio.

Ces trois villes ont aussi des froids plus rigoureux l'hiver, comme on s'en aperçoit en étudiant la végétation. La description de ces jolies villes m'entraînerait trop loin, aussi je renvoie mes lecteurs aux ouvrages plus généraux et aux traités spéciaux. Elles ont toutes une littérature qui leur est propre.

J'ai déjà dit qu'il vaut mieux ne pas arriver sur la rivière de Gênes trop tôt en automne, à cause de la chaleur, qui se continue habituellement jusqu'à la mi-octobre. Après le 15 octobre, les nuits deviennent fraîches, et les personnes qui viennent pour leur santé devront être rendues au port avant le 25. Moi-même, j'arrive toujours assez tôt pour passer la dernière semaine d'octobre à Menton. On peut quitter le nord 8 ou 10 jours plus tôt et s'arrêter en route à Fontainebleau, Dijon, Lyon, Avignon, Marseille, Cannes, Nice.

Si la famille est nombreuse, il vaut mieux faire voyager le malade seul, avec un compagnon. Ils peuvent alors facilement s'arrêter en route pour s'acclimater, comme je l'ai expliqué. Il est dangereux pour des personnes malades de passer du nord au midi, de traverser 12 degrés de latitude (Paris à Nice) en 24 heures par le train rapide. Souvent les personnes bien portantes souffrent du brusque changement.

Au retour, le même danger existe quant au changement brusque de climat; il vaut donc mieux que le malade voyage à petites journées pour rentrer chez lui. Le départ du midi ne doit pas, non plus, se faire trop tôt; presque tous ceux qui ont passé l'hiver au midi désirent retourner chez eux au nord trop tôt. Il fait si beau au mois d'avril sur la Rivière; la température est si douce, si chaude, on a de la peine à croire que ce soit encore l'hiver au nord.

Aussi on part en avril, au lieu de mai, et, aussitôt rentré, on est atteint, trop souvent, de bronchites, de pleurésies, de rhumatismes. Aussi vaut-il beaucoup mieux, est-il beaucoup plus prudent de rester à Menton, à Nice, à Cannes, jusqu'au milieu du mois de mai.

Même en Suisse, il fait souvent froid en avril et au commencement de mai, et on ne devrait s'y rendre que vers le milieu de ce mois. Il faut se rappeler que les lacs de la Suisse sont tous à 300 ou 400 mètres d'élévation. Les Suisses qui ont passé l'hiver au midi ne rentrent guère chez eux que vers le 10 ou le 15 mai.

Le retour au logis.

CHAPITRE VIII

TABLES D'OBSERVATIONS THERMOMÉTRIQUES. — CELLES DU Dr HENRY BENNET. — CELLES DE M. DE BRÉA. — CELLES DU D^r DE VALCOURT (STATIONS D'HIVER). — TABLEAU DE LA TEMPÉRATURE MOYENNE EN ANGLETERRE POUR TOUTE L'ANNÉE.

Observations du Dr Henry Bennet à Menton, de 1859 à 1879 (vingt ans).

Novembre.	MIN.	MAX	Décembre.	MIN.	MAX	Janvier.	MIN.	MAX
» 1859	12.62	16.6	» 1859	7.2	13	» 1860	7.2	15
» 1860	10	16.2	» 1860	6.3	15.1	» 1861	7.3	11.13
» 1861	9	16.2	» 1861	6.2	12.6	» 1862	6.3	10.6
» 1862	10	16.4	» 1862	6	12	» 1863	6.3	11.30
» 1863	10.5	17.2	» 1863	6.4	14.3	» 1864	3.4	9 11
» 1864	8.8	16	» 1864	6.4	13.4	» 1865	4.8	12.7
» 1865	10 6	15.5	» 1865	6.6	12.4	» 1866	6.5	12.8
» 1866	10	16.7	» 1866	7.5	13.2	» 1867	6.5	12.2
» 1867	8.9	16.4	» 1867	5.3	12.8	» 1868	5.7	12.1
» 1868	7.7	14	» 1868	9.3	15	» 1869	5.4	12
» 1869	8	15	» 1869	6.2	13	» 1870	4 8	11 7
» 1870	9.20	15.4	» 1870	5.5	11.2	» 1871	4.5	10.8
» 1871	8.8	14	» 1871	4.2	10.2	» 1872	7	12.8
» 1872	8.4	16	» 1872	8.8	13.6	» 1873	7.1	12.5
» 1873	7.50	13.5	» 1873	8.3	13.7	» 1874	6.3	11.5
» 1874	9.7	15.30	» 1874	6.1	11.8	» 1875	7.5	13.2
» 1875	9.6	15 1	» 1875	5.5	11.8	» 1876	6.2	12.2
» 1976	8.5	15	» 1876	8.5	13.3	» 1877	7	13.2
» 1877	9.5	15.2	» 1877	6.5	12.3	» 1878	4.7	11.1
» 1878	7.3	13.6	» 1878	4.7	10.1	» 1879	7.4	12.7
Moyenne.	9.2	15.2	Moyenne.	6.5	12.4	Moyenne.	6.5	12.10
Moyenne du mois.	12	2	Moyenne du mois.	9	4	Moyenne du mois.	9	3

Observations du Dr Henry Bennet à Menton,
(Suite).

Février.	MIN.	MAX	Mars.	MIN.	MAX	Avril.	MIN.	MAX
» 1860	4.4	13.3	» 1860	7.2	15.4	» 1860	10.6	19.6
» 1861	7.6	11.6	» 1861	5.5	15	» 1861	10	19.4
» 1862	5.5	13.2	» 1862	8	16.5	» 1862	10.6	20.2
» 1863	5.7	12.2	» 1863	7.4	15	» 1863	10.4	19.4
» 1864	5.5	12	» 1864	7.4	16.6	» 1864	11	18.8
» 1865	4.5	12.2	» 1865	4.6	14	» 1865	12.8	18.8
» 1866	7.9	16.1	» 1866	6.6	15.8	» 1866	9.4	19.4
» 1867	7.4	13.7	» 1867	8.4	16.8	» 1867	10.7	20.2
» 1868	7.2	13.6	» 1868	7.3	15	» 1868	9.7	19
» 1869	8	14.4	» 1869	5.3	13.6	» 1869	9.4	20.5
» 1870	6.3	12.7	» 1870	6.8	14.7	» 1870	9.5	18.6
» 1871	6.2	13.3	» 1871	8.5	16.1	» 1871	10.7	19.6
» 1872	7.8	13.8	» 1872	8.7	16	» 1872	10.5	20.2
» 1873	5.1	12.1	» 1873	9	16.2	» 1873	9.8	15.5
» 1874	6.1	12.50	» 1874	7.7	13.6	» 1874	10.7	15.8
» 1875	5.3	11.8	» 1875	6.9	14.3	» 1875	9.1	16.9
» 1876	5.8	13.4	» 1876	6.8	15.1	» 1876	9.5	17.4
» 1877	5.7	13.6	» 1877	6.2	13.5	» 1877	8.5	18
» 1878	5.6	13	» 1878	6.6	14.1	» 1878	9.6	18.4
» 1879	7.2	12.8	» 1879	7.7	15.3	» 1879	8.6	16.8
Moyenne.	6.2	13	Moyenne.	7.2	14.4	Moyenne.	9.7	17.5
Moyenne du mois.	9.6		Moyenne du mois.	10.8		Moyenne du mois.	13.6	

Résumé des moyennes des six mois d'hiver du Dr Henry Bennet.

	MIN.	MAX.	Moyenne générale.
Novembre	9.2	15.2	12.2
Décembre	6.5	12.4	9.4
Janvier	6.5	12.1	9.3
Février	6.2	13	9.6
Mars	7.2	14.4	10.8
Avril	9.7	17.5	13.6
Moyennes	7.5	14	10.8

Moyenne des minima de l'hiver.............. 7.5
Moyenne des maxima de l'hiver.............. 14
Moyenne générale de la température.. 10.8 ou 11
Moyenne générale de déc., janvier, février..... 9.5

HUMIDITÉ.

Pendant ces vingt années, j'ai constamment enregistré l'humidité atmosphérique par le moyen des thermomètres secs et humides. La moyenne de la différence entre les deux pour les six mois d'hiver a été comme suit :

Novembre..................	2.82	
Décembre..................	3	
Janvier....................	3 2	Moyenne... 2.82
Février....................	2.82	
Mars......................	2 40	
Avril......................	2.90	

Cette différence de 2,82 C. entre les thermomètres secs et humides, correspond à une humidité atmosphérique de 68, à une température de 10,86, la moyenne de l'hiver, la saturation atmosphérique étant fixée à 100. Ces données qui varient peu de mois en mois, indiquent une atmosphère ni trop sèche ni trop humide, condition qui caractérise spécialement l'atmosphère de Menton.

Mes observations thermométriques furent toutes faites avec le thermomètre Fahrenheit. Pour les réduire au thermomètre centigrade, il a fallu changer chaque figure, ce qui entraîne des fractions multiples. N'ayant pas conservé le second chiffre fractionnaire, je suis resté nécessairement au-dessous de la vérité. Je crois donc qu'en mettant la moyenne des six mois d'hiver à 11°, c'est-à-dire en ajoutant deux dixièmes de degré au chiffre 10° 8', je dois être encore au-dessous de la vérité.

MENTON.

TABLEAUX synoptiques des observations météorologiques faites à Menton (*Alpes-Maritimes*) par M. de Bréa, sous-intendant militaire en retraite, depuis le 1er janvier 1851 jusqu'au 31 décembre 1860 inclusivement, soit pendant 3653 jours (Extrait de l'*Essai climatologique du docteur Farina*, 1863), Farina.

Moyennes mensuelles de la température à Menton (thermomètre centigrade).
Observations faites à 6 heures du matin, et à 2 et 10 heures du soir.

	ANNÉES										MOYENNES.
	1851	1852	1853	1854	1855	1856	1857	1858	1859	1860	
Janvier.........	10,6	10,0	11,7	11,5	8,0	10,5	7,3	6,9	7,5	9,4	9,3
Février.........	10,0	9,5	7,6	10,2	10,9	10,5	9,2	9,7	9,5	7,8	9,5
Mars...........	11,6	10,5	10,2	13,8	12,5	11,8	12,0	10,9	12,5	10,5	11,6
Avril...........	16,6	12,1	15,1	15,6	16,7	13,8	13,5	15,3	14,3	13,5	14,6
Mai............	17,0	19,1	17,7	20,7	18,4	15,8	17,0	16,9	17,5	17,9	17,8
Juin............	23,1	21,8	21,5	22,7	21,5	20,5	21,4	23,1	20,4	20,5	21,6
Juillet.........	24,1	25,2	25,5	25,6	24,0	23,6	23,6	24,1	25,5	26,6	24,1
Août...........	25,1	23,5	25,5	25,5	25,2	24,0	23,5	22,2	25,2	22,0	24,1
Septembre.....	21,2	20,6	21,5	21,8	20,8	19,0	21,2	20,9	21,4	20,3	20,8
Octobre.......	17,6	18,0	11,6	18,7	17,7	17,4	17,7	17,6	17,3	17,4	17,9
Novembre.....	9,5	15,3	13,8	12,3	12,3	10,8	12,1	11,0	13,4	11,5	12,2
Décembre.....	9,2	12,5	10,2	11,5	11,5	9,3	10,1	9,0	7,6	8,5	9,5
Moyennes.....	16,3	16,5	16,5	17,5	16,3	15,8	15,8	15,3	16,0	15,1	16,1

Nombre de jours pendant lesquels le soleil a paru sans nuages.

	ANNÉES										TOTAL.
	1851	1852	1853	1854	1855	1856	1857	1858	1859	1860	
Janvier.........	19	21	15	14	14	11	21	25	22	11	173
Février.........	17	25	13	20	8	14	18	10	19	19	163
Mars............	18	23	12	20	11	11	17	22	24	19	177
Avril...........	15	18	17	14	16	13	14	19	15	12	153
Mai.............	17	19	6	8	17	11	20	21	17	18	154
Juin............	28	17	14	12	16	20	21	23	15	12	178
Juillet.........	25	23	24	21	17	22	27	23	24	22	228
Août............	27	24	22	24	23	20	22	22	12	23	229
Septembre.......	17	18	19	19	17	12	20	21	15	17	175
Octobre.........	16	15	14	15	14	19	17	19	11	21	161
Novembre........	17	12	13	13	11	21	23	15	18	11	154
Décembre........	26	19	13	20	21	18	26	24	15	13	195
Total..........	242	234	182	200	185	192	246	244	217	198	2140

MENTON.

NUAGEUX ET SOLEIL.

Nombre de jours pendant lesquels le soleil a paru avec des nuages

	ANNÉES										TOTAL.
	1851	1852	1853	1854	1855	1856	1857	1858	1859	1860	
Janvier..........	1	1	5	5	4	3	4	2	2	7	31
Février..........	5	0	5	4	3	5	2	6	1	1	32
Mars............	4	0	4	4	5	6	5	2	2	9	41
Avril............	3	0	8	10	5	3	2	5	7	3	46
Mai.............	2	1	4	5	7	6	5	3	4	2	39
Juin.............	0	2	4	2	5	2	2	2	4	9	32
Juillet..........	0	1	2	7	10	6	1	2	6	4	39
Août............	1	1	2	5	3	7	1	3	3	5	31
Septembre......	5	2	5	7	4	3	2	1	11	0	40
Octobre.........	4	4	8	7	0	5	6	4	5	3	46
Novembre.......	4	7	4	4	4	6	2	3	6	1	40
Décembre.......	2	2	7	4	2	7	2	3	3	5	37
Total...........	31	21	58	64	52	59	34	35	54	49	457

Nombre de jours pendant lesquels le soleil n'a pas paru.

	ANNÉES										TOTAL.
	1851	1852	1853	1854	1855	1856	1857	1858	1859	1860	
Janvier.........	2	4	4	2	4	5	0	0	0	3	24
Février.........	1	1	3	4	2	6	2	6	2	6	33
Mars...........	1	4	2	6	2	7	5	1	3	0	31
Avril...........	6	5	2	3	1	2	1	0	4	4	28
Mai............	2	6	1	8	2	4	0	0	0	1	24
Juin............	0	8	7	5	0	1	0	2	1	4	28
Juillet..........	2	2	4	1	2	1	0	1	0	2	15
Août...........	0	1	2	1	1	1	1	1	1	1	11
Septembre......	1	1	1	2	1	1	0	0	1	1	10
Octobre........	2	1	3	1	1	1	0	0	1	4	13
Novembre......	0	1	0	2	2	0	0	3	1	3	12
Décembre......	1	2	4	1	5	0	1	0	3	2	19
Total.........	18	37	33	36	23	28	10	15	17	31	248

PLUIE.

Nombre de jours pendant lesquels il a plu peu ou beaucoup.

	ANNÉES											TOTAL.
	1851	1852	1853	1854	1855	1856	1857	1858	1859	1860	
Janvier.........	9	5	7	10	9	12	6	4	7	10	79
Février.........	5	3	7	0	15	4	6	6	6	3	55
Mars............	8	4	13	1	13	7	4	6	2	3	61
Avril...........	6	7	3	3	8	12	13	6	4	11	73
Mai.............	10	5	20	10	5	10	6	7	10	10	93
Juin............	2	3	5	11	9	7	7	3	10	5	62
Juillet.........	4	5	1	2	2	2	3	5	1	3	28
Août............	3	4	5	1	4	3	1	5	5	2	39
Septembre......	7	9	5	2	8	14	8	7	3	12	75
Octobre.........	9	11	6	8	16	7	8	8	14	3	90
Novembre.......	9	10	13	11	13	3	5	10	5	15	94
Décembre.......	2	8	7	6	3	6	2	4	10	11	59
Total.........	74	74	92	65	105	87	75	71	77	88	808

J'ai extrait ces tableaux vraiment précieux sur la météorologie de Menton, d'une brochure du docteur Farina, publiée en 1863, intitulée, « Menton, *Essai climatologique sur ses différentes régions.* »

Jusqu'à présent, les observations de M. de Brea sont ce que nous avons de plus complet sur la météorologie de Menton, observée toute l'année. Je suis d'autant plus disposé à attacher une confiance entière à son travail que je le trouve en conformité complète avec les miennes. Ses observations faites pendant dix ans, de 1840 à 1850, donnent presque absolument les mêmes résultats pour les six mois d'hiver que les miennes qui lui succédèrent de 1860 à 1880, c'est-à-dire pendant vingt ans. Le tableau suivant démontre cette identité de résultats.

Moyennes des six mois d'hiver s'étendant sur trente années (de 1850 à 1880).

	De M. de Bréa.	Du Dr Henri Bennet.
Novembre	12.2	12.2
Décembre	9.5	9.4
Janvier	9.3	9.3
Février	9.5	9.6
Mars	11.6	10.8
Avril	14.6	13.6
Moyenne	11.1	10.8

On voit que l'écart entre les moyennes de chaque mois dans les deux séries d'observation est minime, et que l'écart total entre les moyennes des six mois d'hiver n'est que trois dixièmes ou même un dixième C. Cette identité d'observations si longuement continuées, pendant dix ans, et pendant vingt ans, est d'autant plus curieuse et intéressante que les procédés scientifiques employés n'ont pas été les mêmes.

M. de Brea faisait des observations à six A. M, à 2 P. M et à 6 P. M. Moi, au contraire, je n'ai enregistré que la température maxima et minima, chaque matin, et mes moyennes sont déduites d'elles seules. Ce qui prouve que, scientifiquement, un procédé vaut l'autre, et qu'on arrive par les deux aux mêmes résultats. Mes observations furent toutes faites avec de bons instruments, déposés sur le rebord d'une fenêtre dirigée directement au nord, protégée contre toute réverbération, à 10 mètres d'élévation ; ils étaient exposés à la radiation nuit et jour, ainsi qu'à la pluie. Ces conditions ne sont guère scientifiques, à l'abri de tout reproche, mais, ayant commencé comme cela, j'ai cru devoir continuer.

Ce n'est que dans le mois d'avril qu'il y a une différence appréciable entre les moyennes de M. de Brea et les miennes, cette différence est d'un degré en moins pour moi. Peut-être qu'elle s'explique par la différence de position de nos thermomètres. Les miens situés au nord d'une grande maison sont probablement plus au frais que n'étaient ceux de M. de Brea.

A nous deux, M. de Brea et moi, nous pouvons donc donner une moyenne pour les six mois d'hiver fondée sur trente ans d'observations ; pour ces six mois cette moyenne est telle que suit :

Novembre	12.2	
Décembre	9.4	La moyenne générale
Janvier	9.3	des six mois d'hiver
Février	9.5	des trente années est
Mars	11.2	de............ 10.9
Avril	14.1	

J'ai remplacé le tableau déjà ancien que contient mon grand livre, par celui de mon confrère le Dr de Valcourt, de Cannes, qu'il corrige tous les ans pour l'*Agenda médical*.

Tableau de la température des principales stations médicales.

	HIVER.	PRINTEMPS.	ÉTÉ.	AUTOMNE.	ANNÉE entière.
Davos............	6.5	2.	11.1	2.8	2.6
Méran............	0.6	11.8	21.7	11.2	11.2
Montreux.........	2.6	10.4	18.8	10.9	12.7
Venise...........	3.3	12.6	22.8	13.3	10.5
Pau..............	5.8	11.5	18.6	13.1	12.3
Pise.............	6.0	14.2	24.0	15.6	14.9
Rome.............	7.5	13.8	24.9	18.3	15.8
Amélie-les-Bains.	7.9	14.9	23.2	15.9	15.2
Nice.............	8.3	13.7	22.9	16.1	15.2
Hyères...........	8.5	15.0	23.4	15.5	15.6
Cannes...........	9.8	14.1	22.2	16.1	15.5
Mendon...........	9.2	16.2	24.6	17.5	17.6
San Remo.........	9.4	14.1	22.4	16.6	15.6
Naples...........	9.8	15.2	23.8	16.8	16.4
Palerme..........	11.4	15.0	23.5	19.0	17.2
Alger............	11.4	17.2	23.6	21.4	17.8
Malaga...........	13.1	20.3	26.8	16.2	19.1
Le Caire.........	14.6	21.9	29.0	23.2	22.0
Funchal..........	15.3	17.5	21.1	19.8	18.7

Table thermométrique pour chaque jour de l'année.

Ce tableau indique la température moyenne de l'air pour chaque jour de l'année en Angleterre; il est fondé sur des observations prises à Greenwich pendant 49 ans, depuis janvier 1814 jusqu'au 31 décembre 1863.

JOURS du mois	JANV.	FÉVR.	MARS.	AVRIL.	MAI.	JUIN.	JUILL.	AOUT.	SEPT.	OCT.	NOV.	DÉC.
	0	0	0	0	0	0	0	0	0	0	0	0
1	37.5	37.8	40.2	44.6	49.8	57.0	60.9	62.4	59.0	53.9	46.4	42.1
2	37.0	37.7	40.2	44.8	50.3	57.3	61.1	62.4	58.7	43.8	46.3	42.2
3	36.7	37.8	40.2	45.0	50.8	57.4	61.3	62.4	58.4	53.7	46.1	42.3
4	36.4	38.0	40.1	45.2	51.2	57.3	61.5	62.3	58.2	53.5	45.9	42.2
5	36.2	38.3	40.1	45.4	51.5	57.2	61.7	62.2	58.0	53.3	45.1	42.2
6	36.0	38.6	40.1	45.4	51.7	57.0	61.8	62.1	57.9	52.9	45.5	42.1
7	35.8	38.8	40.2	45.4	51.7	57.0	61.9	62.0	57.8	52.5	45.3	42.0
8	35.7	38.9	40.3	45.4	51.7	57.3	61.7	62.0	57.8	52.1	45.0	41.7
9	35.8	38.9	40.4	45.3	51.5	57.7	61.7	62.1	57.7	51.8	44.1	41.3
10	35.9	38.8	40.6	45.2	51.3	58.0	61.8	62.1	57.7	51.6	44.4	41.0
11	36.0	38.6	40.9	45.1	51.2	58.3	61.8	62.1	57.6	51.4	44.1	40.7
12	36.1	38.4	41.2	45.0	51.2	58.6	62.0	62.0	57.5	51.2	43.8	40.6
13	36.2	38.3	41.4	44.9	51.4	58.8	62.3	61.9	57.3	50.9	43.5	40.5
14	36.3	38.2	41.5	45.0	51.7	59.0	62.5	61.7	57.2	50.6	43.2	40.4
15	36.4	38.1	41.7	45.3	52.0	59.0	62.5	61.5	57.1	50.3	42.9	40.2
16	36.5	38.1	41.9	45.5	52.3	59.0	62.4	61.3	56.9	50.0	42.6	40.0
17	36.6	38.2	42.0	45.7	52.6	59.0	62.2	61.1	56.7	49.8	42.3	39.8
18	36.7	38.3	42.1	46.0	52.9	59.1	61.9	61.0	56.5	49.6	42.0	39.6
19	36.9	38.5	42.2	46.4	53.3	59.2	61.6	60.9	56.2	49.3	41.8	39.4
20	37.0	38.7	42.2	46.7	53.5	59.5	61.4	60.8	56.0	49.1	41.6	39.1
21	37.2	38.8	42.3	47.0	53.8	59.5	61.5	60.7	55.8	48.9	41.4	38.8
22	37.4	39.0	42.2	47.2	54.1	60.5	61.5	60.7	55.5	48.7	41.2	38.5
23	37.7	39.2	42.2	47.4	54.3	60.6	61.6	60.6	55.2	48.5	41.1	38.1
24	37.9	39.4	42.2	47.6	54.6	61.7	61.7	60.5	55.0	48.2	41.0	37.8
25	38.1	39.6	42.3	47.7	54.9	61.6	61.8	60.5	54.8	47.9	40.9	37.6
26	38.3	39.8	42.5	47.9	55.2	61.7	61.9	60.3	54.6	47.6	41.1	37.4
27	38.4	36.9	42.9	48.1	55.4	61.6	62.0	60.1	54.4	47.3	41.1	37.3
28	38.4	40.1	43.2	48.4	55.7	61.5	62.2	59.9	54.2	47.0	41.3	37.2
29	38.3	»	43.6	48.8	56.0	61.4	62.3	59.7	54.1	46.8	41.6	37.3
30	38.1	«	44.0	49.3	56.3	61.1	62.3	59.4	54.0	46.6	41.9	37.4
31	37.9	»	44.4	»	56.6	»	62.4	59.2	»	46.5	»	37.5
Moyenne	36.9	38.7	41.7	46.2	52.9	59.1	61.8	61.2	56.6	50.2	43.2	39.8
Menton.	48.0	49.0	52.0	58.0	63.0	70.0	75.0	75.0	69.0	64.0	54.6	49.4

La température moyenne pour l'année entière est :
    pour l'Angleterre.............. 49°03
    à Menton...... .... 60°08

Ce tableau est intéressant, il indique combien la température de l'Angleterre est douce par suite de sa position insulaire ; pas de grandes chaleurs l'été, pas de grand froids l'hiver, en moyenne. Il démontre aussi combien est tardif le printemps dans le nord de l'Europe, le 1er avril répondant seulement au 9 novembre, le 1er mai au 17 octobre. Il montre qu'il ne faut pas remonter au nord trop tôt au printemps, ou descendre trop tard au midi en automne.

Ces observations sont faites d'après le thermomètre de Fahrenheit dans lequel la glace est à 32° et l'ébullition à 212°. C'est le système encore en usage en Angleterre ; il a un petit avantage. La congélation de l'eau étant à 32°, il est bien rare qu'on ait besoin de marquer plus ou moins, et en établissant les moyennes, une colonne de figures suffit presque toujours.

APPENDICE

MENTON

SON PASSÉ. — SON PRÉSENT. — SON AVENIR.

Ici il s'agit du clocher du village.

Comme je l'ai dit dans le courant de ce livre, Menton, quand je m'y suis établi en 1859, il y a vingt ans, était encore une petite ville du moyen-âge, merveilleusement pittoresque, endormie au bord de la Méditerranée, sur la Rivière de Gênes. La plage, large et belle, couverte de galets blancs, s'étendait jusqu'aux maisons qui forment l'avenue Victor-Emmanuel. Les lits des torrents, spacieux et secs, imitant les rivières de l'Italie, avec ou sans un mince filet d'eau au milieu, étaient frangés de vergers de citronniers, qui descendaient jusqu'aux bords. Presque pas de maisons ou de constructions, de quelque espèce que ce fût, hors la ville ; toutes les habitations étaient réunies dans la ville et dans les villages. C'était bien beau, le plus joli pays de la Rivière.

Menton alors n'était ni plus ni moins connu ou civilisé que les autres petites villes que l'on rencontre entre Nice et Gênes. Le Dʳ Carrère dans son ouvrage très apprécié sur les climats de l'Italie, avait bien reconnu la valeur climatologique de sa position et de son climat, mais son jugement favorable n'avait pas eu de retentissement, ni avec le corps médical, ni avec le public.

Bien peu de personnes y venaient dans ce temps-là pour motifs de santé ou autres. Les propriétaires de Menton, alors pour la plupart pauvres, vivaient du produit incertain de leurs Oliviers et de leurs Citronniers, sans beaucoup se préoccuper de ce qui se passait hors de leur beau pays, endormis au soleil comme lui.

Une publicité plus sérieuse, et plus grande, commencée par moi, en 1860-61, secondée par d'autres confrères l'ont fait ce qu'elle est maintenant. Menton doit sa réputation et sa prospérité aux médecins non indigènes (langage du pays) qui l'ont découvert comme station sanitaire, qui s'y sont établis, et qui l'ont présenté au corps médical de l'Europe et du monde entier.

Menton a ainsi été, est à présent, et restera probablement toujours une maison de santé, un abri pour les malades, un lieu d'études pour les amants de la nature. Elle ne pourra jamais rivaliser avec Monaco et avec Nice comme centre de plaisirs mondains. Presque tous ceux qui y viennent passer l'hiver, même aujourd'hui, sont des malades ou des invalides envoyés par les médecins des diverses contrées de l'Europe.

La position des médecins qui y exercent est, par conséquent, très délicate. Les sommités médicales de Paris, de Londres, de Vienne, de Berlin, de Saint-Pétersbourg, avec lesquelles ils sont en relation, les rendent responsables de la salubrité hygiénique du pays. Ils leur disent : Pouvez-vous affirmer que toutes les conditions de salubrité publique sont observées à Menton ? Pouvez-vous affirmer qu'on s'est occupé spécialement du drainage, du service des eaux, qu'il y a des promenades à l'abri du vent, près de la ville, pour les malades, sans qu'ils soient obligés d'aller les chercher à la montagne, en un mot, pouvez-vous nous assurer que le pays est civilisé, assaini, propre à être le séjour de grands malades ? Si vous le pouvez, nous vous enverrons nos clients, si non, nous les enverrons ailleurs.

Comprenant la gravité extrême de cette position, la responsabilité sérieuse qui pèse sur nous, nous avons toujours fait de notre mieux pour assurer ces conditions par les conseils donnés aux propriétaires mentonnais, à ses édiles, à ses autorités municipales. Trop souvent, malgré la courtoisie extrême, l'amabilité hors ligne de ceux à qui nous nous sommes adressés, nos conseils n'ont pas porté de fruits. Trouvant qu'individuellement nous avions peu ou point d'influence, il y a deux ans, nous nous sommes formés (au nombre de 15) en une Société des médecins, ayant pour but de veiller sur l'hygiène et sur la salubrité du pays. Cette société a fait trois rapports adressés au maire et au conseil municipal, que je donnerai plus loin; ces rapports furent publiés dans les journaux de la localité.

Malheureusement, les édiles mentonnais n'ont pas été et ne sont pas à la hauteur de leur position, comme directeurs d'une station sanitaire importante au dix-neuvième siècle. Leurs idées hygiéniques sont les idées d'autrefois les idées d'Alberga, de Finale, et des autres petites villes de la Rivière Ligurienne. Ils sont dominés par ce qu'ils appellent « la mode du pays. »

Quant à la question de parcs, de promenades pour les malades et les visiteurs, les Mentonnais n'en veulent pas entendre parler. A leurs yeux, il ne s'agit pas de donner, mais de prendre; jusqu'à présent, on n'en a pas fait. Les Mentonnais sont possédés par un sentiment qui règne dans toutes les petites localités de la France, « la soif de la terre ». S'il s'agit de gagner quelques mètres, n'importe où, sur le bord de la mer, dans le lit des torrents, tout sentiment de patriotisme, d'amour du pays, s'éteint chez eux, et ils ne pensent qu'à leur intérêt privé. Dans un petit pays où presque tout le monde est parent ou ami, l'un aide l'autre dans ces convoitises terrestres.

C'est ainsi qu'ils se sont emparés de la belle plage maritime pour y construire des maisons, au lieu d'en faire une promenade ravissante, un beau jardin dans le genre de la Villa Réale à Naples. C'est ainsi qu'ils se sont abattus sur la belle et large vallée de Borrigo, endiguant le torrent sous prétexte d'embellissement, mais, en réalité, pour s'emparer des terrains gagnés sur son lit. Ces terrains gagnés, plantés de mille palmiers, auraient fait un parc oriental, admirable, digne du climat de Menton.

Je m'imaginai que toute la ville de Menton gémissait comme moi sur ces erreurs funestes d'autrefois, qui gâtent la ville à tout jamais comme ville de plaisance, qui détruisent en partie son avenir, mais il n'en est rien. L'année qui vient de s'écouler (1879) a vu le vandalisme du passé répété d'une manière encore plus éclatante.

On a continué cet été l'endiguement de la rive gauche du Carei, depuis le pont du chemin de fer, jusqu'aux moulins de la ville. Le lit du torrent était large dans cette région, capricieux, et l'on y a certainement gagné plusieurs hectares. C'est un des endroits les plus charmants du pays, protégé contre le vent de mer par un coude du torrent, bien au soleil, ayant vue en plein sur les belles montagnes centrales de l'amphithéâtre. Voilà l'Eldorado trouvé pour un jardin public, en vue des malades, réunissant toutes les conditions nécessaires, à un demi kilomètre du centre de la ville, appartenant à la ville. On aurait pensé que les autorités municipales auraient embrassé avec joie cette occasion de doter leur pays, presque sans frais, du jardin public intérieur qui lui fait défaut. Mais non, les propriétaires riverains avaient besoin de ces terrains, sans doute pour y construire des villas, car l'emplacement est admirable, et on les leur a donnés. Un seul propriétaire a eu le courage de *refuser* le terrain qu'on lui offrait, c'est

M. François Palmaro, le banquier. Honneur à lui !

Encore une question capitale se rattachant à ces endiguements du Borrigo et du Carei. Les chaussées étroites que l'on a faites, sans trottoirs, où deux voitures peuvent à peine se croiser, avec constructions à fleur de la route, ont été faits sans parapets, et sont, par conséquent, horriblement dangereux pour les voitures. Que les chevaux reculent, qu'ils fassent un écart soudain, qu'une roue se détache, qu'un essieu se rompe, accidents qui me sont tous arrivés plusieurs fois dans ma vie, et la voiture est précipitée dans le torrent, probablement avec mort d'homme. Les autorités mentonnaises ne peuvent pas dire que ce danger est imaginaire, car, il y a quelques années, le médecin le plus ancien et le plus estimé du pays, le Dr Bottini fut tué sur place par un accident de ce genre dans cette même vallée du Carei. Son cheval recula, la voiture fut précipitée par-dessus la berge dans le lit du torrent, tomba sur sa poitrine qu'elle enfonça ; il mourut en quelques minutes !

Depuis le premier endiguement du Borrigo, nous répétons sur tous les tons, que les chaussées devraient avoir des parapets tout le long, et que la circulation ne devrait pas y être permise, par ordonnance de police, avant leur construction. Mais nous parlons au vent ; non seulement on ne l'a pas fait pour les chaussées anciennes, mais la nouvelle chaussée construite cette année a été construite sans parapet comme les autres. En attendant que l'on remédie à ce danger de tous les moments, en construisant les parapets qui auraient dû être construits avec les chaussées, je conseille à mes clients de ne pas prendre les maisons qui s'y trouvent, et j'évite, autant que possible, de soigner les personnes qui y demeurent. Allant partout en voiture, le danger pour moi est réel. Trois fois déjà j'ai manqué être précipité dans le torrent, où j'aurais peut-être partagé le sort de mon pauvre ami, M. Bottini. Dans la vallée de Borrigo, on a laissé établir une scierie mécanique à fleur de la route, dont le grincement effraie les chevaux les mieux dressés. Deux fois mes chevaux ont fait un écart dangereux en passant devant, et maintenant je descends toujours de voiture pour y passer. Du reste, j'ai toujours la main sur la portière pour sauter, lorsque je suis obligé de me risquer sur ces chaussées incomplètes, dangereuses.

Il y a une douzaine d'années, un Français riche et généreux, M. Sabatier, habitait Menton pour la santé de sa famille. Il était pénétré du même enthousiasme, du même amour pour l'amphithéâtre de Menton que moi. On vendit alors aux enchères le Cap Martin, ce promontoire merveilleusement beau qui forme la baie ouest. Nous voulions que la ville de Menton l'achetât, empruntant de l'argent dans ce but, si c'était nécessaire, pour en faire un parc. Les édiles d'alors, toutefois, n'y consentirent pas. Toujours désireux de doter le pays qu'il aimait de ce beau domaine, qui assurait sa prospérité comme station d'hiver à tout jamais, M. Sabatier l'acheta lui-même au prix de 120,000 francs. Il contenait cent hectares de forêt, Pins et Oliviers. Il l'acheta dans le but généreux de le tenir à la disposition de la ville de Menton. Pendant cinq ans il le leur offrit au prix d'achat, plus les intérêts de l'argent employé; mais Menton, aveugle sur ses vrais intérêts, refusa toujours! Au bout de ces cinq ans, M. Sabatier retira sa noble offre, et peu de temps après alla s'établir à Nice, dont il est à présent un des ornements. Comme aujourd'hui, les Mentonnais croyaient pouvoir se passer de parc ou de promenade pour leurs hôtes d'hiver.

Une route carrossable depuis le torrent de Gorbio au Cap, n'aurait pas coûté grand chose, si, au lieu de la construire dans la mer, on l'avait construite sur la terre, en expropriant les propriétaires maritimes, qui, là comme ailleurs, se sont appropriés le rivage en maints endroits. Avec une telle route, large et spacieuse, et le cap Martin pour promenade pour les voitures, Menton aurait attiré et fixé les rois et les reines de la terre. Il n'y a pas dans toute la Méditerranée un seul endroit où les vues puissent être comparées à celles de ce promontoire féérique.

LA SOCIÉTÉ DES MÉDECINS DE MENTON

La Société des Médecins de Menton se forma au mois de novembre 1878, et se composa de tous les médecins alors exerçant à Menton.

Après avoir discuté longuement toutes les questions se rattachant à l'hygiène et à la salubrité de Menton, ils adressèrent un premier rapport au Maire et au Conseil Municipal, dans lequel ils attiraient leur attention sur les questions qui nécessitaient une action prompte et efficace.

Premier rapport, novembre 1878.

I.

1° Balayage des rues.

2° Nettoyage des places réservées au stationnement des voitures.

3° Défense du lavage et séchage du linge dans la ville.

4° Établissement d'un lavoir et d'un séchoir publics.

5° Régularisation des canaux destinés aux eaux ménagères.

6° Enlèvement des immondices et débris de cuisine.

7° Suppression des siphons déversant les eaux de la haute ville dans le port, et continuation du système d'égouts par la création d'un nouvel égout dans la rue Longue.

8° Création de latrines publiques.

9° Obligation de la vidange par le système pneumatique.

10° Surveillance de l'extraction du sable du lit des torrents et de la plage.

11° Suppression des dépôts de chiffons dans la vallée de Borrigo.

12° Établissement de parapets sur le bord des digues, des torrents et de la plage.

13° Augmentation et nettoyage des bancs.

14° Nomination de deux ou plusieurs membres, habitant Menton, dans le Conseil d'hygiène départemental, et parmi ceux-ci choix d'un médecin au moins, création d'une commission cantonale d'hygiène, dont la moitié au moins serait composée de médecins.

II.

A côté de ces réformes d'une urgence immédiate, le corps médical de Menton appella l'attention de la municipalité sur quelques points tout aussi importants, mais d'une exécution moins rapidement réalisable. Ce sont :

1° La question des eaux et celle de l'abattoir.

2° La création sur la Promenade du Midi d'un trottoir bordé de plantations.

3° La surveillance de l'entretien et du libre passage dans les routes et les sentiers de la montagne.

Signé : Dr Henry Bennet, président. — Dr Cube. — Dr Farina. — Dr Gent. — Dr Stiege, membres de la Commission. — Dr Daremberg, secrétaire.

Avant de nous séparer, en avril 1879, la Société con-

APPENDICE. 431

sacra plusieurs séances à examiner de nouveau les besoins du pays, et présenta un second rapport au conseil municipal.

Second rapport, avril 1879.

Messieurs les conseillers municipaux,

L'année dernière, avant l'élection du Conseil municipal, nous avons adressé à M. le maire un rapport signé par tous les médecins de Menton, rapport qui visait les questions hygiénique les plus urgentes. Cette année, notre réunion a pensé qu'il était indispensable d'appeler de nouveau votre attention sur la plupart de ces questions qui n'ont pas encore pu recevoir une solution favorable. Quelques-unes de ces mesures que nous vous prions de vooloir prendre peuvent être adoptées sans aucun surcroit de dépenses et par simple mesure de police. Quelques autres doivent entraîner des frais plus ou moins considérables ; nous commencerons par vous exposer les premières.

I

1. Nous demandons que les agents de police veillent plus attentivement à l'enlèvement rapide des ordures de certaines parties de la ville, et spécialement du quartier où sont situées les rues Aqua Summa et de la Descente de la Côte, où des détritus décomposés restent exposés à l'air pendant plusieurs jours.

2. Nous réclamons énergiquement la surveillance de l'ouverture du syphon qui se trouve située sur la place Saint-Julien. Cette ouverture est un réceptacle d'ordures qui s'accumulent et se décomposent. Nous pensons

qu'il est urgent de ne pas laisser cet orifice ouvert constamment, mais au contraire de ne l'ouvrir, le matin et le soir, qu'à des heures fixes, auxquelles on pourra jeter les immondices sous la surveillance d'un agent de police, comme cela se pratiquait autrefois.

3. A propos de ce même siphon, nous réclamons avec les mêmes instances le nettoyage fréquent de la partie horizontale de ce conduit située sur le quai Bonaparte. Cette portion qui n'a pas de pente s'engorge fréquemment et empêche l'écoulement régulier des immondices.

4. Nous attirons l'attention du Conseil municipal sur le règlement édicté l'an dernier par M. le maire.

Cet arrêté qui recommandait l'usage de la vidange pneumatique et qui imposait la purification des immondices transportés par le sulfate de fer est bien souvent éludé. Nous demandons son application rigoureuse.

5. Pour éviter le développement des maladies causées par la mauvaise hygiène, il est aussi nécessaire de veiller à la propreté et à la salubrité des intérieurs et des garnis de la ville qui pourraient, en cas d'épidémie, devenir des foyers d'infections.

6. Nous vous prions de vouloir bien charger les agents de police de veiller plus scrupuleusement à la bonne tenue des bancs situés dans les promenades publiques. Trop souvent ils sont souillés de boue et de débris alimentaires fort répugnants.

II

Telle est, messieurs les conseillers, la première série des réformes urgentes que nous soumettons à votre bienveillante attention : nous passons à la seconde.

1. Tout d'abord, nous vous demandons de hâter de

toutes vos forces la solution de la question des Eaux. C'est pour Menton une question capitale. La salubrité générale dépend absolument d'elle, et chaque année de retard est une année de recul pour la prospérité de notre station. Sans eaux, il est impossible de procéder régulièrement à l'arrosage des rues et promenades, au lavage des ruisseaux, des égouts et des conduits destinés aux eaux ménagères. Il nous faut aussi de l'eau pour établir un lavoir public, dont la création fera cesser cette exhibition nauséabonde de linges sales et de mares croupissantes au cœur de nos promenades les plus fréquentées. Les eaux sont aussi indispensables pour permettre le nettoyage des latrines publiques dont tout le monde reconnaît la nécessité.

2. L'hiver pluvieux que nous avons cette année vous a démontré l'absolue nécessité des trottoirs. Nous serons heureux de voir construire un réseau complet et non interrompu de trottoirs depuis le pont de l'Union jusqu'à l'extrémité du quartier de Garavan. Et nous vous prions, dans ce nouvel établissement, de veiller à ce que les conduits recevant les eaux pluviales des toits ne se déversent pas sur les trottoirs qu'ils inondent, comme en plusieurs endroits de la rue Saint-Michel. Dans toutes les autres villes, les gouttières s'ouvrent dans les ruisseaux.

3. Enfin, messieurs, nous voulons appeler toute votre attention sur la situation déplorable faite au quartier de Garavan par l'apport des immondices de la haute ville dans l'extrémité du port par le syphon. Ces immondices restent stagnants à cette extrémité, depuis que la nouvelle digue empêche l'arrivée du courant de la haute mer. Très souvent cette encoignure est un foyer d'infection qui excite les plaintes légitimes de nos visiteurs. Les mesures hygiéniques que nous avons émises à propos de ce syphon ne sont que palliatives. Aussi nous

vous prions, dès que vos finances vous le permettront, de réparer cette erreur grave de vos prédécesseurs et de créer un égout partant de Saint-Julien et se raccordant à la hauteur de l'église avec l'égout collecteur.

Nous limitons ici la liste de nos demandes hygiéniques. Toutes sont urgentes. Toutes nous sont réclamées par les nombreux étrangers, qui, venant chercher parmi nous le rétablissement de leur santé au prix de grands sacrifices, sont en droit d'exiger la réalisation des mesures indispensables de salubrité et de propreté qu'ils sont habitués à rencontrer dans les villes du nord.

Nos rapports avec tous les médecins des grands centres de l'Europe nous permettent de vous affirmer que, de leur adoption rapide, dépend le maintien de Menton au rang si honorable que cette ville tient parmi les stations hivernales.

Veuillez agréer, messieurs les conseillers municipaux, l'assurance de notre considération distinguée.

D*r* Henry Bennet, président ; D*r* Farina, Vice-Président. D*r* G. Daremberg, secrétaire.

En nous réunissant de nouveau en novembre 1879, au commencement de la saison 1799-80, la société rédigea et présenta au Conseil municipal le rapport suivant :

Troisième rapport, novembre 1879.

La Société des médecins de Menton considérant que l'état hygiénique de la ville laisse à désirer (bien qu'à cet égard la sollicitude des administrateurs se soit déjà manifestée par nombre d'innovations importantes) a l'honneur de soumettre à M. le maire et au Conseil muninicipal les propositions suivantes qui ont fait l'objet de ses délibérations dans la séance du 12 novembre dernier, propositions qui, après une discussion longue et sérieuse, ont réuni les suffrages de tous les membres présents :

1° La Société ,prenant en considération que des études sont faites en vue d'amener de l'eau à Menton, renouvelle aux autorités compétentes son désir que cette question d'un intérêt capital reçoive une prompte solution ;

2° Elle demande que le balayage des rues soit attentivement surveillé et qu'il soit achevé de bonne heure.

3° Elle insiste sur l'utilité de l'établissement d'un lavoir et d'un séchoir publics ;

4° Elle désire que des dispositions spéciales soient prises pour assurer l'évacuation complète des *Eaux ménagères* des hôtels en particulier, et que ces eaux n'aillent plus se déverser dans des réservoirs mal faits, mal cimentés et de proportions trop exiguës vu l'importance de l'établissement.

5° Elle regrette que, malgré l'observation qu'elle en a faite les années précédentes, rien n'ait été tenté pour la suppression du syphon déversant les eaux de la ville haute dans le port ;

6° Elle juge nécessaire la création de latrines publiques plus nombreuses et le nettoyage parfait de celles qui existent;

7° Elle revient avec une insistance particulière sur l'importance de la vidange des fosses d'aisance par le système pneumatique, et regrette qu'on ne puisse en imposer l'obligation aux propriétaires;

Tels sont les points sur lesquels la Société des médecins de Menton a désiré attirer l'attention de l'autorité municipale, persuadée qu'elle reconnaîtra le bien fondé de ses réclamations.

Recevez, M. le maire et MM. les Conseillers municipaux, l'assurance de notre haute considération.

Les membres du Bureau :

Dr Henry BENNET, président; Dr FARINA, vice-président; Dr P. COLIN, secrétaire.

J'ai reproduit dans leur entier les trois rapports que la Société des médecins de Menton a présentés aux autorités mentonnaises pour montrer que les médecins de Menton s'occupent sérieusement des intérêts de leurs clients.

Il est certain que les édiles de Menton devraient être très reconnaissants des efforts que les médecins ne cessent de faire pour les éclairer sur les vrais intérêts de leur pays. Suivre ces conseils c'est assurer sa prospérité et asseoir leur fortune sur des bases plus certaines. Je doute, toutefois, qu'il en soit ainsi d'après ce qui s'est passé autrefois et ce qui vient de se passer cette saison-ci.

L'été dernier, la ville fit un emprunt au Crédit foncier de trois cent vingt mille francs, emprunt longtemps discuté. Cet emprunt mettait la ville en état de mener à bonne fin quelques-unes au moins des améliorations que nous réclamions avec tant d'instance :

1° Le lavoir et séchoir publics qui feraient cesser le scandale de voir une armée de blanchisseuses lavant le linge de la ville pendant les saisons de sécheresse comme celle de cet hiver (1869-80), dans des flaques d'eau croupissante et putride.

2° Les latrines publiques qui rendraient la décence et la propreté populaires possibles.

3° Le détournement des égouts de la haute ville qui empestent l'entrée du plus beau quartier de Menton, qui ont ruiné et fermé un grand hôtel (la Grande-

Bretagne) et qui ont fait un tort inappréciable à tout ce quartier.

4° Les parapets des digues et chaussées nouvelles, dont l'absence rend ces dernières horriblement dangereuses.

5° La plantation du jardin au bord de la mer, baie ouest, près du champ de manœuvre, que l'on vient de couvrir d'une baraque de foire en planches !

6° L'érection d'un pont sur la route de Gorbio, maintenant coupée en deux par un ravin, et la promenade favorite des quarante voitures de maître qui se trouvèrent à Menton l'année dernière.

Or rien de tout cela n'a été fait. On a payé de vieilles dettes, ce qui était nécessaire; on a fait de beaux trottoirs cimentés au Garavan et sur l'avenue de la Gare on a fait un pont nécessaire sur le Carei pour faire communiquer le quartier Saint-Benoit avec la gare du chemin de fer; et on s'est à peu près arrêté là. On a laissé de côté presque toutes nos réclamations hygiéniques pour faire, sans consulté les médecins, un travail inutile, ridicule, qui constitue un vrai gaspillage des fonds publics, l'envoutement de l'embouchure du Carei. Ce travail, que rien ne nécessitait, qui ne servira à rien, une fois fait contera plus de cent mille francs, une somme qui aurait presque couvert toutes les réclamations énumérées en dernier lieu. On veut en faire un jardin, dit-on, mais c'est, nécessairement, l'endroit le plus venteux du pays, à l'embouchure du plus grand torrent, où le vent de mer s'engouffre toute la journée. Ce sera tout simplement un piège pour les malades, et nous devons leur en défendre la fréquentation Du reste, l'embouchure du Carei, avec ses Opuntias et ses Agaves, était bien plus pittoresque que ne pourra jamais l'être une voûte massive, surmontée de quelques plantes maladives à l'embouchure d'un torrent, où on ne s'attend pas à en voir.

Ce livre verra peut-être, comme ses frères, en Angleterre, plus d'une édition. S'il en est ainsi, j'espère que, dans la seconde, je pourrai supprimer cet appendice et que, parlant des autorités municipales, je ne serai pas obligé de terminer par un blâme un volume consacré, en grande partie, à la glorification du beau pays de Menton.

Horticulture.

La liste des plantes vivant avec vigueur dans mon jardin de Grimaldi, que j'ai donnée page 181 fut écrite en partie de mémoire l'été dernier (1879) en Angleterre. En revenant à mon jardin « austral » de la Rivière, cet hiver, j'y ai trouvé quelques plantes et arbustes tout à fait rustiques que j'avais oubliées. Cependant elles devraient se trouver dans tout jardin de la Rivière.

En voici la liste :

Solanum jasminoides (Amér. mér.), *Plumbago Capensis* (Cap), *Buddlea madagascariensis*, *Sida Arborea* (Amér. mér.), *Senecio micanoides*, ou Lierre de Malte (Cap), *Acanthus mollis* (Italie), *Bambusa* de diverses espèces, vert, noir (Indes), *Caladium edule* (Guyane), *Fochroma Tubulosa* (Chine), *Phytolacca dioïca*, un arbre connu partout dans la Méditerranée sous le nom de Belle umbrosa à cause de l'ombre que donne ses larges feuilles vertes. Elle perd ces feuilles en janvier, aussi je ne la cultive pas ; elle a une croissance très rapide. Sur les rochers on trouve à profusion le *Pistacia Lentiscus*, et le *Rhamnus Alaternus* (natifs). Les Lierres viennent bien dans le terrain calcaire si les racines sont à l'ombre, surtout le Lierre à larges feuilles d'Algérie. En peu d'années il a tapissé ma tour. La Giroflée de Mahon (*Malcolmia maritima*).

BASSIN DE LA MÉDITERRANÉE (INDIQUANT LES MONTAGNES QUI PROTÈGENT LE SUD DE L'EUROPE)

LISTE
DES CARTES ET DES GRAVURES

FRONTISPICE. — Panorama de l'amphithéâtre de Menton. 1
Carte panorama du golfe de Gênes et des montagnes qui le circonscrivent................................... 1
Hirondelle en route pour le Midi...................... 11
Vue de l'amphithéâtre de Menton de l'Ouest........... 20
La fille aux citrons.................................. 32
Un vieil Olivier...................................... 33
Carte géologique..................................... 71
Nummulites fossiles.................................. 75
Les cavernes des rochers rouges...................... 88
Instruments en silex................................. 93
L'homme fossile préhistorique........................ 96
Mon jardin de Grimaldi (entrée de)................... 175
Les palmiers de Bordighera........................... 212
Mon jardin de Grimaldi (heures de loisir)............ 216
La Corse vue de Menton au lever du soleil............ 226
Le Poisson diable (*Cephaloptera Massena*)........... 252
Le ravin et le pont Saint-Louis...................... 271

La tour de Grimaldi ou des Sarrasins...............	273
Un oasis dans le désert...........................	281
Carte panoranma de Menton.......................	329
La vieille ville de Menton..........................	330
La fille aux ânes.................................	366
Le garçon aux ânes...............................	368
L'hirondelle retournant au logis........	408

TABLE DES MATIÈRES

PROLÉGOMÈNES

Le bassin de la Méditerranée et son climat...... .. 1

CHAPITRE PREMIER

MENTON

Situation. — Climat démontré par la végétation..... . 12

CHAPITRE DEUXIÈME

GÉOLOGIE

La période crétacée ou secondaire. — La période nummulitique ou tropicale. — Les périodes glaciales et à conglomérats. — Les cavernes à ossements. — L'homme préhistorique... 71

CHAPITRE TROISIÈME

La Rivière de Gênes. — Menton. — Géographie physique. — Météorologie................................. 109

CHAPITRE QUATRIÈME

Fleurs et horticulture sur la Rivière de Gênes......... 173

CHAPITRE CINQUIÈME

LA MÉDITERRANÉE

Histoire. — Navigation. — Marées. — Profondeur et sondage. —Tempêtes. — Température. — Poissons. — Un rêve de naturaliste. — Couleur. — Les rochers de Saint-Louis.. 227

CHAPITRE SIXIÈME

Le climat de la Rivière de Gênes et de Menton sous le point de vue médical................................ 282

CHAPITRE SEPTIÈME

MENTON SOUS LE RAPPORT SOCIAL

Amusements. — Courses en voitures. — Promenades. — Le chemin de fer. — Monaco et la maison de jeu. — Villages des montagnes. — Les Sarrasins et les pirates d'autrefois. — Vie sociale............................ 329

CHAPITRE HUITIÈME

Tables d'observations thermométriques. — Celles du Dr Henri Bonnet. — Celles de M. de Bréa. — Celles du Dr de Valcourt (*Stations d'hiver*). — Tableau de la température moyenne en Angleterre pour toute l'année..... 469

APPENDICE

Menton, son passé, son présent, son avenir......... 423
Liste des cartes et des gravures..................... 439

www.ingramcontent.com/pod-product-compliance
Lightning Source LLC
Chambersburg PA
CBHW070820250426
43671CB00036B/634